방송과 문화다양성

이 도서의 국립중앙도서관 출판시도서목록(CIP)은 서지정보유통지원시스템 홈페이지(http://seoji.nl.go.kr)와 국가자료공동목록시스템(http://www.nl.go.kr/kolisnet)에서 이용하실 수 있습니다.
(CIP제어번호 : CIP2013029333)

방송과
문화다양성

Broadcasting and Cultural Diversity

황우섭 지음

한국 다문화 지형의 텔레비전 프로그램

한울
아카데미

머리말

 바야흐로 우리는 '문화의 시대'를 맞이하고 있다. 과거에 우리 사회가 '정치의 시대'에서 '경제의 시대'로 이행했다면 이제는 '문화의 시대'로 전환되고 있는 것이다. 뉴미디어 환경은 올드미디어를 폐기하는 것이 아니라 의미와 적절성을 바꾸듯이 정치, 경제와 함께 문화도 중요한 기능을 수행하게 되었다는 것으로 파악해야 한다. 일반적으로 문화란 특정한 시대, 특정한 사회에서 공유된 사람들의 생활양식을 일컫는 넓은 의미의 개념이다. 문화에 대한 지평을 확장시키는 데에는 영국의 문화이론가 레이먼드 윌리엄스(Raymond Williams)의 기여가 크다. 윌리엄스는 문화를 '지적·심미적 활동으로서의 문화', '삶의 양식(ways of life)으로서의 문화', '기호적 표현으로서의 문화'라는 세 가지 관점으로 구분했다. 모든 사회는 고유한 문화에 의해 구조화된 사회적 관계 속에 그 구성원들이 조직되어 있다는 사실로 통일성이 유지된다. 문화의 요소들은 구성원들에 의해 공유되며, 이를 통해 소통이 이루어진다. 이러한 문화연구의 관점에서 보면 '문화'는 특정 사회집단과 관련되는 의미와 가치를 교류하는 사회적 '장'이다.
 문화는 언제나 고정되어 있는 것이 아니라 끊임없이 차이를 만들어내는 사회 구성 원리로서 사회의 다양성을 만들어내는 원천 중 하나이다. 사회의 다양성은 문화가 본질적으로 다양성을 가지고 있다는 데에 기인한다. 문화는 높낮이가 있는 것이 아니라 다양한 문화가 그 자체로 존중되어야 한다는 것이다. 우리 시대에 문화다양성이 중요한 이유가 여기에 있다. 문화다양성은 여러 관점에서 논의할 수 있는데, 최근 관심을 끄는 영역이 '다문화'이다. 다문화 사회는 이주민과 소수자를 돌보며 우리 모두가 지향해야 할 인권적 가치로서 문화적 정체성에 대한 권리를 공유하는 것을 기본으로 한다.

국내 체류 외국인이 150만 명을 돌파하면서 단일민족국가라고 여겨왔던 대한민국이 다인종·다민족으로 구성된 다문화 사회로 급격하게 변화하고 있다. 우리 사회가 다문화 사회로 빠르게 진입하게 된 중요한 원인은 외국인의 급속한 국내 유입에 기인한다고 본다. 전 지구적으로 진행되는 세계화는 정보, 사람, 자본, 상품이 국가와 민족의 경계를 넘어 자유롭게 이동하는 새로운 환경을 만들었고, 그 결과 정치적·경제적 차원뿐만 아니라 사회적·문화적 차원에서도 급격한 변동을 가져왔다. 따라서 한국에 거주하는 외국인들은 국적이 다양하고 민족적으로도 다양하여 급격하게 다문화 사회로 진입하고 있다고 볼 수 있다. 일반적으로 다문화주의는 '민족마다 다른 다양한 문화나 언어를 단일의 문화나 언어로 동화시키지 않고 공존시켜 서로 승인 또는 존중하는 것을 목적으로 하는 사상, 운동, 정책'을 말한다. 특히 2000년대 중반부터 이주 노동자와 결혼 이주 여성이 본격적으로 증가하면서 다문화주의가 한국 사회의 중요한 문화 현상으로 대두되었다.

이러한 현상에 부응하여 2005년부터 한국 방송에서도 텔레비전 다문화 프로그램이 본격적으로 편성되어, 다문화 현상을 소개하거나 확장시키는 기능을 수행해왔다. 이러한 취지로 편성된 프로그램이 KBS의 〈러브 인 아시아〉를 시작으로 〈미녀들의 수다〉와 EBS의 〈얼쑤! 한국어쇼〉 등으로 확대되었고, 이들 프로그램은 한국 사회에서 다문화 담론을 확산시키는 데 많은 기능을 했다. 그러나 한국 사회의 현실에서 벌어지는 다문화 양상을 살펴보면 '다문화 철학'에 대한 충분한 개념 정립 없이 다문화 정책이 펼쳐지고 있는 실정이다. 다문화 철학의 기본 원리가 되는 관용, 다양성, 상생, 의사소통 등에 대한 충분한 성찰 없이 단기적 시각에서 접근하며 그 해법을 찾기 때문이다. 따라서 우리가 맞이하고 있는 다인종으로 구성된 다문화 사회가 올바른 방향으로 나아가도록 하는 데 미디어의 기능은 매우 중요하다. 그중에서도 갈수록 영향력을 확대하고 있는 텔레비전에서 재현되는 다문화 프로그램을 분석하여 올바른 방향을 제시하는 연구는 매우 의미있는 작업이라고 생각한다.

이 책에서는 먼저 한국 다문화 지형의 텔레비전 프로그램 속성을 분석하고자 했다. 이를 위해 KBS 〈러브 인 아시아〉 프로그램에 대한 문화 적응 유형들과 각 유형들의 행동 패턴을 분석했다. 이 책의 중점적인 문제의식은 다음과 같다. 첫째, 〈러브 인 아시아〉가 지향하는 문화 적응 유형들에는 무엇이 있으며, 각 유형들의 행동 패턴은 무엇인가? 둘째, 〈러브 인 아시아〉의 문화 적응 유형과 행동 패턴은 어떤 문화적 방향을 지향하고 있으며, 이것이 내포하는 이데올로기적 함의는 무엇인가?

문화 적응 유형을 범주화하는 분석 방법은 존 베리(John W. Berry)의 문화 적응 모델을 발전시켜 〈러브 인 아시아〉에 출연한 결혼 이주자들의 문화 적응 유형 분석틀로 사용했다. 문화 적응 유형은 결혼 이주자가 자신의 모국 문화를 유지하느냐 유지하지 못하느냐와 한국 문화에 적응하느냐 적응하지 못하느냐의 기준에 따라 〈러브 인 아시아〉에 출연한 결혼 이주자들을 유형별로 구분했다. 다음으로 각 유형별로 뚜렷이 구분되는 양태를 가진 행동 패턴으로 범주를 세분했다. 그리고 〈러브 인 아시아〉가 지니는 사회적·문화적·이데올로기적 의미를 분석하기 위해 프로그램에서 나타나는 언어 텍스트와 영상 텍스트를 언어 서사와 영상 화면에 대한 기호학적 분석 방법을 통해 분석했다. 이러한 인식틀에 입각하여 〈러브 인 아시아〉에 재현된 결혼 이주자들의 문화 적응 유형과 행동 패턴을 대표하는 영상 텍스트 중에서 상황 구조, 제시 구조, 갈등 구조, 해결 구조를 대표하는 화면을 추출하여 전체 텍스트의 기본 구조를 분석하고, 이를 바탕으로 심층적인 의미 구조와 이데올로기 구조를 밝히려 했다.

분석 결과, 〈러브 인 아시아〉 프로그램의 중첩적 의미 구조와 다층적 의미는 다음과 같았다. 먼저 표출 구조에서는 누구나 즐겨보는 〈러브 인 아시아〉로 다가오고, 표층 구조에서는 〈러브 인 아시아〉의 결혼 이주자들의 문화 적응 유형이 동화 유형, 다문화 유형, 분리 유형, 주변화 유형으로 구분되었다. 그리고 문화 적응 유형에 따른 행동 패턴은 동화 유형에서는 억압적 동화·능동적 동화·수동적 동화 행동 패턴으로 구분되었고, 다문화 유형에서는 존중적 다문화·호혜적 다문화·미온적 다문화 행동 패턴으로 나뉘었으며, 분리 유형에서는 제도적 분리·문화적 분리 행동 패턴으로 구분되었고, 주변화 유형에서는 소외적 주변화·상실적 주변화 행동 패턴으로 나타났다. 그리고 각 유형별 문화적 지향성을 살펴보면 동화 유형은 한국 문화 적응 지향, 다문화 유형은 다문화 상호 존중, 분리 유형은 이주자 문화 지향, 주변화 유형은 한국 문화 부적응이었다. 이러한 〈러브 인 아시아〉의 심층 의미 구조는 모든 문제가 결혼 이주자에게 책임이 있고, 결혼 이주자가 스스로 해결해야 하는 구조이다. 이는 형식적 다문화 존중주의와 타문화 배척주의가 깔려 있는 한국 문화 중심주의 이데올로기를 표출하고 있음을 의미한다.

결론적으로 현 단계의 한국 사회는 다문화 사회를 지향하고 있지만, 진정한 다문화주의 철학을 실천하지 못하는 상황이다. 한국인들에게는 '타문화에 대한 이해가 부족'하고, '남성 우위 가부장제'하에서 '한국 문화 중심주의'가 중심적인 이데올로기로 작동하고 있었다. 결국 한국 다문화 지형의 텔레비전 프로그램 〈러브 인 아시아〉는 그 '형식'에서는 다양한 문화가 공존하는 '다문화주의'를 '표방'하지만, 실제 '내용'에서는 한국 문화에 적응해야 하는 '동화주의'를 '지향'하고 있었다.

또 한국 다문화 지형의 텔레비전 프로그램을 보도, 교양, 오락 장르로 구분하고, 오락 장르는 다시 예능 프로그램과 드라마로 구분하여 연구 성과를 살펴보았다. 다문화 지형의 텔레비전 프로그램에 등장하는 외국인들은 편향된 모습으로 정형화된 이미지로 재현되고 있었으며, 타자화되는 공통점을 보여주었다.

다문화의 가치는 인종이나 성별 또는 종교적·정치적 색채를 넘어서 공생할 수 있는 삶을 추구하도록 독려하며 조화로운 통합을 추구하도록 하는 문화다양성을 통해 발현될 것이다. 문화다양성은 언어, 관습, 종교, 라이프스타일, 정체성 등에서 서로 다른 문화적 차이들이 한 사회니 국가 또는 권역 안에서 공존하고 상생하는 것을 의미한다. 우리가 서로 다르고 복잡한 타자를 받아들이기 위해서는 고정관념과 편견에서 벗어나야 하는데, 그렇게 함으로써 우리 공통의 인간성을 재발견하는 것이 가능해지기 때문이다. 문화다양성은 발전과 평화의 문화를 위한 문화적·지적·과학적 협력을 증진시키는 방편이 될 것이다.

텔레비전 다문화 프로그램은 단순히 이주민을 재현하는 데 그치지 않고 인식하며 관계를 맺는 방식에도 지향점을 제시한다. 문화다양성의 관점에서 다문화의 주체들이 살아가는 방식과 이들을 포섭하는 재현 방식을 살핌으로써 우리는 함께 살아갈 대안을 찾을 수 있을 것이다. 텔레비전 다문화 프로그램을 분석한 이 책이 문화다양성 시대에 선주민과 이주민이 함께 조화를 이루며 살아가는 사회통합의 안내자 역할을 하기를 기대한다.

---

* 이 책은 필자가 쓴 박사 논문(황우섭, 2010)을 바탕으로 개고하여 출판된 것이다. 다양한 이론과 사례를 살펴 내용을 더욱 풍족하게 만들었고 문화다양성을 위한 방송 제작 가이드라인까지 수록하는 등 전체적으로 그 넓이와 깊이를 확대·심화시켰다.

머리말 · 5

1장 | 다문화 사회로의 이행, 그 현황과 조건 · 13

2장 | 문화와 문화 접변 · 23

　1. 문화 · 24
　2. 문화 접변 · 31

3장 | 방송에서 나타나는 한국의 다문화 지형 · 59

　1. 한국의 다문화 현상에 관한 선행 연구 · 60
　2. 한국의 다문화 담론 · 61
　3. 한국의 다문화와 서구의 다문화의 차이점 · 65
　4. 결혼 이주 여성에 의한 한국의 다문화 추동 · 72
　5. 한국의 다문화 사회 진입의 문제점 · 79

4장 │ **KBS ⟨러브 인 아시아⟩ 사례 분석 · 89**

    1. 문화와 다문화의 분석 방법 · 90

    2. ⟨러브 인 아시아⟩의 문화 적응 유형과 각각의 행동 패턴 · 114

    3. ⟨러브 인 아시아⟩의 문화적 지향성 · 170

    4. ⟨러브 인 아시아⟩ 분석 결과: 요약과 제언 · 182

5장 │ **다문화 지형의 텔레비전 프로그램 · 189**

    1. 텔레비전 다문화 보도 프로그램 · 191

    2. 텔레비전 다문화 교양 프로그램 · 193

    3. 텔레비전 다문화 오락 프로그램 · 197

    맺음말 · 204

부록 │ **사회통합을 위한 문화다양성 방송 제작 가이드라인 · 209**

    참고문헌 · 223

1장
다문화 사회로의 이행, 그 현황과 조건

단일민족국가로 여겨왔던 대한민국이 다인종·다민족으로 구성된 다문
화 사회로 급격하게 변하고 있다.[1] 한국 사회가 다문화 사회로 급속하게 진
입하게 된 중요한 원인은 외국인의 급속한 국내 유입에 있다. 외국인 국내
유입의 첫 번째 유형은 외국인 노동자 집단이다. 외국인 근로자는 1993년
에 시작된 산업연수생 제도를 통해 유입되기 시작하여, 2013년 현재 국내
에 체류하는 외국인 노동자는 55만여 명에 이른다(법무부, 2013). 두 번째
유형은 결혼 이주 여성들이다.[2] 1990년대 중반부터 정부와 지방자치단체
를 중심으로 농촌 총각 장가보내기 운동이 시작된 이후 중국이나 동남아시
아에서 많은 여성들이 국내로 유입되었다. 한국 사회에서 외국인 유입의
가속 현상은 세계화 시대에서의 인적 교류 활성화, 한국인의 3D 업종 회피
현상으로 인한 외국인 노동자 충원, 고령화 사회로의 이행과 세계 최저의
출산율에 따른 인구 감소에 대한 위기감에서 비롯되었다.[3]

---

1 현재 한국 사회에서 거주 외국인이 증가하고 다양해지는 현상은 '다인종·다민족화'로 지칭된다.
   여기서 인종은 피부색, 머리카락, 눈의 빛깔, 골격 구조, 외모 등 여러 가지 유전적·신체적 특징
   등으로 구성되며, 생물학적으로 타고나는 고정적인 특질로 본다. 민족은 공통의 문화와 역사를
   가진 지역 기반의 공동체이므로 집단적으로 그 지역을 떠나게 되면 이산 민족이라 부른다. 그러
   나 국민 규정이 혈통 중심인 한국 사회에서는 속지주의적 규정보다 국민과 인종, 민족이 상호 교
   차한다는 점을 간과할 순 없다(김혜순, 2007: 14).

2 '이민'은 동시적이든, 가족의 일부가 먼저 이주하고 나머지 가족원이 나중에 합류하든 가족 단위
   의 이동으로, 이동 후 그 지역에 정착하는 것이 대부분이다. 선진국의 이민 우선순위도 예전에는
   가족 관계(family ties)가 높았으나, 최근에는 전문 기술인이나 지식인 또는 농업 노동자처럼 노동
   력 중심으로 전환되고 있다. 노동력과 경제활동을 중심으로 하는 최근의 움직임은 노동자 개인을
   우선 대상으로 하며, 이후 본국으로 돌아갈 수도 있고, 제3국으로 다시 이동하는 경향이 있어 이
   민보다는 '이주(migration, migrants)'가 적절하다고 본다. 이민은 영어 'immigration(immigrants)'
   에 대응하는 말로 유입국에서 본 이주자이며, 송출국(또는 출신국)에서 보면 'emigration(emi-
   grants)'이다. 국내의 행정단위를 기준으로는 이(전)입인, 이(전)출인을 써왔지만, 국가 단위로 나
   가는 이민만 있어서였는지 'emigration(emigrants)'에 대응하여 사용되어온 우리말이 없다(김혜
   순, 2007: 12). 이런 맥락에 따라 이 책에서는 한국인과 결혼하기 위해 오는 외국인을 통칭하는 용
   어를 '결혼 이주자'로 쓰기로 한다.

3 세계화(globalization)는 세계의 압축과 상호 관련성의 증가를 인식하는 의식이 강화되고, 실제
   세계가 하나의 체제로서 상호 관련성이 증대·심화되는 현상을 말한다(Robertson, 1992: 8).

전 지구적으로 진행되고 있는 세계화는 정보, 사람, 자본, 상품이 국가와 민족의 경계를 넘어서 자유롭게 이동하는 새로운 환경을 만들었고, 그 결과로 정치적·경제적 차원뿐만 아니라 사회적·문화적 차원에서도 급격한 변동을 가져왔다(한건수, 2002: 335). 또한 세계화 시대 이주의 특징은 국경을 넘어 이동하는 사람들이 과거 국가 간을 이동할 수 있었던 특수한 조건을 가진 사람들뿐만 아니라, 학생들을 비롯해 이주 노동자, 다양한 서비스업에 종사하는 이주 여성들까지 그 범위가 광범위하게 넓어졌다는 것이다(김은실, 2002: 32).

실제로 한국에서도 세계화 진행에 따라 이주 노동자, 결혼 이주자, 다문화가족 자녀, 재외동포, 북한 이탈 주민 등이 증가하면서 거주 외국인이 늘어나고 있다. 2013년 현재, 우리나라에 체류하는 외국인은 158만 4,524명이다. 국적별로 살펴보면 중국 국적이 79만 4,983명으로 가장 많고, 미국 14만 3,387명, 베트남 12만 1,877명, 일본 4만 6,687명, 필리핀 4만 6,928명, 타이 4만 8,815명, 인도네시아 3만 5,412명, 우즈베키스탄 3만 8,466명, 캄보디아 3만 932명 순서로 나타났다(법무부, 2013). 따라서 국내에 거주하는 외국인들의 국적과 민족 출신이 다양해지면서 한국은 다문화 사회로 급격하게 진입하고 있다고 볼 수 있다.[4]

2005년부터 한국 방송에서도 이러한 다문화 현상에 부응하여 텔레비전 다문화 프로그램이 본격적으로 편성되어, 다문화 현상을 소개하거나 확장

---

4 전체 인구에서 이민자의 비율이 어느 정도여야 이민 사회 또는 다문화 사회라고 볼 수 있느냐에 대해서는 학계에서 합의된 바가 없다. 다만 이민자 문제가 발생하는 서구 선진국(OECD 회원국)들의 이민자 비율이 10%를 넘는 것을 볼 때 이 수준에 이르면 고도 이민 사회 또는 다문화 사회로 간주해도 무리가 없을 것으로 본다. 참고로 OECD 자료에 따르면 OECD 회원국들의 이민자 비율은 프랑스 10%(1999년), 독일 12.9%(2003년), 영국 9.3%(2004년), 캐나다 18.9%(2004년), 미국 12.2%(2004년)이다(Lemaitre and Thoreau, 2006).

시키는 기능을 수행해왔다.[5] 이런 취지로 편성된 프로그램이 KBS의 〈러브 인 아시아〉[6]였고, 그 후 〈미녀들의 수다〉[7]와 EBS의 〈얼쑤! 한국어쇼〉[8] 등 으로 확대되었다. 이들 프로그램은 한국 사회에서 다문화 담론을 확산시키 는 데 많은 역할을 했다.

한편 이 시기에 정부에서도 새로운 외국인 정책을 시행하면서 다문화 사 회에 대한 논의가 활발하게 진행되었다. 정부가 2006년 4월 '결혼 이민자 종합 대책'을 발표하면서 중앙정부 차원에서 다문화주의 정책에 대한 관심 을 본격적으로 표방하기 시작했다. 중앙정부가 추진한 다양한 정책은 지방 자치단체의 자체 사업과 병행해서 다양한 사업과 프로그램을 양산해내고 있으며, 국가가 주도하는 다문화주의로 인식될 정도로 상당한 추진력을 보 여주고 있다. 이와 함께 다문화 사회를 위한 다양한 연구가 동시다발적으 로 진행되면서 다문화 사회에 대한 논의가 활발하게 진행되었다.[9]

---

5 일반적으로 TV 프로그램을 보도, 교양, 오락으로 구분하는 분류와 달리, 다문화 사회에 부응하여 방송에 등장한 다문화·다인종을 소재로 한 프로그램을 '다문화 프로그램'이라고 명명하고자 한 다. 따라서 다문화 프로그램은 보도, 교양, 오락의 모든 장르에서 제작될 수 있다. 예컨대 교양 장 르에서는 KBS의 〈러브 인 아시아〉, 오락 장르에서는 KBS의 〈미녀들의 수다〉를 들 수 있다.

6 KBS 1TV에서 매주 화요일 저녁 7시 30분부터 60분간 방송되는 프로그램이다. 2005년 11월 5일 부터 시작했고, 국제결혼 이주자들의 가족 사랑과 한국 가정에 정착하는 과정에 주목한다.

7 KBS 2TV에서 매주 월요일 밤 11시 5분부터 70분간 방송된 프로그램이다. 한국 거주 외국인 여성 을 대상으로 한국에서의 경험, 그리고 한국 문화와 각국 문화에 대해 토크쇼 형식으로 알아보는 프로그램으로, 2006년 11월 26일부터 2010년 5월 3일까지 방송되었다.

8 EBS TV에서 매주 목요일·금요일 저녁 6시부터 방송된 프로그램이다. 낯선 한국 땅에서 말이 통 하지 않아 힘들어하는 외국인들에게 한국어 배우기의 길잡이가 되고, 다문화가족의 진솔한 이야 기를 통해 내 아내, 내 남편, 내 며느리 나라의 문화를 이해하고 소통한다. 2009년 8월 27일부터 2010년 2월 21까지 방송되었다.

9 2006년에는 한국사회학회의 『동북아 '다문화' 시대 한국사회의 변화와 통합』(동북아시대위원회 용역과제), 성균관대학교 동아시아지역연구소가 주최한 심포지엄 '다문화사회 한국 사회과학의 과제', 2007년에는 한국사회학회의 『한국적 '다문화주의'의 이론화』(동북아시대위원회 용역과 제), 한국여성정책연구원의 『다민족·다문화사회로의 이행을 위한 정책 패러다임 구축 (I): 한국 사회의 수용 현실과 정책과제』, 2008년에는 한국여성정책연구원·한국사회학회의 『다민족·다 문화사회로의 이행을 위한 정책 패러다임 구축 (II): 다문화주의의 이론적 패러다임과 국가별 유

그 후 정부의 여러 부서에서 다문화주의 정책을 쏟아내고 있지만, 실제로 취하고 있는 다문화주의 정책들은 기존의 동화주의 정책과 큰 차이가 없다. 정부 정책들은 이주 노동자에 대해서는 철저하게 배제 정책을 취하면서, 결혼 이주자에게는 동화 정책을 취하고 있다. 다문화주의 정책이란 이름으로 사실은 배제와 동화를 실천하고 있는 것이다. 또 한국의 다문화 정책은 불법체류 외국인, 결혼 이주 여성, '코시안(Kosian: Korean + Asian)'[10] 이라고 불리는 다문화가족 자녀들에 대해 동정심을 갖고 시혜 차원의 대책을 마련하기는 하지만, 이들의 고유한 문화와 정체성을 인정하고 존중하기보다는 일방적으로 동화하려는 자세를 취하고 있다. 이와 같이 한국 사회의 현실에서 벌어지는 다문화 양상을 살펴보면 '다문화 철학'에 대한 충분한 개념 정립 없이 다문화 정책이 펼쳐지고 있는 실정이다. 다문화 철학의 기본 원리가 되는 관용, 다양성, 상생, 의사소통 등에 대한 충분한 성찰 없이 단기적인 시각에서 접근하고 그 해법을 찾기 때문이다.

한국은 단일민족의 신화에 기초한 믿음과 역사적 경험의 부족으로 인종, 민족, 문화적 소수자를 배려하고 보호하는 데 미흡한 것이 사실이다. 한국인의 강한 동질성과 동질 의식은 '다른 것 = 틀린 것'이라는 사고를 조장하

형비교」등 다양한 연구 프로젝트에 많은 학자들이 참여하여 한국의 다문화 사회를 위한 이론 정립과 정책 방향을 제시했다.

10 이 용어는 안산 외국인 노동자 센터에서 1998년부터 '국내에서 일하는 외국인 노동자들의 자녀'를 가리키는 의미로 사용했다. 이는 '한국에 거주하는 아시아인'이라는 뜻이지만, 이 용어가 변질되어 '아시아 출신의 이주자와 한국인 사이에서 태어난 혼혈인'을 지칭하는 의미로 쓰인다. 한국전쟁 이후의 흑인 혼혈인 또는 백인 혼혈인과 구분되는 제2세대 혼혈인을 말한다. 일부에서는 이 용어가 차별적으로 오용될 소지가 많아 이 용어의 사용을 반대하고 있다(이경숙, 2006: 245). 박천응은 1997년 당시 혼혈아, 튀기 등의 경멸적 용어를 대체하는 중립적 용어로 코시안을 사용하게 되었다고 하는데, 설동훈은 이 호칭이 강자의 횡포라며 사용하지 말자고 제안했고 이에 호응도 있었다. 2006년 초반 전북 교육청이 공모에 나서 온누리안이라는 새로운 호칭을 채택했으나, 이 또한 이들을 별도의 집단으로 배제하기 쉽다는 이유로 큰 호응을 얻지 못했다(김혜순, 2007: 10).

여 이질적인 것에 대한 배타성과 소수자에 대한 편견과 비관용성을 키워왔다. 이런 한국인 순혈주의의 위험성을 경고하기 위해 2007년 8월 10일 유엔인종차별철폐위원회(Committee on the Elimination of Racial Discrimination: CERD)는 "한국이 단일민족을 강조하는 것은 한국 땅에 사는 다양한 인종들 간의 이해와 관용, 우호 증진에 장애가 될 수 있으므로 현대 한국 사회의 다인종적 성격을 인정하고 적절한 조치를 하라"고 권고했다(윤인진, 2008: 77). 이를 타개하기 위해 유엔인종차별철폐위원회는 서로 다른 민족이나 국가 그룹들의 역사와 문화에 관한 정보를 초·중등학교의 교과목에 포함시킬 것과 이주 노동자와 혼혈아 등 외국인에 대한 모든 형태의 차별을 금지·제거하는 한편, 다른 민족이나 국가 출신들이 조약에 명시된 권리들을 동등하고 효과적으로 향유할 수 있도록 관련 법 제정을 비롯하여 추가적인 조치를 취할 것을 주문했다(김연권, 2009: 22~23).

이제 우리는 다민족 사회의 다원성을 살려 조화로운 사회로 나아가기 위해 다문화주의에 대해 진지하게 고민해야 할 때가 되었다. 우리가 맞이하고 있는 다인종으로 구성된 다문화 사회가 올바른 방향으로 나아가도록 하는 데 미디어의 기능은 매우 중요하다. 이러한 현실을 반영하여 오늘날 미디어에서 재현되는 다문화 프로그램이 진정한 다문화주의 원칙에 충실하고 있는지, 일방적인 한국 문화로의 동화주의를 지향하는 것은 아닌지에 대한 논쟁이 일어나고 있다. 따라서 미디어에서 재현되는 다문화 프로그램을 분석하여 올바른 방향을 제시하는 연구는 매우 의미 있는 작업이라고 생각한다.

해외 학계의 경우, 이주 및 다문화 현상에 대한 관심은 이미 오래전부터 진행되어왔다. 이주 현상에 대한 역사적인 동향을 살펴보면 다음과 같다. 첫째, 이주 및 다문화 현상에 대한 접근법은 거시적 시각에서 미시적 시각으로 변화해왔다. 둘째, 인구학적 논의에서 정치·경제·사회학적 논의로, 그리고 최근에 들어서는 문화와 관련된 논의들로 확장되는 경향을 보인다. 셋째, 연구 방법론에서도 초기의 통계학을 중심으로 하는 양적 연구 방법으로부터 문화를 이해하기 위한, 그리고 이주민의 목소리를 직접 청취하기 위한 질적 연구 방법으로, 특히 문화 기술지를 포함한 인류학적 연구 방법론의 사용이 조금씩 증가하는 양상으로 변화되어왔다. 넷째, 특정 국가의 전체 인구를 대상으로 하는 연구에서 다양한 정체성, 즉 한 국가 내부에 존재하는 상이한 민족·인종·계급·젠더·정체성 등에 관한 연구 대상의 변화도 관측된다(Hirano et al., 2000; Igarashi, 2000; Ip and Chui, 2002; Lee, 2004).

세계화의 진전으로 우리 사회가 다문화 사회로 이행하는 것은 역사적 과정이라고 생각한다. 해마다 한국으로 유입되는 외국인이 증가하고 있다. 이는 한국인이 가진 통상적인 생각과 정부의 정책에 새로운 도전을 제기한다. 그렇지만 한국 사회와 한국인은 다문화 현상과 다문화 이론에 관해 아주 일천한 단계에 머물러 있다고 할 수 있다. 미국이나 캐나다, 호주 같은 이민국들은 상이한 언어와 문화를 지닌 이질적 인종들이 함께 사는 과정에서 많은 갈등을 역사적으로 경험하면서, 그리고 이를 해결하는 과정에서 다문화적인 현실에서 '함께 사는 방법과 논리'를 개발시켜왔다. 이런 논리들이 이론적으로 표명된 것이 '다문화주의(multiculturalism)'와 같은 것이다(킴리카, 2010 참조). 그런데 국내 체류 외국인 150만의 시대를 맞이하여 한국 사회가 다문화 사회로 빠르게 진입해 들어가고 있는데도, 다문화 사회의 사회적 통합 방식에 대한 논의는 아직까지 부족한 것이 사실이다. 현재 다문화 사회에 대한 논의들도 이론적 논의와 정책 분석에 대한 논의에 그칠 뿐, 사회 여론 형성에 중요한 구실을 하는 미디어에 대한 논의는 부족한 상황이다. 현대 사회를 여론 사회, 정보화 사회라고 규정한다면 다문화 사회 진입에 따른 미디어의 기능을 분석하는 것은 현재 한국 사회에서의 다문화 사회 정책의 방향을 진단하는 데 중요할 것이다.

따라서 이 책은 한국이 다문화 사회를 지향하면서 이를 소개하거나 토대를 잡거나 확장시키는 방송의 기능을 수행하는 다문화 지형의 텔레비전 프로그램의 속성을 분석하기 위해서, 〈러브 인 아시아〉를 중심으로 한국 사회의 다문화 지형에서 다문화를 소재로 한 프로그램이 지닌 문화 적응 유형과 행동 패턴은 어떻게 표출되는지를 살펴볼 것이다. 또 이들의 문화 적응 유형과 행동 패턴은 어떤 문화적 방향을 지향하는지, 그리고 이들 문화적 지향성이 내포하는 이데올로기적 함의를 분석하여, 한국 사회가 나아가야 할 바람직한 다문화 사회의 방향을 모색할 것이다.

앞서 언급했듯이 한국 사회에서 다문화 담론을 몰고 온 외국인의 증가에는 외국인 노동자와 결혼 이주자의 몫이 컸다. 2013년 체류 외국인 노동자는 54만 5,416명이고, 결혼 이주자는 15만 574명이다(법무부, 2013). 한국에서 다문화주의 담론이 확장된 것은 세계화의 여파로 한국에 이주 노동자와 결혼 이주자가 대량으로 등장했기 때문이다. 그중에서도 결혼 이주자는 중요한 의미를 시사한다. 특히 결혼 이주 여성은 아내와 어머니라는 지위를 가지는 동시에, 두 나라의 시민 자격이 교차하는 복합적인 위치에 있다. 그렇기에 결혼 이주 여성은 단순한 소수자가 아니라 우리와 함께 살아가야 하는 동반자라는 점을 인식해야 한다. 따라서 이 책에서는 다문화 사회로 진입하고 있는 한국 사회 전체를 대상으로 하는 것이 아니라, 우리 사회에 새롭게 등장하고 있는 결혼 이주자들을 중심으로 다문화 현상을 분석하려고 한다.

분석 대상으로 선정한 KBS의 〈러브 인 아시아〉는 한국에서 미디어가 재현하는 대표적인 다문화 프로그램일 뿐만 아니라, 가장 중요한 요소인 결혼 이주자들을 지속적으로 재현하고 있다. 더구나 〈러브 인 아시아〉는 뉴스, 다큐멘터리, 리얼리티 쇼와 같이 사실성을 강조하는 장르로서 우리와 함께 살고 있는 결혼 이주자들을 사실적으로 재현하고 있다. 이런 면에서 〈러브 인 아시아〉는 한국의 다문화 지형을 분석하는 자료로서 그 가치가 크다고 본다.

2장

문화와 문화 접변

1. 문화

1) 문화의 개념

일반적으로 문화란 특정한 시대에 특정한 사회에서 공유된 사람들의 생활양식을 일컫는 넓은 의미의 개념이다. 모든 사회는 고유한 문화에 의해 구조화된 사회적 관계 속에 그 구성원들이 조직되어 있다는 사실로 통일성이 유지된다. 문화의 요소들은 구성원들 사이에 공유되고 있으며, 이를 통해 소통이 이루어진다. 그것들은 한 개인이 특정한 사회 속에서 자신의 삶을 영위하는 데 필요한 공통의 배경(context)을 형성한다. 문화는 무형의 측면(문화의 내용을 형성하는 신념, 사고, 가치 등)과 유형의 측면(문화의 내용을 재현하는 대상, 상징, 기술 등)으로 이루어진다고 보았다(기든스, 2003: 40).

문화에 대한 고전적 정의에 따르면, 하나의 인간 집단은 독특하고 고유한 하나의 문화를 가지는 것이다. 이웃한 문화들과 여러 문화적 특질을 공유할 수는 있으나, 각 문화는 문화의 특질을 상이한 방식으로 조직화하는 것으로 간주된다. 루스 베네딕트(Ruth Benedict)는 개별 문화의 고유성과 인류의 보편성이라는 측면을 동시에 표현하기 위해 '패턴(pattern)'이라는 비유를 사용한 바 있다(베네딕트, 2008: 97~90). 마치 같은 색실들로 짜더라도 서로 다른 무늬를 가진 옷감이 나오는 것처럼, 문화 역시 같은 요소들로 이루어지더라도 상이한 모습을 가진다는 것이다.

한편 좀 더 실질적인 차원에서 국제기구인 유네스코의 선언문에 따르면 문화란 한 사회와 집단의 성격을 나타내는 정신적·물질적·지적·감성적 특성의 총체이며, 예술이나 문자의 형식뿐만 아니라 함께 사는 방법으로서 생활양식, 인간의 기본권, 가치, 전통과 신앙 등을 포함하는 포괄적 개념으로 풀이된다(유네스코한국위원회, 2008).

　문화의 다양한 정의를 가장 포괄적으로 기술한 내용은 영국의 문화학자인 레이먼드 윌리엄스가 말한 문화의 정의에서 찾을 수 있다. 윌리엄스는 문화라는 단어가 곡식을 기르는, 즉 배양이라는 단어와 연결된 과정으로서 명사로 시작되었다고 주장했다. 토양에서 싹을 틔우는 문화의 개념이 인류를 포함시키면서 성장했고, 그리하여 배양된 사람이 되는 것은 문화적 사람이 되는 것을 의미하게 되었다. 그러나 19세기를 거치면서 '문화화된 사람(the cultured)'이라는 말 속에는 모든 사람들이 동등하게 교양을 갖추지 않았다는 의미가 뚜렷이 각인되었다. 그리하여 문화의 습득은 도덕적 완성을 향한 수단이자 사회적 선이라는 매슈 아널드(Matthew Arnold)의 견해가 나오게 되었다. 여기서 인간 '문명화'로서의 문화는 '원시적이며 교육받지 못한 군중'의 '무정부'와 대척하는 것이 되었다. 후에 영국의 문학비평가 프랭크 리비스(Frank R. Leavis)가 예술적이고 학문적인 전통에 사로잡힌 고급문화나 문예문화는 최선의 문화와 최악의 문화를 구별하는 능력을 유지시키고 길러왔다고 주장한 것은 이러한 문화 개념에 기초한다. 즉, 훌륭한 작품의 정전(canon)과 대중문화의 '중독'과 '혼란'을 구별하는 능력을 길러왔다는 것이다(바커, 2009: 117). 이와 대조적으로 윌리엄스는 문화를 '삶의 총체적 방식(a whole way of life)'으로 보고, 넓은 의미에서 세 가지로 정의했다(스토리, 2012).

　첫째, 문화는 '지적·정신적·심미적 능력을 계발하는 일반 과정'을 가리킨다. 가령 서유럽의 문화 발전에 관해 얘기하면서 그중 지적이고 정신적이며 미학적인 요소들(위대한 철학자나 화가, 시인들)에 대해서만 언급하는 경우이다.

둘째, 문화는 '한 인간이나 한 시대 또는 한 집단의 특정한 생활 방식'을 가리킨다. 이 정의를 가지고 서유럽의 문화 발전을 논한다면, 지적이고 미학적인 요소만이 아니라 교육 정도나 여가, 스포츠와 종교 축제까지 포함된다.

셋째, 문화는 '지적 산물이나 지적 행위, 특히 예술 활동'을 가리킨다. 바꾸어 말하면, 이는 의미를 나타내거나 생산하는, 또는 의미 생산의 근거가 되는 것을 그 주된 기능으로 하는 텍스트나 문화적 행위를 말한다. 이 경우, 문화는 구조주의자들과 후기 구조주의자들이 말하는 '의미를 나타내는 실천 행위(signifying practices)'와 동일하다. 의미를 생산하는 실천 행위가 문화라는 세 번째 정의는 일일 연속극이나 팝뮤직, 만화 등을 예로 들게 된다. 그리고 시나 소설, 발레, 오페라, 그리고 순수미술을 생각할 수 있다.

문화에 대한 윌리엄스의 설명을 고려하면 문화는 '지적·심미적 활동으로서의 문화', '삶의 양식으로서의 문화', '기호적 표현으로서의 문화'라는 세 가지 관점으로 수정할 수 있다. 이 세 가지 정의 중에서 윌리엄스가 지향하는 '사회적' 관점의 문화연구와 관련해서 고려해야 할 것은 두 번째와 세 번째의 정의이다. 이러한 관점에서의 '문화'는 특정 사회집단과 관련되는 의미와 가치를 교류하는 사회적인 '장'이다.

문화는 우리가 매일 삶을 살아가면서 우리 한 사람 한 사람이 생성하는 텍스트, 실천, 그리고 의미에 의해 구성되는 것이다. 문화를 '삶의 총체적인 방식'으로 이해하는 것은 '예술'로부터 그 개념을 분리시키는 데 관여하여 대중문화에 대한 연구를 정당화하고 문화민주주의를 끌어올리는 데 도움을 주었다. 결과적으로 문화연구는 세계가 우리에 의해 우리에게 사회적으로 구성되고 재현되는 방식을 특별히 강조하는 재현의 문제에 초점을 두어왔다. 이는 우리에게 다양한 맥락에서 뒤따르는 의미의 소비와 함께 텍스트에서 의미의 생성에 대해 탐구할 것을 요구한다. 더욱이 문화적 재현과 의미는 일정한 물질성을 띠는데, 이들은 음악, 조각, 사물, 이미지, 책, 잡지, 텔레비전 프로그램 등에서 체화된다(바커, 2009: 117~118).

문화는 사람들 사이의 관계에서 발생하고, 관계를 규정하고 재생산한다는 점에서 사회적으로 구성되는 것이다. 한 국가 안에서도 다양한 사회적 집단들에 의해 서로 다른 문화가 존재할 수 있다. 서로 다른 문화는 어느 방식의 소통이 더 지배적인 위치를 차지하느냐에 따라 권력관계를 형성하게 된다(Giles and Middleton, 1999: 9~55; 사이드, 2005; 기어츠, 1998: 33~54).

2) 문화 정체성

영국의 문화연구자인 홀(Stuart Hall)은 문화적 정체성이란 내재적인, 즉 생물학적이나 자연적인 요인에 의해 결정되는 것이 아니라 문화적·역사적·정치적으로 영향을 받는 유동적인 것이라고 정의한 바 있다. 그에 따르면, 하나의 정체성은 끊임없이 재규정되는 다른 정체성과의 차이에 의해, 그리고 역사에 의해 영향을 받으며 재규정되는 것이다. 예컨대 내가 누구라고 스스로를 규정하는 이유는 내 안에 있는 어떤 실제적인 자아 때문이 아니라, 다른 사람들이 어떻게 나를 인식하느냐에 따라 좌우된다. 다른 사람들이 나를 흑인이라고 부른다면, 그것은 단순하게 나의 피부 색깔만을 말하는 것이 아니라, 내가 문화적으로, 역사적으로, 정치적으로 흑인이라는 뜻이다(Hall, 1991: 15~16). 홀의 정의에서 문화적 정체성은 주위 환경에 의해 규정받는 자아(encumbered self)를 전제한 것이다. 또한 한 사람의 정체성 형성에 영향을 미치는 정치적·경제적 측면까지 포함하고 있다. 따라서 문화적 정체성은 단순하게 물질적 박탈이나 기회의 균등, 직접적인 차별 등과 다른 것이라고 말해서는 안 되며, 이러한 불이익들과 밀접한 관련을 갖고 있는 것으로 봐야 한다. 홀에 따르면, 문화적 정체성에 바탕을 둔 인종차별은 소수를 상징적으로 배제하기 위한 하나의 담론과 대표의 구조이다. 하지만 소수는 다수의 배타적인 시선에서 벗어나 다른 집단과 소통하기를 원한다. 어떤 소수 집단들도 자신들의 주변화가 영원히 지속되어도 괜찮다고 보지는 않는 것이다(Hall, 1991).

홀은 「문화의 정체성과 이산(Cultural Identity and Diaspora)」이란 글에서 문화 정체성에 대해 좀 더 구체적으로 설명하고 있다(Hall, 1993). 문화 정체성에 관해 적어도 두 가지 다른 방식의 사고가 있다. 첫 번째 입장은 문화적 정체성을 하나의 공유된 문화, 즉 일종의 집단적인 '하나의 진실한 자아'라는 견지에서 정의하는 것이다. 이러한 정의에 따르면 우리의 문화 정체성들은 공통의 역사적 경험과 공유된 문화적 코드들을 반영한다. 모두 각기 다른 차이들, 외면상 더 두드러진 차이들의 기저에 있는 이 '하나됨'은 카리브인다움과 흑인적 경험의 진실이자 본질이다. 카리브인과 흑인의 이산이 영화적 재현을 통해 발견하고, 발굴하고, 드러내고, 표현해야 하는 것이 바로 이러한 정체성이다(Hall, 1993).

문화 정체성에 대한 두 번째 입장은 유사성을 말할 수 있는 많은 요점이 존재한다는 것뿐만 아니라 우리 실제 존재를 구성하는 심오하고 중요한 차이에 대한 비판적 요점도 존재한다는 것을 인지하는 것이다. 우리는 하나의 경험과 하나의 정체성에 대해 그것의 다른 측면들, 즉 카리브인의 독특함을 구성하는 파열들과 불연속들을 인정하지 않고서는 올바로 말할 수 없다. 이러한 제2의 의미에서 문화 정체성은 '있음(being)'의 문제만이 아니라 '되어감(becoming)'의 문제이다. 그것은 과거에 속해 있는 것처럼 미래에도 속해 있다. 그것은 이미 존재하거나 장소와 시간, 역사와 문제를 초월해서 존재하는 어떤 것이 아니다. 문화적 정체성들은 항시적 변형을 경험한다. 그것들은 어떤 본질화된 과거에 영원히 고정된 것이 아니라 역사와 문화와 권력의 지속적인 '유희'에 종속된다. 우리가 '식민지적 경험'의 상처 깊은 특정 내용을 올바르게 이해할 수 있는 것은 이 두 번째 입장으로부터이다.

그런 시각에서 문화 정체성들은 하나의 본질이 아니라 입장 취하기이다. 이런 차이의 개념으로 우리는 문화 정체성의 위치를 규정·재규정하는 것이 가능하다. 그것은 언제나 이미 다른 문화적 요소들과 융합되고 통합된다. 우리는 정체성을 재현의 외부가 아니라 내부에 구성되어 있는 것으로 이론화하려 한다. 베네딕트 앤더슨(Benedict Anderson)이 주장하듯 공동체들은 그것들의 허구성과 진실성에 의해 구별되는 게 아니라 그것들이 이미지화되는 스타일에 의해 구별된다. 우리가 문화 정체성이라 부를 수 있는 그러한 '위치성(positionality)'을 구성하기 위해서, 우리 자신의 다른 부분들과 역사들을 보고 인지하도록 해주는 것이다(Hall, 1993: 1~4).

비쿠 파레크(Bhikhu Parekh)의 정의에 따르면, 정체성이란 특정 사람이나 집단을 어떤 특정의 것으로 규정짓는 선택된, 또는 선천적인 특징으로서 자기 이해의 통합적 부분을 형성하는 요소이다(Parekh, 2000: 1). 문화 집단은 실재하는가? 파레크에 따르면, 오직 개인만이 존재하고 집합체로서 집단의 존재에 대해 부정하는 입장은 사실과 거리가 있다. 인간의 집합체는 신념이나 실천, 의례 등을 통해 존재하며 그것들이 제도화되었을 때 지속된다. 집합체는 개인들로 구성되지만, 개인들 역시 집단에 의해 영향을 받는다(Parekh, 2000: 215). 그는 문화 집단의 실재라는 논리의 연장선상에서 매우 재미있는 주장을 이끌어낸다. 전통적인 연방국가가 영토를 중심으로 한 자치단체들로 이루어졌다면, 문화를 중심으로 구분되는 자치단체들로 이루어진 연방체제도 상상할 수 있다는 것이다. 파레크는 영토, 주권, 그리고 문화적 동질성에 근거한 근대 민족국가가 그 적절성을 잃어가는 현실에서 새로운 국가 모델로 주권의 공유나 서로 다른 정도의 자율성을 누리는 다양한 공동체들의 집합체를 구상한다. 그는 이러한 구상 위에서 문화 집단 역시 국가를 구성하는 다양한 공동체 가운데 하나가 될 수 있고, 문화 집단에 바탕을 둔 정치의 가능성도 충분히 있을 수 있는 일이라고 보았다(Parekh, 2000: 194).

이와 달리 존 베리(John W. Berry)와 조지 카텝(George Kateb), 그리고 에이미 거트먼(Amy Gutmann)은 문화의 주체로 집단의 존재와 집단의 권리에 대해 강하게 부정한다. 이들의 주요한 개념 가운데 하나는 문화의 궁극적인 주체로서 개인이 갖는 우선성이다. 개인은 문화 속에 존재하지만 하나의 문화에 의해 포괄적으로 지배받지 않는다고 보는 것이 이들의 입장이다. 개인 자신의 출생이나 사회화 과정에서 주어진 문화를 벗어나 제3의 문화를 선택할 수 있고, 한 개인이 고수하는 최초의 문화 역시 다른 문화와의 교류 속에서 끊임없이 변화하는 것이다(김남국, 2005b: 95). 이들은 극단적인 형태의 다원주의가 갖는 불안정성을 줄여준다는 차원에서 문화의 중요성 자체를 부정하지 않는다. 그러나 이들의 시각은 기본적으로 문화를 도구적인 차원에서 인식한다는 점에서 공통점을 갖고 있다. 즉, 문화는 공정한 자유와 평등한 기회라는 개인의 인권을 향상시키는 데 기여할 때 존중할 만한 가치를 갖지만, 문화 그 자체로서는 본질적·도덕적 의미의 가치를 갖고 있다고 보지 않는 것이다. 따라서 개인의 자유 및 권리와 관계없이 특정 소수 또는 다수 문화가, 단지 소수이거나 다수 문화라는 이유만으로 보호받고 존중받아야 할 근거는 어디에도 없다(Johnson, 2000: 405~418).

결국 '문화 정체성'은 본질적인 것이 아니라 다양한 문화적 실천들을 통해 '사회적'으로 구성되는 '담론'의 결과이다.

2. 문화 접변

문화 접변 또는 문화적 근접성에 대한 논의는 존 톰린슨(Jonn Tomlinson)
이 『세계화와 문화(Globalization and Culture)』에서 '복합적 연계성(complex
connectivity)'에 대해 제기하면서 활발해졌다. 톰린슨은 문화의 세계화를
'탈영토화'의 관점에서 언급하면서 '탈영토화는 문화제국주의의 지리적·
기술적 지배에서 벗어난 국지적 장소들이 새로운 영토들로 의미 부여를 받
는 것'으로 보았다. 그는 "세계화에 대한 문화의 논리적 귀결성에 대해 생
각할 수 있는 하나의 방식은 문화적으로 채워진 '지역' 행위가 어떻게 세계
적 결과를 야기하는가"를 이해하는 것이라고 강조한다(톰린슨, 2004 참조).
이러한 문화의 탈영토화가 갖는 지리적 환경은 복합적으로 연계되어 있다.
그가 말하는 '복합적 연계성'이란 "근대의 사회적 삶을 특징짓는 상호 연계
및 의존망이 급속히 발전하면서 전개되고, 그 밀도는 전례 없이 더욱 높아
지고 있음을 의미"한다(톰린슨, 2004: 12). 그에게 세계화 이론의 중요한 임
무는 복합 연계성이라는 조건의 기원을 이해하고 사회적 존재의 다양한 영
역에서 드러나는 복합 연계성의 함의를 해석하는 것이다.

글로벌 자본주의의 도구적 관점에서 보면 이러한 복합 연계성은 텔레커
뮤니케이션과 같은 기술적 장치나 일상생활의 편리함을 강조하는 이데올
로기적 장치들을 이용해서 지리적 근접성을 증가시키는 기능을 담당한다.
말하자면 복합 연계성은 초고속 정보망, 위성 채널, 퓨전 음식, 국제 여행
등과 같이 물리적 거리를 소멸시키는 행위들을 통해 장소가 '탈구'되는 효
과를 만들어낸다. 국지적 장소에 위치한 사람들을 자신이 살고 있는 지역
성으로부터 분리하고, 지역성의 성격 그 자체를 변화시키는 것이 장소의
탈구를 의미한다(톰린슨, 2004: 20). 이러한 장소의 탈구를 톰린슨은 탈영토

화로 정의한다. 탈영토화는 글로벌 시대 국지적 장소들 간의 적극적인 문화 교류와 급속하게 변화하는 문화 환경 속에서 대중들이 경험한 직관적인 문화 현상들에 의미를 부여하는 것을 말한다. 이 과정에서 탈영토화의 문화 현상들이 일반화되는 위험성이 있지만, 대체로는 국지적 문화들의 급격한 혼종화가 야기된다. 세계를 복합적으로 연계할 수 있는 문화 환경의 변화로 지역 간 문화 교류가 활발하게 증가하면서 문화와 장소가 자명하게 연계되던 근대적 삶의 방식들이 해체되고, 그 대신 복합적 혼종 형태의 문화가 생산된다. 톰린슨은 이러한 문화의 혼종화 과정에서 새로운 헤게모니 싸움이 벌어지는 국면에 주목한다. 글로벌 문화의 헤게모니가 혼종화 과정 속에서 단순하게 재생산되는지, 아니면 재조정되는지에 대한 고찰이 필요한데, 톰린슨은 오히려 혼종화 과정을 통해 서양의 자기 확신적인 문화 정체성이 주변부 국가의 문화에 의해 역침입을 당해 위협을 받을 수 있다고 강조한다(톰린슨, 2004: 212). 문화의 혼종화 경향은 국지적 문화의 탈영토화와 재영토화를 동시에 수행한다는 것이 글로벌 문화를 바라보는 그의 기본적인 입장으로서, 문화제국주의의 지구적인 확산과 국지적인 전파 과정을 미디어 수용과 세계자본주의, 그리고 국가 개입 차원에서 비판적으로 분석한 기존 담론과는 다른 문제의식을 갖는다(톰린슨, 2004; 이동연, 2006 참조).

1) 동화주의와 다문화주의

새로운 문화를 유입하는 이민자에 대한 통합 정책의 유형은 여러 가지가 있으나, 가장 대표적인 것이 캐슬스와 밀러(Castles and Miller, 2003)의 구분이다. 이들은 차별 배제 모형, 동화주의 모형, 다문화주의 모형이라는 세 가지 유형을 제시한다. 차별 배제 모형은 유입국 사회가 3D 직종과 같은 특정 노동시장에만 이민자를 받아들이고, 이들에게 복지 혜택, 국적(시민권), 선거권(피선거권) 등 사회적·정치적 권리를 주지 않는 것을 말한다. 이는 국가가 원하지 않는 이민자의 정착을 원천적으로 차단하려는 정책 유형이다. 독일, 일본, 한국 등 단일민족 신화를 가지는 국가는 물론이고, 동화주의 모형과 다문화주의 모형을 채택하는 국가에서도 생산기능직 등 특정 유형의 이민자에게는 차별 배제 모형을 적용하고 있다. 차별 배제 모형은 이민 정책에서 규제(활용) 정책에 해당된다고 볼 수 있다. 따라서 사회통합의 모델로는 동화주의와 다문화주의의 두 가지 유형이 가장 대표적이다(이혜경, 2007: 225~226). 여기서는 사회통합 모델로 동화주의와 다문화주의에 대해 살펴보기로 한다.

(1) 동화주의

동화주의는 이민자가 출신국의 언어, 문화, 사회적 특성을 완전히 포기하고, 주류 사회의 성원들과 차이가 없게 되는 것을 이상으로 삼는다. 이민자의 문화적 동화를 조건으로 '국민'으로 합류하는 것을 허용하는 정책이다. 동화주의는 인종 정책과 관련하여 문화의 우열을 확실하게 가리며 차이를 무시한다. 그리하여 강한 문화가 약한 문화를 흡수한다. 이질적인 문명이라도 부분적인 접근이나 모방을 넘어 본성적인 특질마저도 동화가 가능하며, 이것이 바람직한 결과를 낳는다고 믿는다. 1960년대까지의 미국의 용광로(melting pot) 모형, 프랑스 사회의 공화주의 모형이 대표적이다.

① 미국의 용광로 모델

미국은 건국 초기부터 인종적·문화적·민족적으로 다양한 사회로 이루어졌음에도 최근까지 백인 문화가 지배하는 국가라는 인식이 팽배했다. 미국 문화의 본질이 단일한 것이라는 사회적 시각이 본격적으로 깨지기 시작한 것은 1960년대 중반 흑인 민권운동이 활발하게 진행되면서부터라고 할 수 있다.[11] 미국 사회를 다문화 사회로 본격적으로 인식하기 시작한 것은 1980년대 후반에 들어서인데, 이때서야 비로소 다문화 사회에 대한 사회적·정책적 관심이 본격적으로 증가하기 시작했다. 미국은 다문화, 다민족, 다인종 사회의 전통과 역사가 오래되었는데도 비교적 최근에야 이러한 관심이 제기된 것이다. 그것은 지금까지 소수민족과 유색인종의 정체성을 존중하고 각 문화의 독특함을 인정하기보다는 미국의 백인 중심 가치관으로 그것을 포괄하고 포용하여 독특한 미국의 정체성을 고수하려고 한 것에 그 원인이 있다. 여기에는 '용광로 모델'로 대변되는 통합적 이데올로기의 역할에 힘입은 바가 크다(최종렬 외, 2008: 46~47).

미국의 용광로 모델은 미국을 구성하는 구성원들의 성별·민족별·출신국가별·인종별 정체성의 존중과 각 문화의 독자성과 특성을 인정하고, 그것을 넘어 다양한 정체성들이 서로 녹아들거나, 아니면 고유의 특성을 지니면서도 서로 어우러져 새로운 인종 또는 종족으로서의 미국인을 만들어내는 것을 말한다. 이러한 기본적인 원리는 그 주창하는 바와 달리 백인 앵글로·색슨 청교도(WASP)의 문화가 곧 미국 주류 문화로의 통합 이데올로기로서 이민자들의 문화적 전통을 모두 박탈하고 동시에 적절한 미국식 태도, 믿음, 행동이 주입되는 것을 말한다. 공교육 체계는 이주민들과 그 자녀들을 미국인으로 개조하는 장치였다. 그 결과, 외국의 이민자들은 자신

---

11 1964년 마틴 루서 킹(Martin Luther King Jr.)을 필두로 흑인 및 백인 시민권 운동가들이 흑인 차별에 저항했고, 이 사건은 미국 역사의 전환점이 되었다.

들의 다양성을 포기하고 미국의 주류 문화에 용해되어 새로운 미국인으로 다시 태어나야 했다(최종렬 외, 2008: 67~72).

용광로 모델은 세 가지 점에서 비판적으로 논의될 수 있다. 먼저 용광로 모델이 미국 사회의 협력과 화합을 위한 필수불가결한 과정을 기술하기 위한 것인지, 아니면 하나의 단결된 국가적 정체성 구현을 촉진하기 위해 필수적으로 시행되어야 하는 처방으로 의도된 것인지 여전히 모호하다는 것이다. 두 번째 비판은 용광로 아이디어가 문화적인 융합만을 의미하는지, 아니면 생물학적 융합도 함께 의미하는지 모호하다는 것이다. 마지막 비판은 이민자만이 용광로에 의해 바뀌는지, 아니면 이민자의 출현이 사회도 변화시키는지가 모호하다는 것이다. 이렇듯 일상 세계에서의 차별과 갈등을 해소하고 기존 백인 주류 집단에 대한 영향력을 끼친 대표적인 소수자 정책은 바로 '적극적인 조치(affirmative action)'이다. 그러나 이에 대해서는 소수자에 대한 배려가 결국 백인에 대한 차별을 가져올 수 있다는 역차별의 문제와 과거의 잘못된 제도적 차별의 결과를 아무런 잘못이 없는 현재의 백인들이 감당해야 하는 것에 대한 비판을 중심으로 적극적인 조치는 일면 재분배의 정치에 도전을 의미하는 것이기도 하나. 결국 미국의 용광로 모델은 백인 중심의 주류 문화 속에 다양한 민족적·인종적 문화를 포섭해서 동화시키려고 노력하는 정책이라고 할 수 있다(Gleason, 1964).

강요된 동화주의 정책에 대한 비판의 목소리는 1960년대에 이르러 본격적으로 나타나기 시작했다. 동화주의, 즉 용광로 정책에 처음으로 반기를 들고 문화적 다원주의(pluralism) 이론을 제기한 사람은 호러스 캘런(Horace Kallen)이다. 그는 「민주주의 대 용광로(Democracy Versus the Melting Pot)」(1915)에서 '도가니'라는 개념을 동원해서 강제적으로 문화적 융화를 시도하는 것은 미국의 민주주의에 상반된다고 지적했다. 그리고 1960년대 이후 활발히 전개된 민권운동, 여성해방운동, 베트남 반전운동 등과 더불어 새로운 다원주의 이론이 생겨나게 된다(김연권, 2009: 30). 그 결과, 미국의 통합 정책은 '용광로' 모델에서 '섞어놓은 샐러드(tossed salad)' 모델로 방향이 변하게 된다. 샐러드는 각기 다른 형태와 맛을 가진 각종 채소들이 모여 공통의 드레싱에 의해 공평하고 동등하게 뒤섞이기 때문이다. 이후 미국 내 소수 인종들은 각기 다른 인종들의 결속을 상징하는 '무지개 연합(rain-bow coalition)'을 주창하기도 했다(김연권, 2009: 30). 이처럼 최근 미국의 이민자들은 자신의 모국과 문화적 연결 끈을 강하게 유지하고 있기 때문에 문화적 용광로 모델에 의해 동화되기가 쉽지 않다. 또 이민자들의 출신국이 아주 다양해 언어와 문화의 다양성이 점점 증가하고 있다는 것도 문제점으로 제시되고 있다. 이러한 상황에서 미국의 동화주의 모델은 심각한 위기를 맞이하고 있다고 볼 수 있다.

② 프랑스의 공화주의 모델

프랑스는 1789년 이래 공화국의 이념인 '공화주의(républicanisme)'를 통해 모든 인간은 평등하며, 인권을 국가가 존중해야 할 최우선의 가치로 여겨왔다. 이러한 정신에 입각한 프랑스의 통합 모델은 이민자들이 철저하게 프랑스 사회에 동화되는 것을 전제로 하는 사회통합을 지향해왔다. 그러므로 프랑스 공화국은 영국이나 미국처럼 민족마다 다른 다양한 언어와 문화를 단일의 언어와 문화로 동화시키지 않고 공존시켜 서로 인정 또는 존중하는 것을 목적으로 하는 '다문화주의'를 '공동체주의(communautarisme)'라고 배격하는 대신, 이민자들을 공화국의 시민으로 '통합' 또는 '동화'시키려는 시도를 포기하지 않고 있다(문지영, 2009: 35). 프랑스로 대표되는 공화주의 모델에서는 사적 영역에서는 다양성을 인정하지만, 학교나 공공시설,

직장 등의 공적 영역에서는 보편적인 원칙과 기준의 준수를 요구하며 인종 차별에 대해서는 강력히 대응하지만 다양성도 인정하지 않는 경향이 있다. 이러한 접근은 사실상 다양성이 존재하는 가운데 공적 영역에서는 이를 인정하지 않는다는 점에서 그 자체로서는 개인의 이국 취향 이상의 사회적·정치적 의미를 지니지 못하는 한계 때문에 사회 각계에서 많은 공격에 노출되기도 했다(마르티니엘로, 2002: 89~93). 지난 2005년에는 프랑스 무슬림 이민자들의 전국적인 '소요 사태'로 1,500여 명이 체포되고, 2명의 사망자까지 발생했다. 이 소요 사태를 계기로 프랑스에서는 기존의 이민 정책은 물론이고 이민자에 대한 동화 정책과 사회통합 정책을 전면적으로 재검토하게 되었다. 그동안 성공적으로 평가되어온 프랑스식 통합 모델이 본질적인 위기에 부딪혔다고 할 수 있다. 결국 외국인과 사회적 소수자에 대한 프랑스식 관용을 통한 동화 정책은 이민자가 동화되는 것이 실질적으로 어렵다는 점과 동화되었다 해도 현실적으로는 사회적 분리와 배제 때문에 서로 다른 문화 간의 충돌과 사회적 이질감이 증대됨으로써 많은 한계를 안고 있다는 것을 극명하게 보여주었다.

(2) 다문화주의

① 다문화주의에 대한 고찰

근대화와 세계화, 국민국가, 민족 사회, 사회 공동체, 개인 등의 변화가 일어나면서 인구 이동에 따른 이민족 간의 갈등과 이문화 간의 갈등 등 다양한 문제가 발생했다. 이러한 문제 해결을 위한 대표적인 문화 갈등 극복 이론으로 다문화주의가 등장했다.[12] 다문화주의의 사전적 의미를 살펴보면, "민족마다 다른 다양한 문화나 언어를 단일의 문화나 언어로 동화시키지 않고 공존시켜 서로 승인 또는 존중하는 것을 목적으로 하는 사상·운동·정책"을 말한다(정치학대사전편찬위원회, 2002: 545). 그러나 다문화주의는 이를 철학으로 볼지, 정치적 지향으로 볼지, 규범적 선호로 볼지에 따라 그 개념이 달라진다.[13] 다문화주의는 기본적으로 한 사회 내의 모든 인종, 민족 집단이 문화적 차이에 상관없이 동등한 권리를 가지고 정치와 공동생활에 참여할 수 있도록 노력한다는 특징을 지닌다(강휘원, 2006; 유정석, 2003). 아울러 여러 인종, 민족 집단들이 문화적 차이에도 불구하고 자신들이 속해 있는 국가와 사회에 대해 소속감을 갖도록 노력한다는 목적도 있다(Goldberg, 1994; Willet, 1998). 캐나다의 철학자 찰스 테일러(Charles Taylor)는 다문화주의를 문화적 다수 집단이 소수 집단을 동등한 가치를 가진 집단으로 인정하는 '인정의 정치(the politics of recognition)'라고 정의했다. 이때 인정의 정치는 단지 소수 집단이 다른 집단의 권리를 침해하지 않는 한도에서 자유롭게 사는 것을 인정하는 수준에 그치는 것이 아니라, 다수 집단이 소수 집단의 문화가 존속하도록 적극적인 조치를 취하는 것을 포함한다(Taylor, 1992). 구체적인 예로서 다문화주의를 실천하는 대표적인 국가

---

12 바버(B. R. Barber)는 역사적으로 다문화주의가 주창되기 전에는 인종 정책과 관련된 동화주의가 있었고, 다른 한편으로 문화인류학에서 문화상대주의가 등장했다고 말한다(이용재, 2009: 26 재인용). 동화주의는 각 문화를 존중하고 고유한 가치를 인정하여 문화 간의 우열 관계를 부정하는 것이 아니라 강한 문화가 약한 문화를 흡수하는 이론이다. 문화상대주의는 문화의 다양성을 인정하고 각 문화는 독특한 환경과 역사적 맥락에서 이해해야 한다는 견해이다. 즉, 문화 간의 상하 관계가 존재하지 않는다. 결국 다문화주의는 동화주의와 문화상대주의의 한계를 극복하기 위한 이론으로서 발생했다. 다문화주의는 하나의 사회 내부에 복수 문화의 공존을 인정하고 문화의 공존이 유발하는 긍정적인 면을 적극적으로 평가하는 것이다. 따라서 한 사회 공간 내에서 복수의 문화가 공존하는 것을 인정하고 그에 따른 정책적 정비를 포함하는 개념이라는 점에서 문화상대주의와 구별된다(이용재, 2009: 26).

13 문화주의는 문화의 향상과 문화 가치의 실현을 인간 생활의 최고 목적으로 하는 주의를 말한다. 그렇다면 다문화주의의 개념을 문자 그대로 풀이하면 여러 유형의 이질적인 문화를 세계주의(cosmopolitanism)나 다원주의(pluralism)의 입장에서 유연하게 수용하자는 주의를 말한다고 할 수 있다(두산백과사전의 다문화주의 정의).

인 캐나다의 다문화주의는 트로퍼(H. Troper)의 정의에 따르면 ① 인종·민족·문화적으로 다원화된 인구학적 현상, ② 사회적·문화적 다양성을 긍정적으로 인식하고 가치 있게 여기고 존중하려는 사회적 이념, ③ 사회적·문화적 다양성을 보호하고 인종, 민족, 국적에 따른 차별과 배제 없이 모든 개인이 평등한 기회에 접할 수 있도록 보장하는 정부의 정책과 프로그램이라고 할 수 있다(Troper, 1999).

하버마스(Jürgen Habermas)는 다문화주의가 단일한 정치사회 안에서 몇몇 문화 집단이 영속하는 것을 보증하는 한편 공동 문화의 존재를 요구한다는 점을 지적하면서, 다문화주의는 모든 문화 집단들의 구성원들이 자원경쟁과 집단의 보호, 개인적 이익 보호를 위한 경쟁에 효과적으로 참여할 수 있도록 공통의 정치 언어와 행위 관행을 획득해야 한다고 주장했다(하버마스, 2000). 마르티니엘로(Marco Martiniello)는 문화적 다양성의 정치권 보장 정도에 따라 ① 생활양식과 소비 양식에서 개인이 다문화와 다양성을 추구하는 온건 다문화주의와 ② 국민적 정체성의 확장 논의로까지 이어지는 철학적 입장을 반영하는 강경 다문화주의로 분류하고 있다(마르티니엘로, 2002). 한편 라코르느(Lacome)는 문화적 다양성 또는 국민적 통합의 중요성을 강조하는 정도에 따라 ① 급진 다문화주의, ② 고전적 다문화주의, ③ 온건한 다문화주의(또는 문화적 다문화주의)의 세 가지 유형으로 분류하고 있다(엄한진, 2007 재인용). 이처럼 다문화주의는 보는 입장에 따라서 다르게 해석할 수 있는 상당히 논쟁적인 성격을 띨 수 있다. 이에 대해 구견서(2003)는 다문화주의를 대체로 한 사회 내에서 다양한 인종이나 민족 집단의 문화를 단일한 문화로 동화시키지 않고, 서로 인정하고 존중하면서 공존하도록 하는 데 그 목적이 있는 이념 체계와 이를 실현하려는 정부 정책과 프로그램이라고 정의했다. 그리고 다문화주의가 사회 내에 존재하는 단일 문화주의(monoculturalism)와 정면으로 대치될 뿐만 아니라, 한 국가의 사회 구성이나 발전 단계에 따라 사회통합에 전혀 다른 방향으로 작용하기도 하며 다문화주의를 둘러싸고 국가와 국민 간에, 계층 간에 갈등이 야기될 수 있다고 했다. 그는 다문화주의를 다민족 사회에서 시행되었던 동화주의의 한계를 인식한 정부 차원에서 새롭게 추진된 다민족 정책의 이데올로기라고 개념을 규정하면서, 다문주의 정책 모델로 1단계 문화적 차별 극복 단계, 2단계 사회적 차별 극복 단계, 3단계 경제적 차별 극복 단계, 4단계 정치적 차별 극복 단계로 나누고, 다문화 정책이 '문화적 접근 → 사회적 접근 → 경제적 접근 → 정치적 접근'으로 추진할 필요가 있으며, 다문화주의 실천 모델은 문화 영역에서 문화적 평등, 사회 영역에서 사회적 평등, 경제 영역에서 경제적 평등, 정치 영역에서 정치적 평등을 추진하여 총체적 평등을 추구하는 사회를 만드는 특징이 있다고 한다(구견서, 2003: 47~48).

근대 민족국가는 동질적이고 균질적인 정체성을 필요로 했다. 이것이 근대 민족국가가 필연적으로 공식적 언어와 문화를 보유하고 있는 이유이다(Taylor, 1992: 32~33). 이로부터 동화 정책이 도출된다. 근대 민족국가의 필수 조건인 동질성은 개인과 집단을 불문하고 자기 정체성이 국가가 의도하는 그것과 일치하지 않는 개인이나 집단은 사회로부터 격리되거나 동화의 대상으로 전락시키는 내적 논리였다. 일종의 신화와도 같았던 동질성에 대한 믿음이 시나브로 약해지는 틈새를 이질적인 복수의 정체성을 용인하는 좀 더 포용적인 국민 형성이 채우는 과정이 다문화주의 도입 과정이었다(이용승, 2004: 185~186). 대부분의 정치 공동체는 소수 문화의 도전에 직면했을 때 다수 문화로의 흡수와 동화를 시도해왔다. 소수의 이방인은 당연히 그들의 과거를 버리고 새로운 문화에 적응해야 하는 것으로 전제되어왔다. 아마도 가장 관대한 경우는 다수가 소수의 문화를 관용(tolerance)해 주는 정도였을 것이다. 즉, 다수가 소수를 너그러운 마음으로 참아주는 것 인데, 세계화의 바람은 두 가지 측면에서 이 관용의 한계를 시험하고 있다. 첫째는 점증하는 소수의 숫자가 다수로 하여금 소수의 흡수·동화를 현실 적으로 불가능하게 만든다는 것이고, 둘째는 소수 집단이 단지 숫자가 많 다는 이유로 우월한 지위를 차지해온 다수 집단의 정당성을 부정하면서 더 는 다수의 관용에 호소하지 않는다는 점이다(김남국, 2005b: 88).

킴리카(Will Kymlicka)는 서구 사회에서 다문화주의가 대두하게 된 원인 을 다음과 같이 다섯 가지로 정리하고 있다. 첫째는 인구문제이다. 선진국 의 낮은 출산율과 고령화는 외국 이주 노동자들의 유입을 증가시켰다. 그 리고 경제적 논리는 소수 인종 집단의 유입을 더욱 촉진할 가능성이 커서, 앞으로도 선진국에서 외국 이주민의 수와 비율은 계속 증가할 가능성이 높 다. 둘째는 권리 의식의 고양이다. 1960년대부터 본격적으로 진행된 인권 혁명으로 내국인의 인권 의식이 확산되었고, 소수 인종 집단의 권리 의식 도 함께 고양되어 평등한 시민권 요구가 증대하고 있다. 셋째는 민주주의 의 확립이다. 민주주의의 공고화는 소수 문화 집단들이 그들의 요구를 공 개적으로 개진할 수 있도록 했다. 또한 이것들이 여의치 않을 경우 사법부 나 국제기구를 통해서도 그들의 요구를 피력할 수 있게 되었다. 넷째는 지 정학적 안전의 확보이다. 냉전이 끝나고 이웃 국가들로부터의 안보 위협이 감소하면서 서구 국가들이 소수 인종 집단들을 억압하거나 통제할 필요성 이 현격히 줄어들었다. 다섯째는 자유민주주의에 대한 광범위한 합의와 지 지이다. 즉, 자유민주주의적 가치에 대한 광범위한 합의의 존재는 다양성 수용 여부의 문제를 생사의 문제로 보지 않게 만들어, 다수 집단이 소수 집 단의 권리 요구에 대해 좀 더 관용하도록 했다(Kymlicka, 2005a: 31~36).

김비환(2007)은 다문화주의가 제기된 원인으로 첫째, 탈냉전에 따라 이데올로기적 대립보다는 국부(國富)의 증가라는 경제적 요인을 들고 있으며, 둘째, 자유와 민주화가 진행됨에 따라 인권 의식이 확립되고, 집단적 인정에 대한 소수 인종·문화들의 요구가 고조되며, 다양한 인종·문화 집단의 공존은 합리적이고 자율적인 개인들의 삶을 더욱 풍요롭게 할 것이라는 문화에 대한 새로운 이해를 들고 있다. 이와 같은 요인에 의해 서구 사회는 단일 문화주의에서 다문화주의로 변화되었고, 비록 단일 문화주의에 기반을 두고 있더라도 다문화주의적인 조치를 보완했다. 결국 비서구 출신 신규 이민자들의 급증으로 인한 인구학적 변화와 이들에 대한 다수 집단의 인종 편견과 차별로 인한 소수 인종 집단의 사회 부적응, 다수 인종 집단과 소수 인종 집단 간의 사회 갈등 및 분열의 문제를 다문화주의라는 이념과 정책을 통해 해결하려는 배경 속에서 다문화주의가 등장하게 된 것이다(김비환, 2007).

다문화주의는 다인종으로 구성된 사회에서 다양한 인종의 문화에 대한 상호 존중과 관용을 지칭하는 태도로 1957년 스위스에서 사용되기 시작한 이후, 1960년대에는 캐나다에서 사용되었고, 1970년대를 전후해 서구 선진국에서 본격적으로 사용되었다(홍기원·백경영·노명우, 2006: 6~22). 1990년대 이후 다문화주의는 미국, 호주, 유럽의 여러 국가로 확산되었다. 이들 국가에서는 소수민족과 원주민, 그리고 소수 인종·문화 집단들의 요구와 압력이 점증함에 따라 이들의 문화적 생존과 정체성을 인정해주는 한편 자유주의 정치 질서의 안정성을 도모할 수 있는 방편으로 다문화주의가 채택된 것이다(김비환, 2007).

다문화성이라는 용어와 다문화주의는 엄연히 다르다. 다문화성이라는 표현은 사회에 다양한 문화적·인종적·종교적 집단들이 공존하고 있다는

'사회학적 사실'을 가리키는 반면, 다문화주의는 이러한 사회학적 사실에 대한 규범적인 접근 방식을 일컫는 개념이다(김비환, 2007: 323). 이렇게 볼 때 우리 사회는 다문화 현상을 나타내고 있을 뿐이고, 다양한 문화의 존재를 인정하여 문화적인 차별을 두지 않는 다문화주의는 실천되지 않는 실정이다. 주류 문화에 완전히 동화될 수 없는 소수자들의 문화를 보호하는 것이 사회정의이며, 자유평등의 이념에 합당하다고 보기 때문이다. 이러한 측면에서 주류 문화는 소수자들의 비주류 문화를 허용하는 타협안을 제시했는데, 이것이 다문화주의이다. 2001년 유네스코가 선언한 문화다양성은 20세기의 중요한 담론이었던 다문화주의를 바탕으로 하고 있다.[14] 탄생의 배경이 서로 다른 다문화주의와 문화다양성은 문화의 종이 다양하다는 것을 전제로 하면서 문화의 상호 대화를 통한 평화와 번영을 목표로 한다. 다문화주의나 문화다양성은 단일 문화주의나 단일 문화성이 인정되는 한도 내에서 성립하는 개념이다(김승환, 2006). 그런데 더 중요한 문제는 다문화주의와 문화다양성의 미묘한 차이를 명확히 인식해야 한다는 점이다. 다문화주의란 문화 간의 차이를 인식하고 서로 공존하자는 것이고, 문화다양성은 다양한 문화들을 구별하되 상호 인정하자는 것이다.

김승환(2006)은 이에 대해 좀 더 구체적인 방안들을 제시하고 있다. 첫째, 다문화주의는 한 사회를 지배하는 주류가 허용하는 한도 내에서 지배당하는 비주류의 문화를 허용하려고 한다. 한 국가 내에서 문화의 다양성을 인정하는 소수자들이 자신들의 문화를 유지할 수 있도록 하는 이론이자 정책이다. 둘째, 문화다양성은 각 국가와 민족, 종족, 집단, 지역 등의 문화

---

14 2005년 10월 제33차 유네스코 총회 본회의에 상정되어 회원국의 압도적인 지지로 공식 채택되었다. 협약은 문화상품의 독특한 성격을 인정하고, 각국이 문화 정책을 수립할 자주권을 보장하고 있으며, 문화 약소국에 대한 지원도 명시하고 있다.

가 유지·보전되어야 한다는 주장이다. 하지만 이 역시 다문화주의와 마찬가지로 소수 문화에 대한 주류 문화의 관용적 성격이 짙다. 달리 말해서 전 세계적인 지배 문화가 허용하는 한도 내에서 각 민족과 인종의 문화가 존재하는 것이다. 이 주장은 세계화가 진행됨에 따라 파생되는 문화적 갈등이나 충돌을 피해보자는 시대적 의미를 담고 있으며, 세계화를 인정하면서 그 안에서 부정적인 것을 최소화하자는 것이다(김승환, 2006: 177~178).

서구 다문화주의는 정책의 차원에서뿐만 아니라 정치철학의 차원에서도 논의가 확대되었다. 킴리카는 정치철학에서 다문화주의 논쟁을 다음과 같이 세 단계로 구분한다. 첫 번째 단계는 1989년 이전의 논쟁으로, 다문화주의를 공동체주의의 한 형태로 보는 것이다. 이 시기에 다문화주의 논쟁은 공동체주의 대 자유주의 구도에서 이루어졌고, 공동체적 권리를 강조하면서 자유주의를 비판하는 방향으로 진행되었다. 두 번째 단계는 자유주의 틀 내부에서의 다문화주의 논쟁이다. 자유주의적 관점에서 공동체적인 특수성과 차이를 얼마나 수용하는가의 문제를 중심으로 변화하게 된다. 세 번째 단계는 국민 만들기에 대한 응답으로서 다문화주의이다(킴리카, 2005: 467~482). 서구 자유주의 국가들은 그동안 '선의의 무관심' 원칙을 내세워 인종적·문화적 차이점을 정책에 고려하지 않겠다는 중립적 국가관이 주류를 이루었다. 다문화주의는 이러한 무관심을 문제 삼으며, 소수자 문화와 권리의 측면에서 새로운 국민 만들기 방식을 제시하려고 한다. 결국 다문화주의는 "현대의 심원한 다원주의 사회에서는 '정상성'의 시민 모델에 가려 소외받았던 인종적·문화적·성적 소수자들도 동등한 시민으로 수용해달라는 '인정의 정치'의 한 형태"라고 할 수 있다(킴리카, 2005: xiii).

최종렬 외(2008)의 논의에 의하면 서구 다문화주의는 두 종류가 있다. 첫째는 계몽주의적 진보관에 기초한 자유주의적 다문화주의이다. 이런 전통

〈표 2-1〉 기존 서구 다문화주의의 두 종류

	자유주의적 다문화주의 (계몽주의)	공동체주의적 다문화주의 (대항계몽주의)
문화의 개념	· 보편적인 자유주의적 인권 문화 · 집단과 상관없이 보편적 인권 문화가 　존재	· 문화적 본질주의 · 각 집단은 고유의 진정한 정체성을 지님
다문화주의의 맥락	· 보편적인 자유주의적 인권 확산의 최근 　계기	· 신부족주의 · 근대의 국민-국가에 의해 억압받았던 　소수민족주의 부활
정책의 초점	· 보편적인 자유주의적 인권 문화를 다수 　자뿐만 아니라 모든 소수자에게 확산	· 각 집단의 고유한 전통문화 보존 · 문화적 순수성 유지

자료: 최종렬 외(2008: 5).

에서는 모든 개인이 동일한 권리와 자유를 지니고 있다고 보며, 따라서 아무리 독특한 문화를 가지고 있다고 해도 이러한 보편적인 권리와 자유를 지켜야 한다고 본다. 근대에는 국민-국가를 건설하는 과정에서 이러한 보편적 인권 문화로부터 소외·배제되었는데, 이 소수자에게 이를 다시 확산시키는 것이 다문화주의의 핵심이다. 따라서 정책도 보편적 인권을 확산시키는 문제에 초점을 맞춘다. 둘째는 대항계몽주의, 특히 헤르더(Johann Gottfried von Herder)의 문화 개념에 기초한 공동체주의적 다문화주의이다. 이러한 전통에서는 모든 개인은 공동체 안에 태어나 그 속에서 정체성을 획득하며 살아간다고 본다. 근대는 이러한 '집단 차이'를 부정하고 하나의 국민 문화로 동화시키려고 노력했는데, 최근 신부족주의의 발흥에서 보듯 이를 다시 되돌리려 노력한다. 정책의 초점은 각 집단의 고유한 전통을 보존하고 문화적 순수성을 유지하는 것이다(최종렬 외, 2008: 4~5). 최종렬 외(2008)는 이를 〈표 2-1〉과 같이 정리했다.

　이론적 차원에서 이렇듯 갈라서기는 하지만, 실제 정책 면에서는 서구 자유주의 나라들이 다문화주의를 새로운 통합 정책으로 채택하고 있다는 점은 동일하다. 이런 점에서 다문화주의는 자유민주주의가 잘 자리 잡고 있는 사회에서 지배적으로 나타난다고 할 수 있다(최종렬 외, 2008: 5). 일반적으로 다문화주의는 주체와 타자의 관계 문제로 봐야 하며, 좀 더 구체적으로는 다수자와 소수자의 관계 문제로 접근되어야 한다. 근대 역사를 볼 때 다수자는 지배적 집단을 형성하면서 단일 문화주의를 주장해왔다. 근대의 모든 지배적 민족은 자신만의 국민-국가를 형성하길 원했고, 그 과정에서 수많은 민족 집단을 소수자로 만들었다. 근대의 국민-국가 만들기 경험을 먼저 한 서구의 경우 소수자는 크게 셋으로 나뉜다. 원주민(indigenous people), 준국가-국민 집단(substate nationalist groups), 이민자 집단(immigrant groups)이 바로 그것이다. 원주민은 근대 서구인들이 신생 국민-국가를 수립하는 과정에서 배제되고 억압받아온 토착민들을 지칭하는데, 캐나다의 인디언과 이누이트족, 그린란드의 이누이트족, 그리고 미국의 인디언 부족이 그 예이다. 준국가-국민 집단은 하나의 큰 국가 안에서 자신을 하나의 독자적인 국민으로 인식하면서 지역적으로 집중되어 거주하는 집단들, 즉 역사적으로 소수 준국가-국민으로 형성된 집단들을 지칭한다.[15] 캐나다의 퀘벡, 영국의 스코틀랜드와 웨일스, 스페인의 카탈루냐와 바스크, 벨기에의 플랑드르, 이탈리아 티롤의 독일 소수자, 미국의 푸에르토리코가 그 예이다. 이민자 집단은 무엇보다도 '이민의 나라(호주, 캐나다, 뉴질랜드, 미국)'로 이주한 이민 집단을 말한다(최종렬 외, 2008: 11~12). 이러한 논의에 더하여 세계화와 함께 새롭게 등장하는 이주민을 20세기 이전의 이민자 집단과

---

15 소수민족은 정복, 식민화, 조약 등에 의해 강제로 더 큰 국가에 합병된 경우가 많은데, 이들은 자신들이 전체 국가 안에서 구별되는 사회로 남기를 원한다. 반면에 소수 인종은 자발적인 이민에 의해 한 나라에서 다른 나라로 이동한 경우가 많고, 소수 인종에 속하는 개인들은 주류 사회에 통합되기를 원한다(킴리카, 2010).

〈표 2-2〉 소수자 유형 구분

		옛 소수자			새 소수자
		원주민	준국가-국민 집단	이민자 집단	새 이주자
네 유형을 모두 가진 나라	미국, 캐나다, 핀란드, 덴마크	○	○	○	○
세 유형을 가진 나라	호주, 뉴질랜드	○	×	○	○
	영국, 벨기에, 스위스	×	○	○	○
두 유형을 가진 나라	프랑스, 독일, 스웨덴	×	×	○	○

자료: 최종렬 외(2008: 46).

구분하여 새 이주자로서의 소수자로 새롭게 취급하는 연구가 있다. 이에 따라 한 국가에 존재하는 소수자들을 〈표 2-2〉와 같이 네 가지 유형으로 나눌 수 있다.

〈표 2-2〉에서 볼 수 있듯이 소수자를 유형별로 구분해볼 때, 미국과 캐나다는 원주민, 준국가-국민 집단, 옛 소수자 이민자 집단, 그리고 새로운 이주자로 이루어진 새 소수자 이렇게 네 유형을 모두 가지고 있는 반면, 호주는 준국가-국민 집단은 존재하지 않는 세 유형만을 지닌 나라이고, 프랑스는 원주민과 준국가-국민 집단이 존재하지 않는 두 유형만을 지닌 나라라고 할 수 있다(최종렬 외, 2008: 99). 이들 이민의 나라들에는 두 가지 변화가 일어났다. 우선 차별적인 이민 정책과 귀화 정책에서 인종 중립적인 이민 정책과 귀화 정책으로 전환했고, 동시에 동화주의적 통합 개념에서 좀 더 다문화주의적인 귀화 개념으로 전환했다(최종렬 외, 2008: 11~12).

서구에서는 이렇듯 존재하는 소수자를 어떻게 통합할 것인가 하는 문제로 다문화주의 담론이 발전되어왔다. 이는 구체적으로 도덕(morality)과 윤리(ethics), 또는 정의(justice)와 자기실현(self-realization)의 대립이라는 도덕

철학의 문제로 나타난다. 도덕의 입장에서 다문화주의는 근대성이 성취한 보편적 원리, 즉 자유와 평등의 원리를 지금까지 국민-국가에 의해 누리지 못한 소수 집단들에게까지 확대하려는 '정의의 문제'로 된다. 이때 정의는 주로 절차적 정당성을 의미한다. 반면 윤리의 입장에서 다문화주의는 자기 공동체에서 자기를 실현하는 삶을 '선한 삶(good life)'이라 보고, 기존의 국민-국가에 의해 이런 삶을 누리는 걸 방해받아온 소수 집단들에까지 확대하려는 '자기실현의 문제'로 된다. 도덕의 범위는 보편적이어서, 자기 고유의 가치가 무엇이든 모든 개인과 집단은 이를 따라야 한다. 반면 윤리의 범위는 제한적이어서, 개인은 자신이 속한 문화 집단 안에서 특유의 인정을 추구한다(최종렬 외, 2008: 14). 이러한 도덕과 윤리의 대립은 철학적 차원에서 볼 때 영미 철학과 독일 철학의 대립이 깔려 있다. 영미 철학에서는 개인의 자유에 대한 전통적인 자유주의 전통과 사회민주주의의 평등주의를 결합함으로써, 사회적·경제적 재분배를 정당화할 수 있는 새로운 정의 개념을 주창했다. 반면 헤겔주의 철학, 특히 의식 현상학(phenomenology of consciousness) 전통에서 인정은 서로를 평등하게 보면서도 동시에 서로 분리되어 있는 존재로 보는 주체들 간의 이상적인 호혜적 관계를 지칭한다. 이는 그 뿌리를 근대 사상에까지 파고들면, 도덕적 일원론을 주장하는 계몽주의와 다원론을 주장하는 대항계몽주의의 대립으로 나타난다(Parekh, 2000).

정의의 시각에서 다문화주의를 바라보는 대표적인 학자는 프레이저(Nancy Fraser)와 킴리카이며, 자기실현의 관점에서 다문화주의를 바라보는 대표적인 학자는 테일러(Charles Taylor)와 호네트(Axel Honneth)이다. 이러한 다문화주의 담론의 두 흐름은 〈표 2-3〉과 같이 정리할 수 있다.

〈표 2-3〉 다문화주의 담론의 두 흐름

	정의의 문제	자기실현의 문제
정치학	· 재분배의 정치학, 계급 정치학	· 인정의 정치학, 정체성의 정치학
철학적 (규범적) 전통	· 계몽주의 전통 · 자유주의 전통, 특히 20세기 후반 미국 자유주의 전통에서 나옴 · 분석철학	· 대항계몽주의 전통 · 헤겔주의 철학, 특히 의식 현상학으로부터 나옴 · 실존철학
문제와 영역	· '옳음(the right)'의 문제로 이해되며, 이는 '도덕(morality)'의 영역에 속함 · 절차적 정의의 '옳음'(rightness of procedural justice)	· '선(the god)'의 문제로 이해되며, '윤리(ethics)'의 영역에 속함 · '자기실현'이라는 실질적인 목적과 선한 삶을 촉진하는 것으로 여김
범위	· 정의의 규범은 보편적으로 구속적 · 행위자가 특정의 가치에 헌신하는 것과 독립	· 좀 더 제한적 · 문화적·역사적으로 특수한 가치의 영역이며, 이는 보편화될 수 없음
대표 학자	· 프레이저, 킴리카	· 테일러, 호네트

자료: 최종렬 외(2008: 15).

② 다문화주의와 사회통합

다문화주의의 요체는 우선 기본적으로 이 세상이 다양한 인종과 문화로 이루어져 있다는 사실의 인식이다. 그다음으로는 자기 자신의 정체성에 관해 생각하는 방식이다. 다문화주의가 단순히 상호 존중에만 주목한다면 상대주의의 굴레에서 벗어날 수 없을 것이다. 따라서 진정한 의미의 '융합적 다문화주의'가 성립되기 위해서는 타문화의 인정을 넘어서서 실제로 이런 문화들이 문화 공동체 구성원들의 삶에 기여할 수 있어야 한다. 다르게 표현하면 구성원의 정체성 형성에 기여하지 못하는 문화는 그 본래적인 의미를 상실하게 된다는 것이다(최성환, 2008: 301). 한편으로 민족적 단일성과 동질성의 신념에 대한 대안으로 제기되는 다문화주의가 모순적이게도 국경을 넘어 민족적 단일성과 동질성을 고수하는 '원격지 민족주의자'를 양성하는 기반으로 작용할 우려가 제기되고 있다(구견서, 2003: 50).

라즈(J. Raz)는 다문화주의를 비판하는 사람들이 세 가지 반대 이유를 제시한다고 설명하고 있다. 첫째는 다문화주의가 문화 집단의 권리를 강조함으로써 개인의 자유를 침해할 수 있다는 것이고, 둘째는 문화의 수준에서 차이가 있다는 전제 아래 열등하고 억압적이며 종교적인 문화와 그렇지 않은 서구 문화에 동등한 권리를 부여하는 데에 대해 가지는 반감이다. 셋째는 다양한 문화 집단의 인정이 사회의 파편화를 가져온다고 보고, 사회를 결속시키기 위해 공동의 문화가 필요하다는 것이다(Raz, 1995: 176~180). 공동체주의자들은 다문화주의를 시민적 덕성의 추락이라는 점에서 비판하고 있고, 사회민주주의자들은 부의 재분배보다는 본질적인 정치적·사회적 과제를 도외시한 채 문화라는 추상적이고 심리적인 인정에만 주력한다고 지적하고 있으며, 인류학자들은 다문화주의를 집단 정체성의 형성과 유지라는 측면에서 민족국가 건설 과정에서 등장한 민족주의보다 더 결정론적이라고 비난하고 있다. 또한 합리적인 선택이론가들은 다문화주의가 종족·민족적 소수 집단 리더들의 입지 구축을 위한 전략적 선택일 뿐이라고 비판하며, 자유주의적 평등주의자들은 집단주의로 인한 개인성의 파괴를 우려하고 있다. 사회적 결속을 위한 보편적 이념으로 민족주의를 내세우는 보수주의자들의 비판도 가속화되고 있다(곽준혁, 2007a: 25).

킴리카(Kymlicka, 2007)는 지난 40년 동안 전 세계에 걸쳐 국가-문화 소수자 관계에 혁명이 일어나고 있음을 주목한다. 그는 동화적이고 동질화하는 국민국가 모델이 국가와 시민권의 다문화적 새 모델에 의해 도전받고 있거나, 심지어는 대체되고 있다고 주장한다. 이는 다음의 세 가지를 반영하는 것이다. 첫째, 이민자의 문화와 종교를 광범하게 수용했다. 둘째, 국민적 소수자(national minorities)의 영토적 자율성과 언어 권리를 수용했다. 마지막으로, 원주민의 토지 주장과 자기 통치권을 인정했다. 이는 내적인 국내 정치 과정의 결과이기도 하지만, 무엇보다도 국가로 하여금 더욱 다

〈표 2-4〉 동화 유형 대 다문화 유형의 속성 비교

구분	동화 유형	다문화 유형
문화적 지향	· 문화적 동질화 추구 · 추상적인 타문화 이해와 수용 · 이전 문화 포기	· 문화적 이질성 존중 · 구체적인 타문화 인정과 보호 · 이전 문화 유지
정책 목표	· 소수 집단의 주류 사회로의 동화	· 소수 집단의 고유성 인정을 통한 사회 통합
갈등 해소 방안	· 완전한 동화를 위한 사회 갈등 해소	· 완전한 참여를 통한 사회 갈등 해소
정책 수단	· 소수 집단 차별 방지의 법제화	· 소수 집단 문화와 권리 보호의 법제화
다양성 개념	· 사적 영역의 문화다양성 보호	· 사적·공적 영역의 문화다양성 보호
평등 개념	· 기회의 평등	· 결과의 평등
이주민에 대한 관점	· 노동력, 이방인 · 통합의 대상 · 타자화	· 사회 구성원 · 사회 다양성의 원천 · 주체화
비판	· 이주민 동화의 현실적 어려움 · 이주민에 대한 현실적인 사회적 배제	· 민족 정체성 약화 및 사회적 분열 초래

자료: 한승준(2008a: 470) 보완.

문화적인 접근을 취하기를 조장하고, 심지어는 압박하는 국제적 정부 간 조직이 있기에 이루어진 것이다. 킴리카는 현재 우리가 국가-소수자 관계의 '국제화'뿐만 아니라 다문화주의가 국가-소수자 관계를 재형성하는 새로운 프레임워크가 되어 지구적으로 확산되는 것을 목도하고 있다고 말한다. 그 핵심은 자유주의적 다문화주의, 즉 '개인의 자유와 평등의 원리'에 근본적인 헌신을 통해 안내되고 규제되는 국제 규범이 지구적으로 확산되고 있는 것이다(Kymlicka, 2007). 결국 동화주의와 다문화주의 통합 모델을 둘러싼 선택의 문제는 각 사회의 여건과 역량에 따라 택할 문제이지, 그 자체가 좋고 나쁨을 비교할 수 있는 것은 아니라고 생각한다. 한승준(2008a)은 지금까지의 동화주의와 다문화주의의 속성을 〈표 2-4〉와 같이 비교하여 제시했다.

2) 문화다양성과 한국 사회

(1) 문화다양성

문화다양성은 세계화 시대의 흐름 속에 발생하는 사회 변동으로서 지역 중심의 인종, 이념, 종교 등의 경계 허물기와 문화 세계화로 인해 발생하는 문화적 불평등을 최소화하기 위해 협약으로 제정되면서 전 세계인에게 공통의 관심사, 즉 국제적인 의제로 떠올랐다.

앞의 머리말에서 이야기했듯이, 문화다양성은 언어, 관습, 종교, 라이프 스타일, 정체성 등에서 서로 다른 문화적 차이들이 한 사회나 국가 또는 권역 안에서 공존·상생하는 것을 의미한다. 문화다양성은 문화적 차이들의 통합을 의미하는 것이 아니며, 문화적 차이들이 서로 공존하는 것을 의미한다. 문화다양성은 한 시대나 한 국가의 문화적 동화나 통합을 지향하지 않고, 다양한 문화가 서로 차이를 드러내며 공존하는 것을 지향한다(이동연외, 2013).

사회적 다양성의 관점에서 볼 때 문화는 고정된 실체가 아니라 끊임없는 흐름과 차이를 만들어내는 사회 구성 원리로서 사회 내의 차이와 다양성을 만들어내는 원천 중 하나이다. 문화는 다양성과 차이의 속성을 존재론적으로 가지며, 문화의 교류는 다양성과 차이를 더욱 배가시킨다.

역사 속에서 문화를 매개로 한 국제간의 관계는 순환적 교류나 상호 존중의 수평적 관계보다는 억압적이고 위계화되어 문화제국주의적인 양태로 발전해왔다. 세계 역사에서 발생한 식민주의와 세계대전은 종식되었지만 그 불평등은 지속되었고, 세계화를 통해 압축적으로 확산되었다. 과거 전 세계적으로 불평등한 현상을 일으킨 주요한 요소가 물질적 자본이었다면, 현대 사회에서 재화로서 치환 요소에는 문화가 자리하고 있다. 현대 사회에서 문화다양성의 필요성은 단순한 문화산업적 차원에 머물지 않고 세계인들이 치열한 이해관계 속에서 평화롭게 공존하는 삶의 양식을 체계화하는 동시에 공존의 윤리 가치를 배양하는 시민 의식의 증진에 있다. 현재 국제 사회에서 논의되는 문화다양성 관련 의제는 근대화 과정을 거쳐 세계화 시대에 이르기까지 서구 자본주의적 방식에 의해 불평등의 심화가 진행되어온 결과에 대한 적극적인 해결 방안으로 논의되고 있는 것이다.

문화다양성 정의는 문화적 표현의 다양성 보호와 증진 협약(Convention on the Protection and Promotion of the Diversity of Cultural Expressions)[16]을 통해 성격과 방식이 규정되었다(유네스코한국위원회, 2008: 296).

'문화다양성'은 집단과 사회의 문화가 표현되는 다양한 방식을 말한다. 이러한 표현들은 집단 및 사회의 내부 또는 집단 및 사회 상호 간에 전해진다. 문화다양성은 여러 가지 문화적 표현을 통해 인류의 문화유산을 표현하고 풍요롭게 하며, 전달하는 데 사용되는 다양한 방식뿐 아니라 그 방법과 기술이 무엇이든 간에 문화적 표현의 다양한 형태의 창조, 생산, 배급, 배포 및 향유를 통해서도 명확하게 나타난다. - 문화적 표현의 다양싱 보호와 증진 협약 제4조 정의

유네스코의 문화다양성 정의에서 보면 문화다양성 개념을 긍정적인 글로벌 문화의 대안으로 간주한다. 이러한 정의는 주로 국가 간 문화적 격차와 차이를 줄이는 의미를 가지고 있지만, 정작 한 사회에서 얼마나 다양한

---

16 문화다양성과 관련하여 유네스코가 2005년 10월 20일 채택한 국제 협약으로, 특히 2001년 '세계 문화다양성 선언'의 규정들을 참고했다.

문화가 서로 경합을 벌이는지에 대한 심층적인 분석은 부족하다. 문화다양성이라는 담론이 마치 '문화의 세계화'를 대변하듯이 무비판적으로 수용되는 경우도 많이 발견하게 되는데, 이는 다양성의 의미를 자명하고 일률적으로 동일한 것으로 잘못 이해함으로써, 그것이 갈등과 투쟁 속에서 생겨나는 운동이라는 의미를 지워버린다(베르나르, 2005).

문화다양성 협약의 배경과 취지를 보면 문화다양성이 인간의 능력과 가치를 육성해주는 풍요롭고 다양한 세계를 창조하고, 공동체, 민족, 국가의 지속 가능한 발전의 원천이라는 점을 강조한다. 다시 말해 다문화를 국가와 공동체의 지속 가능한 발전의 원천으로 이해해야 한다는 것이다. 다문화 사회는 민주주의와 관용, 사회정의의 관점에서도 피할 수 없는 단계이며, 문화 간의 상호 존중이라는 관점에서 바라볼 필요가 있다(이동연 외, 2013).

문화다양성에 내재되어 있는 도전 과제는 단순히 국제적 차원이나 국가차원에서만 제기되는 것이 아니다. 다중 정체성은 개별자뿐만 아니라 우리자신을 지키는 동시에 다름을 받아들일 수 있게 해주는 사회통합의 방편이된다. 그러므로 문화다양성은 중요한 정치적 함의를 지닌다. 문화다양성은 서로 다르고 복잡한 타자를 우리가 받아들이기 위해서는 고정관념과 편견에서 벗어나야 한다는 점을 목표로 제시한다. 바로 이 다양성을 통해 우리 공통의 인간성을 재발견하는 것이 가능해진다는 것이다. 이로써 문화다양성은 발전과 평화의 문화를 위한 문화적·지적·과학적 협력을 증진시키는 방편이 된다(유네스코한국위원회, 2010: 5).

문화다양성은 하나 이상의 민족국가에서 역사를 통해 전해 내려온 공동체적 산물이므로 상이한 문화를 인정하는 것으로 타자 또는 다자간에 평화로운 공존과 창조를 이끄는 사회통합의 기반이 되는 것이다.

(2) 한국 다문화 사회에서의 문화다양성

다민족·다인종으로 확산되는 한국 사회에서 문화다양성 의제와 함께 다문화주의를 어떻게 정의할 것인가는 이주의 시대에 매우 중요한 과제이다. 한 사회에서 개별 집단은 사회적 분배의 주체이자 대상이 되므로 소수 집단의 정치적인 분배 문제는 첨예한 이슈가 되고 있다. 특히 다수에 의해 집단의 권리가 축소 또는 배제되는 이주자와 소수자 문제는 여러 가지 사회적 갈등 문제를 야기한다. 외국인, 결혼 이주자, 탈북인, 그리고 다양한 문화를 배경으로 한 소수 집단들이 늘어가는 한국 사회에서 기존의 다문화 정책으로 다양한 소수 집단들을 포섭하거나 평등한 정책의 대상으로 포함하는 데는 한계가 있다. 다문화 사회를 표방하면서도 소수자 통합 정책이 외국인 노동자는 배제하고 결혼 이주자 중심으로 지원되는 것은 바로 그러한 사례라고 할 수 있다.

우리보다 먼저 이주 문제를 경험한 국가들의 사례를 보면 갈등 해결 단계에서 초기의 소수자들이 인정 투쟁에서 시작하지만 다수로 하여금 소수 집단의 문화적 차이를 수용하고 더 나아가 공정한 분배가 이루어지는 과정을 실현하려는 정치적 문제를 포함한다. 이주 집단의 문제는 때로는 갈등으로 증폭되지만 일련의 과정을 통해 사회적 합의를 이끌어내거나 갈등 해결을 위한 난제들을 수행하게 된다. 여기에 수반되는 것이 바로 타인과 다름에 대한 인정과 존중으로 다문화주의의 철학이 요구되는 것이다.

예컨대 미국에 있는 소수민족들은 독특한 문화적 공동체로서 자신들의 지위를 반영하고 보호할 것을 염두에 둔 일련의 권리를 지니고 있으며, 이들은 이런 권리들을 보유하고 확대하기 위해 투쟁해왔다(킴리카, 2010: 23). 현대 사회에서 사실상 모든 자유 민주국가들은 다민족 또는 다인종 문화적이거나, 아니면 양자 모두의 성격을 지닌다. 다문화주의의 도전은 안정적인 동시에 도덕적으로 정당화될 수 있는 민족적·인종적 차이들을 수용하려고 한다(킴리카, 2010: 54).

문화다양성에 입각한 다문화주의는 누구나 개인 생활과 사회생활에서 소수 민족이라는 이유로 차별을 받거나 권리가 제한되지 않아야 하며, 나아가 선입견, 차별 의식, 편견을 타파하고 언어, 문화, 종교, 생활 등에서의 차이에 따른 구조적 불평등 해소를 궁극적인 목표로 한다(이동연 외, 2013).

한국 사회는 다양한 집단의 인종적·문화적 차이를 수용해야 하는 과제를 안고 있으므로 문화다양성을 통해 집단적 차이를 보호하며 주류 사회로부터 소수 문화에 대한 존중과 합의를 이끌어내는 데 적극적이어야 하는 전환적 시점에 있다. 한국은 2010년에 "문화상품과 서비스가 단순한 상품이나 소비재로 취급되지 말아야 하는 특수성을 지니고 있다는 것"을 강조한 유네스코의 '문화다양성 선언'을 근거로 만든 문화다양성 협약을 비준했다. 이는 각국의 문화·예술의 다양성을 인정한다는 내용의 국제 협약으로 스크린쿼터 등 자국 문화 보호 제도의 국제법적 근거를 제공하고 있다. 그러나 현재 한국 사회에서 논의되는 문화다양성 협약은 FTA와 같은 국제무역 협약 문제와 충돌하면서 경제정책 논리에 의해 선언적 수준에 머물고 있는 실정이다. 그럼에도 협약 비준은 다문화 사회에서 매우 중요한 결정으로, 협약 내용을 이행하기 위한 지속적인 정책과 소수 집단들의 문화권을 수용하고 인정하는 노력이 필요함을 강조하는 중요한 출발선이다.

한국 사회에서 문화다양성 논의는 그간 한국 사회가 지향한 결혼 이민자 중심의 경도되고 왜곡된 이주 사회에 대한 성찰적인 입장이 반영되어 있다. 선주민과 이주민, 주류와 비주류, 비장애인과 장애인, 그리고 다양한 문화적 소수자들이 공존의 해결안을 모색하며 더 넓은 범위로 다양한 집단들을 포함하려고 하는 필요성에서 확산되고 있다. 이제 한국 사회는 문화

다양성의 개념을 문화적 장르의 다양성의 유형들로 이해하기보다는 사회형성 구성원 또는 문화적 주체들이 가진 다양한 차이들의 공존이라는 관점으로 전환이 필요한 시점에 있다. 그동안 한국 사회에서의 문화다양성은 다문화 정책의 일환과 같은 개념으로 좁게 논의되어왔으나 문화다양성은 차이를 수용하고 인정과 존중을 적극적으로 실천하게 하여 다문화주의를 구현하는 포괄적 영역이라는 것으로 인식해야 한다.

다양한 소수 집단들의 문화다양성이 발현되는 사회는 차이의 수용과 타자에 대한 존중이 실현되는 사회이다. 문화다양성을 담보하기 위해 국가, 종족, 인종, 이주와 관련된 사회 문화 형성의 영역, 성차, 연령, 성 정체성 등과 같은 문화 정체성 영역, 하위문화, 독립문화, 비주류 문화 등과 같은 소수 영역을 모두 고려하는 것이 중요하다.

국내 거주 외국인, 이주 노동자, 결혼 이주자가 꾸준히 늘어나고 있고, 노령화로 인한 세대별 분화가 가속화되고 있으며, 성 정체성에 대해서도 상당히 권리 의식이 강해져서 동성애자 이슈도 문화 정체성으로 논의되는 단계에 이르렀다. 한국 사회의 성숙한 통합을 위해 문화다양성에 대한 이론과 실천에는 그간 배제된 다양한 문화 정체성을 가진 소수 집단들이 포함되어야 할 것이다.

3장
방송에서 나타나는 한국의 다문화 지형

1. 한국의 다문화 현상에 관한 선행 연구

우리나라에서 국내 거주 외국인이 150만 명을 돌파하면서 관심을 갖게 된 다문화주의 현상에 대한 분석은 크게 다섯 가지 분야로 구분할 수 있다. 첫째, 사회학자나 인류학자에 의해 소수자의 증가 추이를 추적하는 통계와 이로 인한 사회적 변화를 관찰하는 분석이 있다(한건수, 2003; 김현미, 2006; 엄한진, 2006, 2007; 이혜경, 2007; 김은미·김지현, 2008; 윤인진, 2008; 한경구, 2008; 김용신, 2011; 이화숙, 2013). 둘째, 다문화주의에 대한 이론적 이해와 함께 다문화 사회로의 이행이 갖는 정치제도적 함의를 찾는 정치학자들의 작업이 있다(김비환, 1996, 2007; 김남국, 2005a, 2005b; 곽준혁, 2007a; 이용재, 2009; 심승우, 2012). 셋째, 여성학자들에 의해 이주 노동자의 현실을 성평등의 관점에서 접근하거나 국제결혼에 따른 여성 이주자의 인권을 분석하는 연구가 있다(이수자, 2004; 김혜순, 2006b, 2007; 문경희, 2006, 2008; 권금상, 2013). 넷째, 다문화 교육의 필요성에 대한 주장과 구체적인 학습 프로그램 개발 등을 하는 교육학자들의 작업이 있다(김홍운·김두정, 2007; 정영근, 2009; 박승규·홍미화, 2012). 끝으로, 다섯째는 다문화주의에 대해 문화연구적으로 접근하며 TV 프로그램·광고를 분석하는 미디어와 문화연구학자들의 작업이다(양정혜, 2001, 2007; 이경숙, 2006; 이상길·안지현, 2007; 이희은·유경한·안지현, 2007; 김영찬, 2006; 김수정·김은이, 2008; 박종대·김은혜·김미성, 2008; 백선기·황우섭, 2009; 이현정·안재웅·이상우, 2013). 이 다섯 가지 영역 가운데 미디어와 문화연구적 접근은 미디어가 현실을 반영한다고 가정할 때 우리 사회의 다문화주의 현상을 구체적으로 분석할 수 있는 영역이다.

한국의 다문화 지형에 대한 연구에서는 대부분 한국의 다문화주의가 다문화주의 형식을 띠고 있지만 내용에서는 동화주의라는 것이 주된 연구 결과이다(천선영, 2004; 김남국, 2005a; 문경희, 2006; 이선옥, 2007; 윤인진, 2008). 먼저 윤인진(2008)은 정부의 다문화 정책이 '다문화주의' 정책이라기보다 는 '다문화 지향' 정책에 가까우며 지극히 동화적인 성격이 강하다고 주장 했고, 원용진(2009)은 한국의 학계가 생산해내는 다문화 사회 관련 담론들 이 다문화주의의 다양하고 경합적인 철학, 이론, 개념 등에 대한 진지한 논 의 없이 결혼 이민자와 같이 제한된 범주를 대상으로 사회통합을 이룰 수 있는 방법론을 모색하는 데 치중하고 있다고 비판했다. 천선영(2004)은 한 국에서 다문화라는 말이 표면적으로 이해와 관용, 융화와 화합을 말하는 것처럼 보이지만, 실제적으로는 근대국가 단위 사회에서의 문화적 단일성 이나 동질성을 재확인 또는 강화시키는 기능을 수행한다고 비판했다. 그런 가 하면 문경희(2006)는 한국에서 소수 문화의 특수성을 배제하는 다수 문 화 보편주의 성향을 띠는 다문화주의가 시행된다면 결혼 이주 여성들의 문 화적 차이가 차별의 근거가 될 수 있으며, 소수 집단 내에서 주변화되는 여 성들의 보편적 인권을 보호하지 못할 수 있다고 우려했다. 끝으로 김남국 (2005a)은 한국과 같이 폐쇄적인 국가주의 전통이 강한 사회에서 국가 주 도의 다문화주의가 아무런 제재 없이 추진된다면 공화주의적 다문화주의 의 문제, 예를 들어 다수의 전제 가능성과 지배적인 의견을 중심으로 한 일 체감 형성을 강조함으로써 사회적 소수 의견을 억압할 수 있는 문제가 발 생할 수 있다고 경고했다.

2. 한국의 다문화 담론

한국의 다문화주의 담론은 1980년대 말 이후 급증한 이주민의 존재가 한국 사회의 미래 전망에 어떠한 함의를 가지는가에 대한 논의 속에 출현했다. 결혼 이민자의 입국이 급증하기 전, 한국 정부의 이주민 정책은 이주노동자를 대상으로 하는 노동 관리 정책에 불과했다. 정부의 정책이 이주노동자의 정착을 허락하지 않는 교체·순환 정책을 기조로 삼았기 때문에 이주 노동자 정책은 '통제와 관리' 중심이었다. 정부의 정책적 관심은 노동시장의 경제 논리에 충실한 노동력 관리나 '불법체류' 노동자의 단속·관리와 같은 출입국 관리 차원에 머물러 있었다. 정부가 이주민 문제에 정책적 관심을 가지게 된 것은 이주 노동자의 규모가 일정 수준을 넘어서고 이들의 관리 문제가 중요한 사회적 이슈로 제기된 후의 일이다(한경구·한건수, 2007: 71).

한국 정부나 사회에서 이주민에 대한 정책과 인식이 근본적으로 전환하게 된 계기는 국제결혼의 증가로 인한 결혼 이주자의 등장이다. 공식적으로 이민을 수용하지 않는 한국 사회에 국제결혼의 급증으로 실질적 이민자들이 늘어나면서 기존의 이주민 정책을 본질적으로 수정할 수밖에 없는 상황이 된 것이다. 국제결혼을 통해 한국으로 이주한 여성들은 이주 노동자나 다른 외국인 이주민과 달리 한국에 정착한 후 영주할 것을 전제로 하는 경우가 대부분이다. 영주뿐만 아니라 귀화를 통해 한국 국적을 취득하면 한국인으로서의 권리와 의무를 갖는다는 점이 다른 이주민과는 전혀 달라 정부와 시민 사회의 관심을 끌었다. 이에 따라 정부는 이주민 정책 전반에 대한 본격적인 고민을 시작할 수밖에 없었다.

결국 현대 한국 사회의 다문화적 상황은 참여하는 주체의 계급과 젠더에 따라 중층적으로 형성되고 있으며, 각 층위가 만들어내는 다문화적 공간과 상황은 전혀 다른 맥락에서 구성되고 있는 것이다. 그럼에도 우리 사회의 다문화주의 정책과 담론은 이런 차이를 간과한 채 '다문화주의'라는 합의되지 않은 개념을 각자의 언어로 풀어가고 있다. 현재 한국 사회에서 논의되는 다문화주의 담론은 이주 노동자나 결혼 이민자가 외부인이 아니라 한국 사회의 일원으로서 자신의 입지를 확보하고 궁극적으로는 자신의 문화적 권리를 담보할 수 있는 사회로 한국 사회를 이행시키기 위해 시민사회가 제기한 실천적 담론이다(한경구·한건수, 2007: 74~78). 다른 한편으로 현대 한국 사회의 다문화주의 담론은 이주민뿐만 아니라 그동안 억눌려 왔던 한국 사회의 수많은 사회적·문화적 소수자들의 권리 주장과도 연결된다는 지적이 제기되고 있다. 1990년대의 정치적 민주화는 "'단일민족에 기초한 동질적인 문화 집단으로서 한국 사회'라는 오랜 통념"을 해체해 나갔으며, "소수자 또는 주변인들의 발언권 확장을 통해" 우리 사회의 구조에 본격적인 균열을 냈고, 결국 "한국 사회를 하나의 균질적인 문화 공간으로 바라보았던 지배적 인지 구조의 변화"를 초래했다는 것이다(이상길·안지현, 2007: 110). 이들을 사회 구성원으로 받아들이기 위해서는 상호 존중, 합리적 대화, 정치적 권리에 대한 이해를 바탕으로 한 심의다문화주의의 정착을 통해 다문화 덕성을 갖춘 새로운 시민을 창출해야 한다(김남국, 2005a). 물론 이를 위해서는 초국가적 시민권 담론에 대한 이해가 바탕이 되어야 한다. 이론적으로 소수 집단의 문화적 권리와 사회적 통합의 원리로 '비지배적 상호성'을 제시하는 곽준혁(2007a)의 연구도 주목할 필요가 있다. 그리고 소수자·다수자의 이분법에 기초한 일방적 권력관계를 넘어 민족국가의 단일성과 상징성을 뛰어넘는 국가와 민족의 재구성의 필요성에 대한 주장(김이선, 2009)은 단일민족국가의 신화가 가질 수 있는 배타성에 대한 비판적 검토라는 점에서 살펴볼 필요가 있다. 또 새로운 시민권의 논의로 제시되고 있는 공화주의 시민권에 대한 검토(심상용, 2012)도 한국 사회가 다문화 사회로 이행하고 있으며, 궁극적으로 우리 사회가 다문화 사회로 나아가야 한다는 점에서 살펴봐야 한다. 올바른 다문화 사회의 등장은 다양한 소수자들이 주체로 참여할 수 있는 조건이 선행되어야 한다.

다문화주의 담론 역시 이주 노동자나 결혼 이민자를 주체로 보는 이주민 운동 진영과 "다양한 민족과 문화가 공존하는 사회를 가리키는 수식어"로만 사용하는 미디어 담론(이상길·안지현, 2007)에서부터 이국적 문화를 소비의 대상으로만 이해하는 중산층의 소비 지향의 다문화 담론 또는 "식탁 위의 다문화주의"(한건수, 2006), 저출산 고령화 사회의 현실을 타개해가는 인구 정책으로 이해하는 일부 공무원 담론에 이르기까지 다양한 담론들이 경합하고 있다(한경구·한건수, 2007). 이주 노동자와 달리 결혼 이주 여성의 증가는 결국 이주민의 문제를 한국 사회의 근본적 성격에 대한 문제의식으로 연결시켜주었고, 손님 또는 시혜의 대상으로만 존재하던 이주민을 우리 사회의 타자가 아닌 함께 살아야 할 사회의 주체로 인정해야 한다는 점을 제기하여 한국 사회의 전망에 대한 논의를 불러일으킨 것이다. 이러한 점에서 엄한진(2006)의 논의대로 한국의 다인종·다민족화로 인해 형성된 '다문화 현상'은 서구의 고전적 이민과 그에 따른 다민족 사회의 형성과는 차이가 있다고 볼 수 있다. 그러나 한국 사회가 다민족화되는 과정은 다르지만 궁극적으로 이러한 변화가 만들어내는 사회적 이행, 즉 다문화 사회의 등장과 이로 인한 사회공학적 어젠다는 크게 다르지 않다고 생각한다(한경구·한건수, 2007: 73). 이처럼 복합적이고 중층적으로 만들어지는 현대 한국의 다문화 현상은 주체에 따라 다르게 해석되어 전망이 제시되는 것이 너무도 당연하다. 이러한 해석과 주장들이 형성되는 과정을 살펴보는 것이야말로 현 단계 한국 사회의 다문화주의 현상을 분석하고 발전시키기 위한 중요한 고려 사항이다.

3. 한국의 다문화와 서구의 다문화의 차이점

다문화 사회는 서구 자유민주주의 사회만의 독특한 경험이 아니다. 과거 오스만 제국을 비롯해 주요 제국들은 대부분 다문화 사회였다고 할 수 있으며, 중국과 같은 현재의 사회주의 국가도 다문화 사회라고 할 수 있다. 또한 아시아의 여러 국가들도 나름대로 다문화 사회의 성격을 지니고 있다 (Kymlicka, 2005a). 그럼에도 이 책에서 서구 자유민주주의 나라의 다문화주의 사례에 주목하는 것은, 우선 그것이 최근 선진 자유민주주의 국가들에서 점점 더 지배적인 현실로 되어가기 때문이다(최종렬 외, 2008: 3~4). 그렇기 때문에 자유민주주의 국가를 지향하는 한국에도 그것이 시사하는 의미하는 바가 크다고 본다. 다문화주의는 이제 서구의 전유물이 아니다. 다문화주의는 전통적으로 인종적·문화적·종교적 다양성을 특징으로 하는 동남아시아 국가들에서도 중요한 문제로 부각되고 있다(Kymlicka, 2005a). 동아시아 국가들에서 다문화주의에 관한 논의는 서구의 경우와 몇 가지 중요한 차이점이 있다. 그 차이는 식민주의의 경험, 전통적인 위계질서의 존재, 그리고 자유민주주의적 전통의 확립 유무이다. 이러한 차이점들은 동남아시아의 다문화주의가 어려움을 겪을 수밖에 없는 이유를 드러내준다 (김비환, 2007: 326~327).

다문화주의와 관련하여 상당히 중요성을 갖는 한국 사회의 자원 또는 능력에 대한 평가는 전통문화 및 가치관, 이질적인 것을 조정하거나 관용하는 관행, 정치적 민주화 및 인권 의식의 정도, 시장경제의 형태와 질, 국가 또는 관 주도적 전통, 시민 사회의 활성화 및 공교육의 개방성, 국적과 시민권에 관한 법률 등 여러 가지가 있을 수 있다. 이런 요인을 두고 생각한다면, 현재 한국 사회의 다문화주의는 성격과 내용에서 서구와 다를 수밖에 없다(김비환, 2007: 329).[17] 임형백(2009)은 한국과 서구의 다문화 사회가 인식론의 차이, 실정법(positive law)의 차이, 다문화 사회로의 진입 배경(원인) 차이, 이렇게 세 가지 관점에서 서로 다르다고 주장했다. 우리 민족은 동일한 언어와 문화, 혈통을 가진 단일민족으로서 이웃 민족에 동화되지 않고 정체성을 유지해온 민족이라고 믿어왔다. 그리고 우리는 우리 민족을 단일민족으로 규정하고 공동체성과 민족적 자긍심을 가꾸어왔다. 학계에서는 '민족'이라는 개념과 용어 자체가 근대의 산물이라는 점에 대부분 동의하고 있다. 앤더슨(2002)은 민족을 근대 자본주의 발전 과정에서 생겨난 역사적 구성물로 인식하고 있고, 홉스본(Hobsbawn, 1992) 역시 민족을 근대의 산물로 여기고 있으며, 서유럽에서는 19세기까지 대다수의 민족에게는 민족의식이 생성되지 않았다고 보았다. 그러나 민족이 근대 이전부터 객관적으로 실재하던 언어·문화 공동체를 규정한 것인지, 아니면 민족주의라는 이념에 맞추어 만들어진 '상상의 공동체(imagined communities)'인지에 대해서는 논쟁이 계속되고 있다(임형백, 2009: 164).

에덴서(Tim Edensor)는 일련의 상징과 역사가 모아져 민족이라는 상상의 공동체를 재현하는 과정이 대중문화에 의해 일상적으로 이루어지고 있으며, 새로운 상징들이 끊임없이 발명되고 유포되면서 대중의 정서적 애착에 호소한다고 주장한다(에덴서, 2008). 이러한 에덴서의 주장은 '오랜 역사적 경험의 공유와 혈통의 순수성이 민족의 필요충분조건'이라는 우리의 관념

---

17 한국의 다문화 현상이 외국의 그것과 다르다는 주장에 대해 김영명(2013)의 연구를 살펴볼 필요가 있다. 김영명은 한국의 다문화 담론이 주장하는 현상이 문화 현상에 대한 해석인지, 인종·민족 현상에 대한 해석인지에 의문을 제기하면서, 단일민족국가에 대한 인식 또한 하나의 다수민족이 형성한 국가로 이해되어야 하며, 한국에서는 미국, 캐나다와 같은 소수민족 집단이 형성되어 있지 않다는 점을 지적한다. 특히 한국의 다문화 담론의 한계로 서양의 현상을 무분별하게 수입하여 적용하는 지식 사대주의를 지적한다(김영명, 2013).

에 반한다. 이런 연유로 한국과 서구의 민족주의는 차이가 있다. 특히 한국의 민족주의는 가부장적이고 배타적인 성격을 지니고 있는 것이 사실이다. 신기욱(2009)은 "단일민족 의식이 한국에 배타성과 편협성을 가져왔고, 사상적 빈곤을 낳았으며, 정치적 독재를 도왔다"라고 주장했다. 홉스본도 한국, 중국, 일본의 동양 3국을 예외적 민족주의의 소유자로 본다(Hobsbawn, 1992). 따라서 한국에서는 민족주의가 강한 영향력을 가지고 있으며, 민족 정체성에 대해 서구와는 다른 인식 구조를 가지게 된다. 이러한 인식론의 차이로 서로 다른 집단의 인간이 공통의 가치를 가지지 못한 채 접촉하는 경우에는 갈등이 발생하기도 한다. 예를 들면 미국으로 이민을 간 한국의 이민 1세대는 시민권을 획득한 이후에도 자신을 한국인이라고 말한다. 이처럼 한국, 중국, 일본과 같은 아시아계 미국인들은 스스로를 출신 국가의 국민으로 여기는 경향이 강한 반면, 유럽계 미국인들은 자신들이 미국인이라고 생각하는 경향이 강하다(임형백, 2009: 165~166).

예를 들어 한국 언론에서는 골프 선수 미셸 위를 한국 선수로 보도하며, 대다수 한국인들도 그렇게 생각한다. 그러나 미셸 위는 엄연한 미국인이다. 좀 더 엄밀히 말한다면 한국계 미국인이다. 또 2007년 버지니아 공대생 조승희가 총기를 난사했을 때 한국 언론은 이 사건이 한국인에 대한 증오로 이어지지 않을까를 우려했다. 심지어 한국인 중에는 한국 정부가 미국 정부에 사과하는 것이 좋겠다고 생각한 사람도 있었다고 한다. 그러나 미국인들은 조승희의 행동은 그가 성장한 미국의 책임이라고 생각한다.

한국은 '단기적 노동력 유입'과 '정주 허용 금지 원칙'을 고수하고 있다. 정주화 없는 단기 인력 제도와 속인주의적 전통의 고수는 우리와 많은 유사점을 가진 독일이 오랫동안 견지했던 외국인 정책이었다. 반면 앵글로·색슨계 국가인 호주나 캐나다는 이민자를 받아들여야만 경제의 활성화가

〈표 3-1〉 인구의 국제 이동의 원인을 기준으로 살펴본 다인종 사회로의 진입 유형

유형	예	내용
이주 노동에 의해 다인종 사회로 진입	독일 (사회통합적 다문화주의)	· 1960년대 스페인, 그리스, 터키, 포르투갈 출신의 노동자를 방문노동자(gastarbeiter) 형식으로 초청했다. · 1973년 방문노동자 정책을 포기했지만, 가족 초청 등의 형식에 의해 독일에 거주하는 소수 인종 집단은 지속적으로 증가하여 400여만 명에 이른다.
이민에 의해 다인종 사회로 진입	미국 (다원적 다문화주의), 캐나다, 호주	· 부족한 노동력을 메우기 위해 전 세계로부터 다양한 인종의 영구 이민을 확대한다. · 캐나다는 영국 문화에 대한 동화를 강요하다, 퀘벡(Quebec) 분리주의 등장 이후 '이중 문화주의' 입장을 견지한다. · 호주도 1973년 백호주의(White Australia Policy) 포기 이후 비유럽 이민자들이 급증하고, 특히 1988~1989년에는 전체 인구 증가의 54.4%를 이민 인구가 차지했다.
구 식민지와 포스트식민주의 상황에 의해 다인종 사회로 진입	영국, 프랑스 (사회통합적 다문화주의)	· 주로 구 식민지 국가 출신들이 이주한다. · 프랑스 이민자의 대부분은 무슬림이며, 이민자의 22%가 알제리 출신이다. · 영국은 개방 정책(open door policy)을 펴오다가 1962년 이후 이민을 엄격히 제한하지만, 다양한 형태의 이민으로 현재 영국 인구의 7.85%가 인종적 소수 집단이다.

자료: 임형백(2009: 168).

이루어지는 나라이다. 미국은 경제 활성화에 이민자가 꼭 필요하지는 않기 때문에, 이민자를 받아들이기 위해서 특별한 혜택을 주지 않는다. 그 대신에 미국은 우선적으로 받고 싶은 자격의 순위와 종류를 만들어놓고, 매년 그 순위에 입국 비자를 줄 수 있는 쿼터(quota)를 정해놓는다. 따라서 이들 국가는 자국에 이익이 되는 사람들 중에서 일정 정도의 자격을 가진 사람을 받아들여 정주를 허용하며, 가족 단위의 대규모 이민이 이루어진다(임형백, 2009: 166~167).

한국보다 앞서 다인종 사회로 진입한 국가들의 유형을 분류해보면, 첫째, 이주 노동, 둘째, 이민, 셋째, 구 식민지와 포스트식민주의 상황에 의해 다인종 사회로 진입했다. 임형백(2009)은 이를 〈표 3-1〉과 같이 정리했다.

<표 3-2> 다문화 사회의 유형

연구자	유형 구분	내용
킴리카(2010) Kymlicka(2005b)	다민족 (multinational) 사회	기존의 문화적 실체들이 새로운 국가 속에 통합되는 과정에서 문화와 정체성의 다양성이 발생한다. 따라서 새로운 국가는 흔히 소수 집단과 다수 집단으로 칭해지는 국민 집단들로 구성된다.
	복합 인종 (polyethnique) 사회	문화적 다양성이 대규모 이민으로 형성된 인종 집단에서 비롯된다. 그러한 집단은 국가가 처음 생겨날 때부터 존재한 것이 아니고, 따라서 그 국민을 이루는 구성체로 간주되지 않는다.
김남국 (2005a: 98)	영국, 독일, 프랑스	비교적 동질적인 문화를 가졌던 국민국가들이 자본과 노동의 세계화에 따른 이주 노동자와 이질 문화, 새로운 종교의 유입과 함께 사회의 도전에 직면한 형태
	미국, 캐나다	건국 초기부터 다양한 인종과 문화로 구성된 이민자의 나라였던 형태

자료: 임형백(2009: 169).

한국의 다인종 사회로의 진입 유형은 〈표 3-1〉에서 보듯이 일반적인 국제 이동의 원인을 기준으로 살펴본 다인종 사회로의 진입 유형에 해당되지 않는다. 그리고 한국은 단일민족의 동질성에 새로운 집단이 이주해 오면서 다문화 사회로 진행되고 있다는 점에서 〈표 3-2〉에 나타난 유형 중 킴리카의 복합 인종 사회와 김남국의 영국, 독일, 프랑스 유형에 해당한다. 그러나 한국은 '정주 허용 금지 원칙'에 의해 대규모 이민이 아닌 단기 거주 노동자와 결혼 이민자를 통한 다문화 사회가 진행되고 있어, 이 분류에서도 정확히 같은 유형이 없다. 한편 대규모 이민을 통한 이민자 집중 거주지(ethnic enclave)를 형성하는 경우 고유의 문화를 유지하는 것도 가능하다. 이러한 현상은 단기 거주 외국인 노동자가 있는 도시 일부분에 불과하며, 농촌에서의 결혼 이민자가 다문화 사회의 가장 큰 원인이기 때문에 임형백(2009)이 정리한 〈표 3-2〉 유형에 해당되지 않는다.

한국은 실정법에서 '정주 허용 금지' 원칙을 고수하기 때문에, 이민을 받아들이는 서구와는 다문화 사회화의 원인부터 다르다. 이처럼 이민을 받아들이지 않는 나라이기 때문에 이민자들의 다문화주의가 한국의 국민 정체성 형성에 크게 기여하지 않는다. 한국의 외국인 노동자들은 일정 기간이 지나면 출신 국가로 되돌아가기 때문에 다문화 정책의 대상이라기보다는 외국인 정책의 대상이다. 반면 농촌 지역에서는 개인 단위의 결혼 이주자가 한국의 가족에 편입되고 있다. 즉, 한국에서의 다문화 사회는 도시의 단기 거주 외국인 노동자가 부수적인 원인이고, 농촌에서의 결혼 이주 여성이 주도적인 원인이다. 서구에서의 결혼 이주자는 다문화적인 사회 구성원과는 거리가 먼 문화적인 병합(amalgamation)의 대상(Kymlicka, 2005a)일 뿐인 반면, 한국에서는 농촌의 결혼 이주자가 다문화 사회의 가장 큰 원인 중하나이다.

오늘날 전 지구적인 현상이 되고 있는 다문화 사회의 유형에 대해 김남국은 크게 두 가지로 구분한다. 첫째는 영국, 독일, 프랑스와 같이 비교적 동질적인 문화를 가졌던 국가들이 자본과 노동의 세계화에 따른 이주 노동자, 이질 문화, 그리고 새로운 종교의 유입과 함께 다문화 사회의 도전에 직면하는 문화로 구성된 형태이다. 둘째는 캐나다나 미국처럼 건국 초기부터 다양한 인종과 문화로 구성된 이민자 국가의 경우로, 다문화 사회의 도전에 익숙하지만 사회통합의 문제가 심각한 형태이다. 단일민족과 단일문화를 강조하던 우리나라는 첫 번째 형태와 유사하다고 할 수 있다. 하지만 우리나라 역시 점점 다양하게 분화되는 인종과 문화, 지역과 종교 등의 도전으로부터 자유롭지 못한 상황에 직면해 있다. 점차 다원화되는 사회에서 사회적 다수와 사회적 소수, 또는 기존의 시민들과 새로운 이주자들이 함께 공존할 수 있는 사회 구성의 원칙을 찾는 일은 우리 사회가 광범위한 토론과 성찰을 통해 풀어가야 할 중요한 과제 중 하나이다(김남국, 2005a: 98).[18]

국내에 외국인이 늘어나면서 한국 사회의 지형도 급격히 변하고 있다. 그런데 현재 한국에서의 다문화 담론이나 이론들이 정확한 개념 규정 없이 다양한 범주나 집단을 지칭하는 개념과 용어로 남용되는 탓에 한국적 다문화 사회 담론을 분석하는 데 어려움을 주고 있다. 예를 들면 '민족, 국민, 인종'과 같은 개념이 정확하게 규정되지 않은 상태에서 '다민족, 다인종, 다문화' 사회 같은 개념을 모호하게 사용하고 있다. 여기에서 다문화 사회와 다민족 사회가 본질적으로 같은 것이라는 인식은 '문화' 개념의 빈곤과 관련된 대표적인 오해로 볼 수 있다. 한국 사회의 인적 구성이 다민족화된다는 것이 곧 문화적 다양성을 전제하지 않기 때문이다. 또한 현재 통용되는 '다문화' 개념에서 '문화'에 대한 진지한 논의가 없어 다문화 사회의 실태나 다문화 정책의 한계와 어려움에 대한 이해도 부족하다(한경구·한건수, 2007: 79~81). 현대 한국 사회의 다문화 현상은 계급과 젠더의 매트릭스에 따라 서로 다른 층위에서 만들어지고 있다. 현재 국내에 체류하는 이주민은 출신 국가의 경제력과 한국에서의 직종에 따라 계급적 구분을 보이고 있다. 같은 이주민이라도 미숙련노동에 종사하는 이주 노동자나 한국 사회의 소외 계층과 결혼한 외국인은 한국 사회의 계급 구성에서 하층부로 편입되고 있는 반면에, 선진국 출신의 전문직 종사자들이나 중산층 이상의 한국인과 결혼한 외국인은 전혀 다른 사회적 삶을 살 뿐만 아니라 자신들의 문화적 배경에 대해서도 차별화된 대우를 받고 있다(한경구·한건수, 2007: 74).

---

18 우리나라의 국제결혼 이주자는 2004년 기준 약 16만 명으로 추산되지만, 우리나라의 사회적·경제적 약자는 절대 빈곤층만도 360만여 명(6.5%)에 이른다. 따라서 노약자, 어린이 가장, 비정규직 노동자 등의 사회적 약자 문제는 여전히 중요하다. 그럼에도 우리가 이주 노동자를 비롯한 사회적 소수 문제에 관심을 갖는 것은 이들의 존재가 세계화 시대의 등장을 반영하는 준거적 현상이고, 우리 사회의 가장 주변적인 부분에서 우리 사회의 존엄과 민주주의를 시험하는 사례가 되기 때문이다(김남국, 2005a: 98).

이주 노동자나 국제결혼 가족의 다문화적 상황은 문화다양성이나 문화 간 소통 및 이해와 같은 다문화주의 담론에 의해 현실적인 문제가 은폐되고 있다는 우려를 낳고 있다. 한국 사회의 다문화 지형은 공간에서도 중층적으로 구성되고 있다. 이주민들이 만들어가는 다양한 형태의 '이산 동네(diasporic neighborhood)'가 공간적으로 다문화 지형을 확산해 나가고 있다. 서울의 경우 동부이촌동의 일본인 마을, 이태원과 해방촌의 아프리카인 거주 지역, 반포동의 프랑스 마을(서래마을), 구로동의 조선족 거주지 같은 집단 거주지도 있으며, 동대문 시장 일대(러시아인, 중앙아시아인, 몽골인)나 대학로(필리핀인)처럼 특정 국가 출신의 이주민들이 자주 모이는 지역도 생겨났다(김현미, 2006: 20~21). 경기도를 비롯한 이주 노동자들이 모여 사는 지역에는 안산의 '국경 없는 마을'처럼 이주 노동자들이 집단적으로 모여 살면서 자신들의 문화를 표현하고 누리기도 한다(한경구·한건수, 2007: 77). 문제는 이러한 다문화 공간이 지역적 분포에서 기존 한국 사회의 계급성을 재현할 뿐만 아니라 공간의 의미 자체에 대해서도 한국인들에 의해 차별적인 의미 부여를 받는다는 것이다.

4. 결혼 이주 여성에 의한 한국의 다문화 추동

최근 국제결혼의 급증은 동종 간의 결혼을 이상으로 생각하는 '한민족 내혼'의 오래된 가치관이 변하고 있다는 것을 보여준다. 근대의 출현과 함께 결혼은 낭만적 사랑을 기반으로 한 이성 간의 결합으로, 사회의 가장 중요하고도 기초적인 가족 제도였다. 결혼에 대한 중산층의 관념은 결혼 당사자 간의 변치 않는 친밀성, 신뢰, 애정이라는 문화 이데올로기를 기반으로 하기 때문에, 가정은 지극히 사적이며 신성한 공간으로 간주되었다. 그러나 역사를 통해 계층, 젠더, 지역성에 따라 결혼은 다양한 의미를 지녀왔고 당사자의 이해를 초월하는 집단적·정치적·경제적 기능을 수행해왔다. 결혼을 위한 이주는 한편으로는 국적과 인종, 지역을 초월하여 이루어진다는 측면에서 낭만적 사랑의 신화를 강화하는 데 기여한다. 그러나 최근 한국을 비롯한 아시아 국가에서 급증하는 국제결혼은 잠재적 결혼 인구의 지역적 불균형을 해결하기 위해 여성들을 조직적으로 대규모로 이동시키고 있고 그 과정에서 거대한 이윤을 창출한다는 점에서 새로운 현상이다(김현미, 2006: 11). 이러한 아시아 지역의 여성들이 국제결혼을 통해 다른 나라로 이주하는 현상은 글로벌 이주 연구의 중요한 부분을 차지한다(이혜경, 2005). 결혼 이주는 두 당사자 간의 문제가 아니라 국적이나 이민, 노동, 시민권에 관여하는 국가 제도와 법률이 관철되는 통치의 영역이다. 이주자들은 이런 제도들에 의해 규제를 받거나 협상을 벌여야 한다. 두 관련 국가의 개인들을 매개하는 것은 다국적 연결망의 형태로 활동하는 중개업자들이다. 이들은 언어가 통하지 않고 직접 만날 수 없는 결혼 당사자들을 연결시키고, 이주하여 최종적으로 성혼에 이르게 하는 전 과정에서 기대한 이윤을 만들어낸다(김현미, 2006: 11). 국가 간의 '경제적' 차이를 사적 차원의 성적 결합으로 변화시키는 국제결혼은 여성들의 이주를 촉진시킨다. 이 상황은 이른바 이주의 '여성화(feminization)'라 불리는 현상을 낳고 있다(Castles and Miller, 2003; Piper, 2004). 이주의 여성화는 이주하는 여성의 수가 남성을 압도하는 현상을 의미하며, 이주 여성들이 전형적으로 '여성의 일'로 취급되던 돌봄 노동, 즉 가사, 육아, 환자 봉양 및 성적 친밀성 등과 관련된 노동을 하기 위해 국경을 넘는다는 점을 강조한다(김현미, 2006: 14). 국제 이주 노동의 '여성화'는 1980년대 이후에 등장한 새로운 흐름이며, 가사 노동을 비롯한 감정 노동 영역이 급격히 '상업화'되는 후기 근대 사회에서 새롭게 확장되고 있는 욕망 산업은 이제 인종과 종교, 국적이 다른 여성들을 유흥과 오락의 새로운 '자원'으로 포착해내면서 국제적 이주를 추동하고 있다(김현미, 2005).

파이퍼(Piper, 2004)는 한국과 일본 같은 동질적(homogeneous) 국가의 이민 정책은 '성별화'되어 있다고 지적한다. 이 국가들은 여성 이주자들이 스스로 법적 권리를 얻어 이주하기보다는 남성의 보조자나 종속자의 위치로만 이주하게 한다. 통치의 기반 자체가 남성적 이해를 우선시하는 가부장적 체제이므로, 이주자들도 똑같은 성차별 시스템의 영향을 받게 된다. 이런 의미에서 국제결혼은 여성들에게 주어진, 한국으로 정착형 이주를 할 수 있는 유일한 통로이다. 이주와 시민권 연구자인 캐슬스와 밀러(Castles and Miller, 2003)는 한국을 비롯한 싱가포르, 대만, 홍콩 등 동아시아 국가의 이주 체제가 가부장적 구조와 체제에 순응하지 않는 이들에 대한 체계적 배제를 되풀이하면서 유교적 가족주의를 유지하고 있다고 지적했다. 실제로 경제적·문화적으로 주변부에 머물러 있는 사회적 소수자들은 세계화라는 새로운 시스템에 '적응'하는 과정에서 이주를 선택하게 된다. 그러므로 이주자는 그 사회의 도태자나 부적응자가 아니라, 오히려 체제의 급격한 변화에 '적응'하면서 새로운 미래를 위해 과감한 선택을 하는 적극적 행위자이다(김현미, 2006: 17).

한국 정부는 1990년대부터 '농촌 총각 결혼시키기' 사업이라는 '행정 주도형' 국제결혼을 장려했다. 행정 주도형 국제결혼은 1980년대 일본의 여성 인구가 도시에 집중하면서 배우자를 구할 수 없는 농가 후계자의 문제를 해결하기 위해 고안된 것이다(황달기, 1993). 일본 농가 후계자의 결혼이 개인적 차원을 넘어 지역 공동체의 총체적 대응의 문제로 확대·심화되는 과정에서 필리핀 여성을 신부로 데려오기 시작한 것이 행정 주도형 국제결혼의 시초였다(김현미, 2006: 17~18). 한국의 경우에는 농촌의 영농 후계자 단체들과 여성 단체들이 알음알음으로 농촌 총각들의 중국 농촌 시찰 명목의 맞선 보기 방문을 후원했다. 1992년 중국과 수교가 재기된 이후에는 초기에는 공신력 있는 민간인을 통해, 나중에는 도시 간 협정 체결을 통해 농촌 총각 장가보내기 사업이 추진되었다(이혜경, 2005: 80~81). 2006년 2월 20일 경상남도는 국제결혼을 하면 현금을 지원하는 내용을 담은 '노총각 혼인사업지원조례'를 입법 예고했다. '국제결혼을 하려면 1,000만 원 정도가 드는데 이 목돈이 없어 결혼의 꿈을 접는 노총각이 많은 것을 고려했다'는 것이다. 외국 여성의 한국 농촌으로의 정착은 국가사업 중 하나가 되고 있다.[19] 행정 주도형 국제결혼은 농촌 남성들과 그 가족의 투표권을 의식한 '정치적 선택'일 수 있고, 농촌 지역의 안정된 가족 재생산을 만들어내기 위한 고민의 결과일 수 있다(김현미, 2006: 18).

조직적인 중개업자에 의한 상업화된 결혼은 인간의 몸, 정서, 감정, 인격까지 구매·판매의 관계로 위치시키고 있으며, 외국 여성의 몸이 '구매 가능한 상품'이라는 의식을 강화시킨다. 또 여성을 삶의 동반자이자 반려자로 보지 않고 관리와 통제가 가능한 '소유물'로 인식하는 경향을 강화한다. 이러한 인식을 강화하는 것은 무엇보다도 현재의 국제결혼 중개 시스템의 중층적인 하청 구조가 여성의 자율성을 약화시키고, 남성의 권력을 확장한 불균형적 젠더 관계에 기초하기 때문이다. 베트남의 경우 일련의 과정을 거치는 데 5박 6일이나 7박 8일이 걸리지만, 빠르면 3박 4일에도 가능하다

---

19 2009년 2월 현재 강화군, 삼척시, 창원군, 완주군, 경상남도 등 20여 곳의 지방자치단체에서 미혼 남성(농촌 총각)의 국제결혼 지원 조례를 제정하고 있다(정상우, 2009: 496~497).

고 한다. 한국 남성들은 결혼을 하기 위해 850만 원에서 1,200만 원 정도 지불한다. 현재의 중개 시스템은 안정적인 이윤을 확보하기 위해 결혼 당사자들의 의사결정의 자율성을 박탈한다. 무엇보다도 불충분한 정보 제공, 이동의 자율성 제한, 강제적 선택 등을 중개업의 주요 업무 방식으로 채택하기 때문에 '인신매매적' 속성을 깊이 내재하고 있다(김현미, 2006: 29).

현재 한국인 남성과 결혼하는 여성 중 가장 큰 비중을 차지하는 것은 중국인(한국계 중국인 포함)이고, 필리핀이나 일본 출신 여성들은 주로 통일교의 주선을 통해 한국에 정착하고 있으며, 최근에는 우즈베키스탄, 몽골 등 여성들의 국적이 매우 다양해지고 있다. 1997년 국적법 개정 이전에는 한국 남성과 국제결혼을 한 여성은 혼인신고를 통해 자동적으로 한국 국적을 취득했다. 그러나 '조선족 여성들의 사기, 위장 결혼'이나 '외국인 신부의 잠적이나 이탈'에 대한 문제가 많이 발생하자, 1997년 국적법 개정을 통해 한국인과 결혼하는 외국인 남녀는 2년 이상 한국에 거주하면서 혼인 상태를 유지할 경우, 배우자의 동의하에 귀화를 통해 국적을 취득할 수 있게 했다. 이런 법률 개정은 단기적으로 여성들의 일탈을 막는 효과가 있었지만, 한국 남성이 '배우자를 통제하기 위한 수단으로' 활용하는 경우도 많았다(윤형숙, 2004: 342).

1988년 보건복지부가 결혼중개업을 자율화하면서 국제결혼은 초국적 비즈니스로 성장하게 되었다. 공식적으로 등록하고 국제결혼 사업을 하는 중개업자가 1990년 700여 개에서 2005년 3,000개로 증가했다.[20] 현재 관행화된 결혼 중개 방식은 비용 전액을 지불하는 남성의 이해와 욕구에 초점이

---

20 현재의 결혼 중개 과정은 조직적인 연결망에 의해 여성을 모집해 기숙, 관리, 통제, 이동시키는 것으로 이루어지는데, 이는 국제법에서 정의하는 '인신매매적' 속성을 지닌다고 볼 수 있다(문경희, 2006: 86).

맞추어져 있을 뿐만 아니라 최대 이윤 추구라는 시장 논리에 의해 구조화되어 있기 때문에, 여성들은 결혼 과정에서 일어나는 다양한 형태의 인권 유린에 취약할 수밖에 없다.

2006년 4월 한국 정부는 '다문화·다민족 사회로의 전환'을 급작스레 선언하면서 국가 주도식의 다문화주의 담론을 도입했다. '재한 외국인 처우 기본법'(제정 2007.5.17, 법률 제8442호)은 "재한 외국인에 대한 처우 등에 관한 기본적인 사항을 정함으로써 재한 외국인이 대한민국 사회에 적응하여 개인의 능력을 충분히 발휘할 수 있도록 하고, 대한민국 국민과 재한 외국인이 서로를 이해하고 존중하는 사회 환경을 만들어 대한민국의 발전과 사회통합에 이바지함을 목적으로" 제정된 것이다. 이 법률에는 재한 외국인과 결혼 이민자에 대한 정의가 포함되어 있으며, 외국인 정책 기본 계획의 수립 및 외국인정책위원회 설치에 관한 규정을 두고 있다. 또 결혼 이민자 및 그 자녀의 처우에 관해서도 "국가 및 지방자치단체는 결혼 이민자에 대한 국어 교육, 대한민국의 제도·문화에 대한 교육, 결혼 이민자에 대한 보육 및 교육 지원 등을 통하여 결혼 이민자 및 그 자녀가 대한민국 사회에 빨리 적응하도록 지원할 수 있다"라고 규정하고 있다(정상우, 2009: 492).

2008년 6월부터 시행된 '결혼중개업의 관리에 관한 법률'은 "결혼중개업을 건전하게 지도·육성하고 이용자를 보호함으로써 건전한 결혼문화 형성에 이바지함을 목적으로" 제정되었다. 국제결혼으로 인한 인권침해 문제가 증가함에 따라 제정된 것이다. 이 법에 의하면, 국제결혼 중개업자는 국제결혼 중개를 함에 있어서 외국 현지 법령을 준수해야 한다(제11조 제1항). 아울러 결혼 중개업자는 거짓·과장되거나 국가·인종·성별·연령·직업 등의 이유로 차별하거나 편견을 조장할 우려가 있는 내용의 표시 광고를 해서는 안 되고(제12조 제1항), 이를 위반할 경우 등록을 취소하거나 1년 이내의 기간을 정해 영업 정지를 명할 수 있도록 했다(제18조)(정상우, 2009: 493).

2008년 9월부터 시행된 '다문화가족지원법'은 "다문화가족 구성원이 안정적인 가족생활을 영위할 수 있도록 함으로써 삶의 질 향상과 사회통합에 이바지함을 목적으로" 제정되었다.[21] 이 법의 주요 내용을 살펴보면 다음과 같다. ① 국가와 지방자치단체는 다문화가족에 대한 사회적 차별 및 편견을 예방하고 사회 구성원이 문화적 다양성을 인정하고 존중할 수 있도록 다문화 이해 교육과 홍보 등 필요한 조치를 해야 한다(제5조). ② 국가와 지방자치단체는 결혼 이민자 등이 대한민국에서 생활하는 데 필요한 기본적인 정보를 제공하고, 사회 적응 교육과 직업교육·훈련 등을 받을 수 있도록 필요한 지원을 할 수 있다(제6조). ③ 국가와 지방자치단체는 다문화가족이 민주적이고 양성평등한 가족 관계를 누릴 수 있도록 가족 상담, 부부교육, 가족생활 교육 등을 추진해야 한다. 이 경우 문화의 차이 등을 고려한 전문적인 서비스가 제공될 수 있도록 노력해야 한다(제7조). ④ 국가와 지방자치단체는 다문화가족 내 가정폭력 방지, 외국어 통역 서비스를 갖춘 가정폭력 상담소 및 보호시설의 설치·확대, 가정폭력으로 인한 혼인 관계 종료 시 각종 지원을 위해 노력해야 한다(제8조). 그 밖에 산전·산후 건강관리 지원, 아동 보육, 교육, 다문화가족지원센터 지정 등 다문화가족에 대한 적극적 지원에 관한 조항을 두고 있다(정상우, 2009: 493~494). 이는 문화

---

21 우리나라처럼 '재한 외국인 처우 기본법', '다문화가족지원법'과 같은 입법이 이루어지는 경우는 비교법적으로 보았을 때 매우 이례적인 것이다. 일본에서는 지방자치단체 수준에서 다문화 공생 사회를 위한 정책은 많지만, 국가 차원에서 다문화 사회에 대비한 입법이 이루어지지는 않는다. 다문화주의의 대표적인 국가인 호주와 캐나다는 다소 다르다. 1980년대 이후 다문화 정책이 활발해진 호주의 경우 1989년 7월에 '다문화 호주를 향한 국가적 과제(National Agenda for a Multi-cultural Australia)'를 채택했지만, 연방 차원에서는 논란 끝에 다문화주의법이 제정되지 않았다. 캐나다는 '캐나다 자유와 권리의 헌장(Canadian Charter of Rights and Freedoms)'에서 국적이나 민족에 근거한 차별 금지와 공용어 등에 관한 규정을 두었고, 1988년 7월 '캐나다 다문화주의법 (The Canadian Multiculturalism Act)'을 제정·공포했다(정상우, 2009: 483~484).

적 차이, 경제적 궁핍, 언어 소통의 어려움, 가족 갈등, 교육 문제 등으로 고통을 받고 있는 다문화가족 구성원이 한국 사회의 진정한 구성원으로 거듭나게 하는 제도적인 틀이라고 할 수 있다. 과거에는 국제결혼을 수치스럽게 생각하거나 금기시하는 분위기가 있었다. 또한 외국인 남편 건수가 외국인 아내 건수보다 훨씬 많았으며, 한국인 여성은 주로 일본이나 미국 등 선진국 남성과 결혼을 했다. 그러나 1990년대 말부터 중국이나 파키스탄 등의 외국 남성 근로자와 한국 여성의 결혼이 주류를 이루고 있다. 주목할 점은 1990년을 기점으로 외국인을 아내로 맞이하는 결혼이 외국인을 남편으로 맞이하는 결혼보다 압도적으로 많이 증가했다는 것이다. 이것은 농촌 총각 장가보내기 운동이 시작된 때와 시기적으로 일치한다. 우리나라에서 국제결혼이 최고조에 이르렀던 2005년 13.6%의 국제결혼 부부의 출산을 통해 형성된 자녀군은 2013~2015년에 초등학교에 진입할 것이고, 이에 따라 적어도 전체 취학 아동의 13%를 훨씬 넘을 것이라는 점이 확실하게 예견된다(김연권, 2009: 23~24).

5. 한국의 다문화 사회 진입의 문제점

1) 단일민족주의

민족주의는 사람들이 누구나 민족국가에 대해 최고의 충성심을 품게 된다는 신조이다. 국가가 국제정치적 원칙이나 개인 수준의 이해관계보다도 더 큰 중요성을 갖는다는 주의로서 정책이나 사상 체계라기보다는 정치적 견해라고 할 수 있다. 역사적으로 자기 민족을 다른 민족이나 국가와 구별하고 그것의 통일·독립·발전을 지향하는 사상 또는 운동이며, 정치적으로 민족을 사회 공동체의 기본 단위로 보고 그 자유의지에 의해 국가적 소속을 결정하려는 입장이라 할 수 있다. 그리고 자민족중심주의(ethnocentrism)는 "자신의 집단이 모든 것의 중심이고 모든 사람들은 그것에 입각하여 평가된다"라는 개념에 기초하고 있다(Sumner, 1940). 단일민족국가에서는 혈연적 가족의 확장이라는 인식하에 시민권이 특정한 영토에 대한 귀속의 개념으로 이해되고 사람과 영토를 동일한 개념으로 간주함으로써 단일 영토에 사는 사람들은 문화적으로 동질한 민족이라는 생각이 지배적이다. 다문화주의 관점은 타 영토에 귀속되었다가 이주한 사람들에 대한 강한 배타성을 극복하기 위해 '동종의 신화'에서 벗어나는 일로 시작된다(김현미, 2008: 73).

기존에 민족이나 국가를 단위로 행해진 사회 전체를 동질·획일화하는 과정 속에서 사회 내부에 있는 이민족을 이질 집단으로 규정하고 위계질서화하여 민족 간의 질서를 형성했다. 이렇게 형성된 민족 질서는 타민족에 대한 차별과 억압을 통해 유지되고 이민족과 지배민족 간에 지배와 피지배, 적대와 소외 관계를 형성했다. 그리고 사회 전체에 대한 동질화 작업은 사회 내부에 여러 이질 집단과 소외 집단을 낳았다. 한국 사회가 가지는 단일민족국가 개념은 이러한 여러 소수 집단들의 형성과 그들에 대한 차별과 억압을 조장하는 기능을 하며, 그것은 결국 다양화의 욕구, 이질과의 공존을 저해하는 결정적인 구실을 하게 된다(조성원, 2002: 108).

한국은 원래 단일민족 사회가 아니었으며, 사실 단일민족은 생물학적으로 허상이라 할 수 있다. 정수일(2005)은 1985년을 기준으로 한국의 성씨 275개 중 49%에 이르는 136개가 귀화 성씨라고 주장한다. 그러므로 '우리는 단일민족이다'라는 명제는 역사적 사실이 아니라 만들어진 신화이다.

단일민족의 신화는 외세에 대항하기 위한 민족적 에너지의 결집 전략으로 탄생한 것이다. 우리에게 처음으로 민족이라는 의식을 심어준 것은 몽고의 침략이었다. 그 당시 많은 역사서들이 집필된 것도 몽고의 침략으로 인한 아픔을 치유하고 민족의 자존심을 회복하기 위해서였다. 근대 한국의 단일 민족주의는 일본 식민 통치를 경험하고 주권을 빼앗긴 뼈아픈 경험에서 만들어진 것이다. 앙드레 슈미드(Andre Schumid)의 지적에 따르면 우리나라에서 '민족'이란 용어는 1905년에야 사용되었으며, 국토와 국권을 상실한 이후 한국의 민족주의자들은 '국혼'과 같은 정신적 측면을 특히 강조했다(슈미드, 2007). 김기봉(2007)의 지적에 의하면 단일민족이라는 용어는 그보다 훨씬 늦은 1948년 손진태의 『국사대요』에 처음으로 나타난 것으로, 해방 이후 외세에 대항하기 위한 민족적 에너지의 결집 전략으로 태어났다.

고대의 한국은 원래 외국인에 대해 매우 열려 있는 국가였다. 그 점은 가야국 수로왕의 부인인 허황옥이나 신라의 왕 석탈해 또는 처용 등에서 찾아볼 수 있다. 한국학을 전공한 외국인 학자 존 프랭클(John Frankl)은 그의 최근 저서 『한국문학에 나타난 외국의 의미』에서 일제 식민지 이전의 한국 역사는 민족이라는 틀에 구속되지 않은, 타인종에게 매우 유연하고 열려 있는 국가였다고 주장한다(프랭클, 2008). 예컨대 삼국시대에는 불교라는 세계 속에서 자기 정체성을 찾았기 때문에 인종이나 영토의 개념에 구속되어 있지 않았으며, 비교적 폐쇄적이었던 조선시대에도 한국인과 외국인의 경계는 유교적 보편 가치를 습득하고 있느냐 아니야 하는 문화적 가치였지, 인종이나 민족을 기준으로 하지 않았다는 것이다. 프랭클은 이민자를 어떻게 대접해야 하는지를 언급한 세종 때의 『조선왕조실록』을 논거로 삼고 있는데, 그 당시 유교화된 외국인을 차별할 경우에는 엄하게 단죄될 정도로 조선은 외국인에게 열려 있는 국가였다고 한다. 또한 정수일

(2005)에 따르면 인구 230만 명 수준이었던 고려 초기에는 중국, 일본, 말갈, 거란 등지에서 17만 명의 외래인이 고려 땅에 정착해 전체 인구 중 외래인이 8.5%에 이르는 다문화 사회를 이루었다. 이렇듯 한국 사회는 이미 과거부터 다문화적 전통을 지키고 있었다. 민족주의 극복은 21세기 전 세계적 과제이자 대한민국의 과제이기도 하다(김연권, 2009: 21~22).

한국에는 서구 자유민주주의 나라들에서 나타나는 옛 소수자, 즉 원주민, 준국가-국민, 이민자 집단이 존재하지 않는다. 한국인은 현재 모두 자신이 원주민이라고 생각하는데, 모두 한 뿌리를 가진 단일민족이라는 상식적 믿음이 매우 강하기 때문이다. 한국에는 국민국가 내부에서 독자적인 준국가-국민을 추구하는 집단도 존재하지 않는다. 그 대신 독자적인 국민국가를 형성하고 있는 조선민주주의인민공화국이 존재한다. 하지만 연방국가가 아니기 때문에 별도의 국민국가로 존재한다. 게다가 한국은 대량 이민을 받아들인 전례가 없기 때문에, 이민자 집단이 소수민족 집단(ethnic groups)으로 존재하지 않는다(최종렬 외, 2008: 191). 그런데 한국에는 엄연히 소수자가 있다. 우선 화교가 존재한다. 하지만 온갖 차별 정책으로 한국을 많이 떠났기 때문에 다른 나라들처럼 대규모의 소수민족 집단으로 존재하지 않는다. 또한 한국전쟁 당시 미군의 주둔으로 생긴 혼혈인이 존재한다. 하지만 그 숫자가 극소수이다. 1999년 펄벅 재단에 등록한 혼혈인은 613명, 혼혈인협회가 파악한 혼혈인은 433명에 불과하다. 실제로는 그 수가 더 많으나, 대개가 해외 입양 등으로 한국을 빠져나갔다(박경태, 2008: 205~211). 따라서 소수민족으로서 혼혈인은 존재하지 않는다고 보는 것이 타당하다. '새터민'이라 불리는 북한 이탈 주민이 있기는 하지만, 2007년 현재 1만여 명에 불과하다. 따라서 이들도 소수민족 집단으로 한국에 존재한다고 할 수 없다. 이 모든 소수자들은 민족 집단으로 존재한다기보다는 '개별자'로 존재한다. 이들은 소수민족 집단으로 뭉치는 것 자체가 스스로 차별 기제에 노출하는 결과를 낳기 때문에, 소수민족 집단으로 자기 정체성을 추구하지 않는다. 이러한 상황에서 독자적인 자율성을 지닌 소수민족 집단으로서 인정의 정치학도, 재분배의 정치학도 추구할 수 없었다. 그 대신 되도록 일반 한국인과 마찬가지로 '개별자'로 인정과 재분배의 정치학을 추구했다. 하지만 현실적으로 차별 기제가 막강하기 때문에 숨죽여 살거나 한국을 떠나는 방법을 취해왔다. 단일 문화주의와 동화주의를 취하는 한국은 소수민족 집단의 성장을 막아왔을 뿐만 아니라 개개 소수자에게 차별과 배제 정책을 펴왔다(최종렬 외, 2008: 191~192). 한국에 소수민족 집단으로서 소수자가 존재하지 않는다는 점에서 볼 때 다문화주의는 한국의 시급한 현실이 아니라고 할 수 있다. 그럼에도 현재 다문화주의 담론이 급속도로 팽창하고 있다. 이는 세계화의 여파로 한국에 이주 노동자와 결혼 이주 여성으로 대표되는 '새 소수자'가 비교적 대량으로 등장했기 때문이다.

정부가 다문화주의 정책을 쏟아내고 있지만, 실제로 취하는 다문화주의 정책을 보면 기존의 동화주의 정책과 큰 차이가 없다. 이주 노동자에게는 철저히 배제 정책을 취하면서, 결혼 이주 여성에 대해서는 동화 정책을 취하고 있다. 다문화주의 정책이란 이름으로 사실은 동화주의 정책을 실천하고 있는 것이다. 먼저 이주 노동자를 보면, 한국 정부가 애초에 영주를 염두에 두고 그들을 받아들인 것이 아니기 때문에 당연히 장래의 한국 국민으로 간주되지 않는다. 2003년 노동허가제 대신에 고용허가제가 법제화되었지만, 그 실상을 보면 국내 노동자와의 차별을 정당화하고 있다. 2006년 한국 정부가 '다문화·다민족 사회로의 전환'을 슬로건으로 내걸고 이주 노동자를 정주의 대상으로 보겠다고 선언하기는 했지만, 실제로는 여전이 기존의 배제 정책을 유지하고 있다(이선옥, 2007). 말하자면 이데올로기적 차원에서의 다문화주의를 한국 정부 스스로가 부정하는 셈이다. 그러면서 그들의 문화를 이해하고 존중하자는 슬로건을 외치는 자기모순을 보여주고 있다. 국제결혼 이주 여성의 경우는 이와 다소 다르다. 그리고 이주 자체가 '개별적인 결혼'을 통해 이루어진다는 점에서, 가족 전체가 이민하는 경우와 완전히 다르다. 영주 장소도 한국의 페미니스트들이 극도의 가부장적 문화가 지배하는 영역이라고 비판하는 농촌 가족이 대부분이다.

실제로 국제결혼 이주 여성은 현재 다문화주의라는 이름으로 가장 활발한 정책의 대상이 되고 있다. 하지만 실제 그 정책을 보면 무너져가는 가부장제[22] 질서를 지탱해주는 인력 자원으로 접근하고 있음을 알 수 있다. 정책의 중심이 한국 가족 안에 머물러 자녀를 낳고 사는 것에 집중하기 때문이다. 이렇듯 다문화주의라는 이름으로 정책을 펴고 있지만, 실제 내용은 여전히 동화주의 모델이 지배적이다. 동화주의의 핵심은 소수자가 시간이 지나면 자연히 소멸되거나, 아니면 한국인과의 결혼을 통해서 그 독자성을 잃고 동화될 것이라 가정한다는 점에 있다.

우리 헌법 제11조에서 "모든 국민은 법 앞에 평등하다"고 말할 때 우리가 생각하는 다원성의 기준은 누구든지 성별, 종교, 사회적 신분이라는 세 가지 기준에 의해 차별받지 않는 것이다. 물론 우리 사회는 이 세 가지 기준 외에도 지역과 연령, 인종과 문화 등에 의해 생겨나는 다양한 차별을 걱정해야 하는 상황이 되고 있다. 나아가서 헌법 제37조는 "국민의 모든 자

---

22 가부장제는 아버지가 권력을 갖는 지배 구조를 뜻한다. 여성학에서는 가족 내에서뿐만 아니라 사회 영역 전반에서 여성의 성, 출산, 노동 등을 통제하는 남성 지배 구조를 뜻하는 말로 쓰인다. 가부장제는 최고 연장자인 남성이 가구에서 자녀, 주인, 노예로 구성되는 가구 구성원에 대한 생사여탈권까지도 갖는 절대적인 주권자로 군림하는 가족 형태이다. 이러한 가부장제 가족이 모여 혈족 또는 친족이 되고, 이것들이 모여 부족이 된다고 봤다(이득재, 2004). 과거에는 가부장의 권위가 가구 전체의 이익을 위해 행사되었다고 봤으나, 현대에는 여성학자들을 중심으로 가부장제를 성차별적인 양성 관계의 구조로 파악하고 있다(백선기, 2007b: 239).

유와 권리는 국가안전보장, 질서유지 또는 공공복리를 위해 필요한 경우에 한하여 법률로써 제한할 수 있음"을 분명히 하고 있다. 이러한 사례들은 무엇보다도 우리 헌법이 보편적인 인간이나 세계시민적 이상을 강조하기보다는 대한민국이라는 국민국가의 배타적인 '국민'됨과 그 안에서의 동질성을 강조하고 있음을 보여준다(김남국, 2005a: 112). 국가를 중심으로 하는 우리 사회의 사고 경향은 새로운 이주자에 대한 태도에서 확인할 수 있다. 양계 혈통을 물려받은 방법을 제외하고 대한민국 국민이 되기 위해서는 국내에 5년을 살아야 하고, 품행이 단정하며, 국어 능력과 대한민국 풍습을 이해하는 기본 소양을 가져야 한다. 대한민국의 거주체류증을 갖기 위해서는 7년을 거주해야 하고, 영주체류증을 갖기 위해서는 다시 5년을 더 거주해야 한다.[23] 이 조건들이 가지는 의미는 크게 두 가지다. 첫째, 거주나 영주 자격보다 귀화 자격을 더 쉽게 규정함으로써 개인 자격의 외국인으로서 단순 거주를 선택하기보다는 아예 대한민국의 국민이 될 것을 장려하고 있다. 둘째, 이주 노동자를 대상으로 한 고용허가제의 규정에 최장 3년 연속 체류만을 허가함으로써, 더 긴 체류를 필요로 하는 거주나 영주 자격의 경우 이들을 대상으로 신청 자격 자체를 아예 부여할 의사가 없다는 점을 분명히 하고 있다(김남국, 2005a: 113).

한국인의 국적을 취득하고 주민등록증을 발급받으면 이주민은 스스로 한국인이라고 생각하지만, 한국 사회는 국적 여부와 상관없이 그들을 한국인의 범주에 포함시키지 않는 경향이 있다. 이는 한국 사회가 아직도 단일민족의식과 순혈주의에 젖어 있어 '민족'과 '국민'을 동일 범주로 인식하기

---

23 우리나라 국적법 제2조 및 출입국관리법 시행령 제12조 '외국인 체류자격' 별표 중 제27항 '거주' 및 제28의 3항 '영주' 참조.

때문이다(한건수, 2006). 순혈주의적 민족주의를 극복의 대상으로 규정하면서 다문화주의를 강조하는 논의의 저변에는, 혈통에 대한 강조는 전근대적이고 차별적인 것이지만 문화의 차이를 인정하고 이것의 보존에 기여하는 것은 좋은 것이라는 전제가 깔려 있다. 혈통에 의한 구분은 비과학적이고 나쁘지만 문화에 의한 구분은 바람직하고 좋은 것이라는 전제이다. 그러나 다문화주의가 전제하고 있는 문명이나 문화 개념에 대한 비판적 논의를 생략하고 단지 순혈주의적 민족주의를 중요한 극복 대상으로 설정하는 것은 문제가 있다. 이는 자칫 문명의 우월에 입각한 민족주의나 국민 문화를 중심으로 하는 문화민족주의를 무비판적으로 수용하고 확산시키는 결과를 초래할 우려가 있다. 더구나 문명론적 우월성 민족주의를 기반으로 하는 차별은 순혈주의적 민족주의에 입각한 차별에 비해 훨씬 더 정교하며 그 폐해 또한 더 심각할 수 있다는 점을 감안해야 한다(한경구·한건수, 2007: 87~90).

2) 동화주의와 다문화주의의 갈림길

다문화 사회에 직면한 한국 사회는 동화주의를 채택할지, 아니면 다문화주의를 채택할지 분명한 입장을 취하고 있지 않다. 사실 동화주의와 다문화주의 사이에는 본질적인 이념적 차이가 있다. 이 두 대립적 경향은 모두 사회통합을 추구하지만 그 방식이 근본적으로 다르다. 동화주의는 소수자를 새로운 자국민으로 만들어 사회통합을 이루려 하는 반면, 다문화주의는 다문화 사회에서 다양한 인종 또는 문화 간의 불평등을 없앰으로써 사회통합을 이루려고 한다(김연권, 2009: 28~29). 미국이나 캐나다 같은 다인종 국가에서의 문제의식이 바탕이 된 다문화주의 이론은 단일한 민족으로 구성되어 있다고 생각하는 한국 사회의 경우에는 그다지 관심을 가질 만한 내용이 없는 것처럼 보이기도 하지만, 실제로 다문화주의 논리는 세계화 시대의 자유민주주의 국가에서 적극적으로 검토해야 할 부분이 많다. 특히 해외 이주 노동자가 급속도로 증가하고 탈북자도 점점 늘어나는 현시점에 서, 다문화주의 이론은 앞으로 그와 같은 현상이 더욱 급속하게 진행될 한 국 사회가 어떠한 시민권의 모델을 만들어야 하는지에 대한 문제들을 고민 할 수 있게 해준다는 점에서 매우 중요하다(킴리카, 2005: viii~ix).

4장
KBS 〈러브 인 아시아〉 사례 분석

1. 문화와 다문화의 분석 방법

지금까지 살펴본 바와 같이 한국은 '다인종', '다민족'이 공존하는 다문화 사회를 맞이하고 있다. 현재와 같은 저출산 시대, 국가 경계가 모호한 시대, 전 지구적 인구가 경제적·문화적 조건으로 이동하는 시대에 한국 사회에서 다문화 인구들의 이동은 특별한 것이 아니라 보편적일 수 있다. 그런데 여기서 주목할 점은 미디어에 재현되는 글로벌 프로그램이 다문화주의를 표방하지만 내용적으로는 동화를 강화하고 있어 논란이 일고 있다는 것이다.

한국에서 다문화주의 담론이 확장된 것은 세계화의 여파로 한국에 이주 노동자와 결혼 이주자가 대량으로 등장했기 때문이다. 그중에서 우리와 함께 살고 있는 결혼 이주자는 중요한 의미를 내포하고 있다. 단순한 소수자라는 의미의 타자가 아니라 우리와 함께 살아가야 하는 주체라는 점을 인식해야 한다는 것이다. 다양한 주체가 공존해야 하는 다문화 사회에서 한국이 선택할 수 있는 방안은 동화주의와 다문화주의이다. 즉, 한국에 들어와서 살고 있는 외국인을 우리 문화에 동화시킬 것인가, 아니면 우리 문화를 중심으로 하되 다양한 문화를 받아들여 공존을 모색할 것인가를 선택해야 할 시점이다.

따라서 이 책에서는 이와 같은 문제의식을 살펴보기 위해 KBS TV의 교양 프로그램 〈러브 인 아시아〉를 중심으로 다음과 같은 문제를 중점적으로 분석해보려 한다.[24]

---

24 분석 기간은 〈러브 인 아시아〉의 첫 방송일인 2005년 11월 5일부터 2009년 7월 7일까지이며, 총 179편을 분석 대상으로 했다. 이 연구에서는 결혼 이주자들의 사례를 중심으로 분석하기 때문에 주제에 따라 구성한 특집 프로그램은 분석 대상에서 제외했다. 다만 초기에는 결혼 이주자가 고

먼저 〈러브 인 아시아〉가 지향하는 문화 적응 유형들은 무엇인지 살펴보고, 각 유형들의 행동 패턴을 분석한다. 이를 위해 〈러브 인 아시아〉에 재현된 결혼 이주자 150개의 사례를 존 베리(John W. Berry)의 문화 적응 모델에 근거하여 동화·다문화·분리·주변화, 이렇게 네 가지 유형으로 구분한 분석틀에 따라 범주화한다. 이렇게 범주화된 각 유형별로 뚜렷이 구분되는 행동 준거에 의해 행동 패턴을 구분한다. 그리고 도출된 각 행동 패턴별로 대표 프로그램을 선정해 그 하위 구조를 분석하여 〈러브 인 아시아〉에 출연한 결혼 이주자들의 문화 적응 유형과 행동 패턴에 대한 적응 구조와 의미를 파악한다.

다음으로 〈러브 인 아시아〉의 문화 적응 유형과 행동 패턴은 어떤 문화적 방향을 지향하는지와 이것이 내포하는 이데올로기적 함의가 무엇인지를 분석한다. 이를 위해 우선 문화 적응 유형과 행동 패턴을 대표하는 프로그램의 적응 구조에 대한 심층적인 의미 구조를 분석한다. 그리고 네 가지 문화 적응 유형의 문화적인 의미 구조가 지니는 이데올로기 구조가 한국적 이데올로기와 어떻게 연계되는지를 밝힌다. 즉, 〈러브 인 아시아〉 프로그램의 문화적 지향성이 내포하는 이데올로기적 함의에 대한 논의는 〈러브 인 아시아〉가 한국 사회 및 한국 문화와 맺는 관계와 관련해서 살펴본다. 이를 위해 지금까지 분석한 〈러브 인 아시아〉의 문화적 지향성과 이데올로기 구조의 중첩적 의미 구조와 다층적 의미를 바탕으로 〈러브 인 아시아〉

향을 찾아가는 것을 별도의 특집 프로그램으로 다루었는데, 이 내용은 기존에 소개된 결혼 이주자 사례에 포함했다. 또 '관지'의 사례는 3편에 걸쳐 다루었지만 1편으로 계산했다(26회, 48회, 86회). 그렇지만 한 프로그램에 두 가정의 결혼 이주자 가족이 소개되었을 경우에는 2편으로 분리하여 계산했다. 이러한 프로그램은 한집안 또는 비슷한 결혼 이주자 사례를 구성의 필요에 의해 묶어서 방송했지만, 각각이 하나의 결혼 이주자 사례이기 때문에 독립적인 사례로 다루었다. 이렇게 하여 총 179편 중에서 결혼 이주자의 일상이 드러나는 150개 사례를 분석 대상으로 했다.

의 사회적 함의를 도출한다.

〈러브 인 아시아〉는 한국에서 살고 있는 결혼 이주자들의 삶을 소개하는 휴먼 다큐멘터리이다. 이 프로그램은 한국에서 다문화 현상이 나타나기 시작한 비교적 초기 단계인 2005년부터 방송되기 시작하여 현재까지 방송되고 있기 때문에 한국의 다문화 지형을 보여주는 자료가 축적되어 있다. 〈러브 인 아시아〉는 다문화 시대에 한국에 살고 있는 결혼 이주 가정을 지속적으로 소개한 공로가 인정되어 2006년 'YWCA 선정 좋은 프로그램상'을 수상했고, 제2회 세계인의 날(2009년 5월 20일)에는 다문화가족의 존재감을 제고한 점을 인정받아 국무총리상을 수상했다. 또 2009년 초에는 방송통신위원회 '문화다양성 프로그램상'을 수상한 바 있고, 2009년 9월 3일 방송의 날에는 특수대상 분야 '방송대상'을 수상하여 많은 주목을 받기도 했다. 따라서 〈러브 인 아시아〉는 한국 다문화 지형의 텔레비전 프로그램 속성을 분석할 수 있는 좋은 소재라고 생각한다.

1) 문화 적응 유형 및 행동 패턴의 범주화 분석 방법

(1) 문화 적응 유형의 분석 방법

① 문화 적응 이론의 개념과 활용

적응이란 주어진 환경 조건에 맞추어 자신을 변용시켜가는 일련의 과정을 뜻하며 개인의 주체적 의지와 능동성이 강조된 개념이다(김귀옥, 2000). 문화적으로 다른 배경을 가진 사람들이 만나게 되면 문화 접촉(culture contact)이 발생하는데, 문화 접촉 상황에서의 적응 문제에 대한 관심은 문화 적응(acculturation)이라는 개념을 탄생시켰다. 문화 적응이란 개념은 인류학자들과 사회학자들이 초기에 문화 접촉 상황에서 나타나는 집단 수준의 변화를 일컫는 말로 사용했는데, '문화적 근원이 다른 사람들 간의 지속적이고 직접적인 접촉의 결과로 일어나는 변화'라고 정의했다(Redfield, Linton and Herskovits, 1936).

문화 적응은 우리가 한 문화의 구성원이 될 수 있도록 하는 지식과 기술을 배우는 사회적 과정을 일컫는다.[25] 문화 적응이 일어나는 주요 장소와 행위자로는 가족, 동료 집단, 학교, 노동조합, 매체 등이 포함될 수 있다. 또 문화 적응의 과정은 이른바 '자연 대 양육' 논쟁에서 양육의 측면을 의미하는데, 일반적으로 문화 이론가는 문화 적응의 과정이 행위자에게 삶의 방식과 보는 방식을 제공한다고 주장한다. 따라서 문화연구의 핵심 주장은 사람이 된다는 것은 문화 적응의 과정을 필요로 한다는 것이다. 여기서 사람의 특질은 상황구속적이며 문화적인 특정한 생산으로 이해될 수 있는데, 이런 생산에서 사람은 언제나 사회적이며 문화적임을 의미한다(바커, 2009: 120~121). 따라서 문화 적응은 개인이 다양한 문화적 상황과 조화를 이루어가는 능동적 과정 또는 결과라고 할 수 있다(박종철·김영윤·이우영, 1996).

문화 적응은 원칙적으로 중립적인 용어로서 상호작용을 하는 두 집단 모두에 해당되나, 실제적으로는 어느 한 집단이 다른 집단에 비해 더 많은 변화를 겪는 경우가 대부분이다(Berry, 1990).[26] 후에 심리학자들이 이 분야에 관심을 가지면서 문화 적응은 정서적·행동적·인지적 측면을 포함한

---

25 최혜지는 'acculturation'을 '문화 적응'으로 번역하고 "이주 여성의 문화 적응을 타문화로부터 한국 사회로 이주한 여성이 한국 문화와 원문화의 차이를 인식하고, 문화적 차이를 극복하기 위해 적절한 행동과 사고양식을 발전시켜가는 능동적 과정 또는 과정을 통해 얻게 된 변화의 총체"로 개념화했다(최혜지, 2009: 165).

26 문화 적응이라는 개념이 널리 쓰이게 되면서, 초기의 정의와는 다르게 문화 적응 과정의 결과 중 하나인 동화(assimilation)와 혼동되고 있다는 비판이 제기되기도 했다.

개인 수준에서의 변화로 개념화되었다(Berry, 1997). 그레이브스(Theodore D. Graves)는 집단 수준의 현상으로서의 문화 적응(acculturation)과 개인 수준의 현상으로서의 심리적 문화 적응(psychological acculturation)을 구분했다. 문화 적응은 새로운 문화를 접한 결과로 나타난 기존 집단의 문화적 변화를 말하고, 심리적 문화 적응과 적응(adaptation)은 개인의 심리에 일어나는 변화를 일컫는다(Graves, 1967). 그러나 심리학에서 문화 적응에 대한 연구가 폭넓게 이루어지면서, 최근에는 문화 적응이라는 용어를 집단 수준과 개인 수준을 가리지 않고 일반적으로 사용하고 있다(정진경·양계민, 2004: 104~104). 다른 문화권으로 이동해서 살게 될 때 겪는 변화 과정과 결과에 대한 초기의 연구들은 문화 적응 과정의 단계에 초점을 맞춘 것이 많았다. 그중에서 가장 널리 알려진 오베르그(K. Oberg)의 문화 충격(culture shock) 이론은 타문화에 체류하면서 경험하는 정서적 반응을 네 단계로 분류했다. 첫 번째는 밀월(honeymoon) 단계로 새로운 문화를 만나서 황홀, 감탄, 열정을 느끼는 시기이고, 두 번째는 위기 단계로 좌절, 불안, 분노, 부적절함 등을 느끼는 단계이다. 세 번째는 위기를 해결하고 문화를 배워가는 단계이며, 마지막은 적응 단계로 새로운 환경을 즐기고 기능적으로도 유능해지는 시기이다(Oberg, 1960).

1970년대부터 문화 적응 연구자들은 다양한 적응의 양태와 유형에 관심을 갖기 시작했다.[27] 문화적으로 다양한 집단의 사람들이 만나면 서로 간

---

27 1950~1960년대 초기 문화 적응에 대한 연구자들은 낯선 환경에 적응해야 하는 사람들이 문화 차이를 없앰으로써, 즉 이주자들이 수용국 문화에 동화함으로써 해결할 수 있다고 믿은 데 반해, 1980년대 이후의 연구자들은 자기 정체성을 유지하면서 통합을 이루어가는 것이 더 바람직한 적응의 상태라고 믿었다. 문화적 다양성은 이미 존재하기 때문에 인정해야 한다는 소극적 측면이 아니라, 생물 종의 다양성이 지구 생태계에 필요하듯이 인류 문화가 미래에 건강하게 발전하기 위해서는 문화적 다양성이 필수적 조건이라고 보는 것이다. 한국 사회는 문화적 다양성이 아주 낮고 구성원들이 매우 동질적인 사회로 지목되고 있으나, 지난 수십 년간 문화적 접촉이 꾸준히 증

에 사회적 구조와 제도, 정치 가치 체계에 영향을 미치게 된다. 이런 변화의 속성과 정도는 그 접촉이 발생한 조건에 따라 다르다.[28] 워드(C. Ward)와 그 동료들은 문화 접촉의 결과를 집단 수준의 결과와 개인 수준의 결과로 나누어 각각의 다양한 형태를 분석했다(Ward, Bochner and Furnham, 2001). 우선 집단 수준에서 학살(genocide)은 문화 접촉을 하게 된 다른 집단의 구성원들을 모두 죽이는 것으로, 아메리카 인디언의 사례처럼 밖에서 침입하여 원래 거주민들을 학살하는 경우가 있고, 반대로 독일 나치에 의한 유대인 대학살과 같이 내부에 있는 사람들이 새로 이주한 사람들을 학살하는 경우도 있다. 집단 수준에서 나타날 수 있는 두 번째 결과는 동화(assimilation)이다. 동화는 주로 식민지에 침략국의 문화나 가치 등을 강요하는 경우를 예로 들 수 있는데, 최근까지도 많은 국가에서는 이민자들이나 이미 존재하는 소수민족에게 주류 문화에 동화되도록 하는 정책을 의도적으로 적용해왔다. 그 결과, 문화 간 차이가 없어지고 생활 방식의 다양성이 줄어들며 많은 고유한 전통들이 사라지는 결과를 낳았다. 동화 정책은 그 이면에 주류 문화가 소수 문화보다 우월하다는 가치를 내포하고 있다. 집단 수준의 세 번째 결과로 격리(segregation)가 있다. 이것은 남아프리카

가하고 있다. 문화적 다양성이 낮았기 때문에 문화 적응은 더 어려운 과제이고, 개인적으로나 사회적으로나 큰 문제들을 일으킬 수 있다(정진경·양계민, 2004: 124).

28 문화 접촉의 결과로 나타나는 집단은 크게 세 가지 요소에 따라 분류될 수 있는데(Sam and Berry, 1995), 이동성(mobility), 자발성(voluntariness), 영속성(permanence)이 그것이다. 이동성은 자신이 새로운 문화로 옮겨갔느냐, 새로운 문화의 사람들을 받아들였느냐의 문제로, 이민자나 난민은 새로운 문화로 옮겨간 사람들이고 토착민과 민족문화 집단은 새로운 집단을 받아들인 사람들이다. 자발성은 문화적 이동이 자발적이었는가의 여부로, 이민자나 유학생 등의 체류자들은 자발적인 사람들이고 난민은 비자발적인 사람들이다. 마지막으로 영속성의 차원은 얼마나 오래 새로운 문화 환경에서 살게 될 것인가의 문제로, 이민을 간 경우라면 비교적 오랜 기간 새로운 환경에 거주하게 될 것이고 여행자나 유학생, 해외 주재원 등의 체류자들은 일시적으로 머물게 된다(정진경·양계민, 2004: 107).

공화국의 아파르트헤이트(apartheid)와 같이 의도적으로 집단을 나누는 것을 의미한다. 서로 다른 지역에서 서로 다른 가치와 행동 방식을 가지고 사는데, 이런 격리를 요구하는 쪽이 다수 집단일수도 있고 소수 집단일 수도 있다. 집단 수준의 접촉에서 마지막 결과는 통합(integration)이다. 통합은 동화와 혼동해 사용하는 경우가 종종 있으나, 정확히 정의하면 자기 문화의 핵심적 속성을 그대로 유지하면서 동시에 새로운 문화의 중요한 면도 받아들이는 적응을 의미한다(정진경·양계민, 2004: 105~106).

개인적 수준에서의 결과 역시 크게 네 가지로 나타날 수 있는데, 그 첫 번째는 통과(passing)이다. 이는 보통 사회적·경제적 수준이 낮다고 여겨지는 사회에서 높다고 여겨지는 사회로 이주했을 때 나타나는 개인의 태도로, 본국의 문화를 거부하고 새로운 문화를 받아들이는 것이다. 그 결과, 자신의 민족적 정체감을 상실하게 된다('passing'은 소수 집단에 속한 사람이 자신의 진짜 정체성을 숨기고 주류 집단의 구성원인 척하고 사는 것을 의미한다). 두 번째는 국수주의(chauvinism)로, 새로운 문화를 거부하고 원래 자신의 문화를 고수하는 방법이다. 세 번째는 두 문화 사이에서 망설이고 어느 것도 택하지 못하는 주변화(marginalization)로, 두 문화가 서로 양립할 수 없다고 느낄 때 나타나는 현상이다. 개인적 수준의 마지막 결과는 중재(mediating)로, 두 문화를 모두 받아들여서 성공적으로 통합하는 것을 의미하는데, 이것은 개인적 성장과 집단 간 조화에 도움을 줄 수 있는 바람직한 방법이다(Ward, Bochner and Furnham, 2001).

한편 홍기원·백경영·노명우(2006)는 한 사회의 소수자가 주류 문화에 적응하는 유형을 제도적 조건과 문화적 조건에 따라 〈그림 4-1〉과 같은 유형으로 구분했다(홍기원·백경영·노명우, 2006: 76~79). 수직 축은 평등화·계층화 축으로, 평등화는 소수자 집단의 제도적 조건이 지배 집단과 동등한

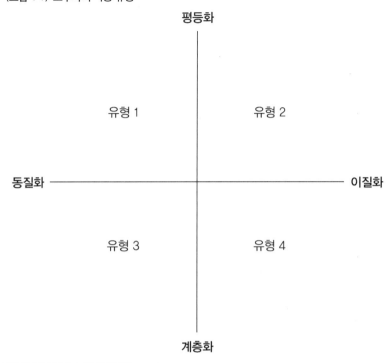

〈그림 4-1〉 소수자의 적응 유형

평등화

유형 1   유형 2

동질화 ——————————————— 이질화

유형 3   유형 4

계층화

자료: 홍기원·백경영·노명우(2006: 77).

수준에 이르렀음을 의미하고, 계층화는 제도적 접근이 불가능한 불평등한 상태를 가리킨다. 수평 축은 동질화·이질화 축으로, 동질화는 문화적 측면에서 소수자 집단이 다수자 집단의 문화에 완전히 동화된 것을 뜻하며, 이질화는 이와 반대로 완전히 분리되어 있음을 가리킨다.

평등화·동질화가 이루어지는 유형 1은 제도적으로 차별이 없으면서도 문화적으로 주류 사회의 생활 방식에 동화되어 있는 경우이다. 미국에서 앵글로·색슨계에 통합되어 있는 독일계, 라틴 유럽계, 아일랜드계 백인들이나 프랑스 속의 포르투갈계가 여기에 해당된다. 평등화·이질화가 이루어지는 유형 2는 제도적으로는 평등하지만 문화적으로 고유문화를 고수함으로써 주류 사회와 동떨어진 경우이다. 미국의 아시아계 이민 1세대가 여기에 해당된다. 계층화·동질화의 유형 3은 문화적으로는 동화되어 있으나 정치적·경제적 지위를 충분히 보장받지 못하고 있는 경우이다. 미국 내 다수의 흑인들이 대체로 여기에 해당된다. 계층화·이질화가 이루어지는 유형 4는 정치적·경제적·문화적 면에서 모두 주류 사회와 분리되어 주변부의 위치를 차지하는 경우이다. 서유럽 국가들 속에 있는 아랍계 이민자들이 여기에 해당된다.

② 존 베리의 문화 적응 모델

존 베리는 문화적 접촉의 결과로 나타날 수 있는 현상을 집단 수준과 개인 수준에서 구분했다. 개인 수준에서 그는 행동, 태도와 인지에서 일어나는 변화를 문화 적응으로 보았다. 베리의 문화 적응 모델은 문화적 정체감을 강조했다는 점에서 사회 정체감 이론[29]을 근거로 하여 발전시킨 것으로 볼 수 있다. 베리는 문화 적응의 상태를 두 가지 차원의 네 가지 결과로 범주화하고 문화 적응에 대한 다양한 측정 기법을 개발함으로써 이 분야의 연구를 용이하게 했다(Berry, 1980, 1990, 1997). 두 가지 차원이란 첫째, 자신

---

29 타지펠(Tajfel, 1982)이 개발한 집단 역동에 관한 이론이다. 사람들은 내집단과 외집단을 구분하는 동시에 외집단에 비해 내집단에 이익을 주는 행동을 한다(Tajfel and Turner, 1986). 이 과정은 집단 간의 사회적 경쟁을 일으키는데, 여기에서 사람들은 스스로의 자존심을 높이는 수단으로 자신이 속한 집단의 지위를 높이려고 노력한다(정진경·양계민, 2004: 119). 따라서 사회 정체감 이론은 내집단 선호와 외집단 비하 등의 사회적 비교가 자기 고양 편파 동기에서 나온 것이라고 보기 때문에 기본적으로 문화 간 접촉에서 편견이나 차별은 피할 수 없다고 가정한다(Ward, Bochner and Furnham, 2001). 사회 정체감 이론은 개인적 정체감과 집단적 정체감이 다양한 상황에서 어떻게 유지·변화하는가를 보여줌으로써, 문화 간 이동에서 겪는 정체감의 변화와 그에 대한 대응이라는 중요한 측면에 대해 이론적 틀에 근거한 설명을 제공했다는 점이 높이 평가할 만하다. 특히 문화 간의 이동은 대부분의 경우 사회적 지위의 변화를 가져오는데, 이에 대한 다양한 대응 방식의 근저에 있는 인지적 전략에 주목하게 한 것은 이 접근의 공헌이라고 할 수 있다(정진경·양계민, 2004: 121~122).

〈표 4-1〉 베리의 문화 적응 모형

차원 2 \\ 차원 1		문화적 정체감과 특성을 유지할 것인가	
		그렇다	아니다
주류 사회와의 관계를 유지할 것인가	그렇다	통합 (integration)	동화 (assimilation)
	아니다	분리 (separation)	주변화 (marginalization)

자료: 정진경·양계민(2004: 122).

의 문화적 가치와 특성을 유지할 것인가 아닌가의 문제, 그리고 둘째, 주류 사회와의 관계를 유지할 것인가 아닌가의 문제이다. 모국의 문화도 유지하면서 새로운 문화를 받아들이면 '통합', 모국의 문화는 유지하지 않고 새로운 문화만을 받아들이면 '동화', 모국의 문화를 유지하면서 새로운 문화를 받아들이지 않으면 '분리', 모국의 문화를 유지하지 못하면서 새로운 문화와도 접촉하지 못하면 '주변화'가 된다(정진경·양계민, 2004: 122). 정진경과 양계민(2004)은 이 모형을 〈표 4-1〉과 같이 제시했다.

베리의 이론은 문화 적응의 상태를 두 가지 차원과 네 가지 결과로 범주화하고 다양한 측정 기법으로 이 분야의 연구를 발전시켰다. 특히 문화 적응을 이주자가 수용국의 문화에 점차 동화되어가는 일방향적 과정으로 보거나 두 문화 사이의 어느 적절한 지점을 선택하는 일차원적 과정으로 보던 기존 시각에서 벗어나 새로운 문화를 접촉하고 받아들이면서도 본국의 고유한 문화와 관련된 자신의 정체성을 유지할 수 있는 이차원의 관점을 제시한 것은 큰 공헌으로 평가될 수 있다.

베리의 이론은 많은 인기를 끌었지만 실제적 측면에서는 문제가 있는데, 현실적으로 사람들이 문화 적응을 할 때 이 네 가지 전략 중 하나를 반드시 선택한다고 보기는 어렵다는 점이다. 맥락과 시기에 따라 다양한 전략이 사용될 수 있다. 첫째, 전반적으로는 하나의 특정한 전략을 선택한다 할지라도 상황에 따라 전략 선택이 달라질 수 있다. 예를 들면 사적 영역과 공적 영역에서의 전략이 다를 수 있는데, 집에서는 좀 더 자신의 문화를 유지시키는 행동을 많이 할 수 있다. 새로 이주한 국가가 통합을 중시하는 정책을 펼친다면 개인도 통합적인 전략을 선택할 가능성이 높고, 동화 정책을 사용하는 국가라면 사람들도 동화 전략을 택하기 쉽다.[30] 둘째는 사람들이 발달 과정에서 전략을 바꾸어 나갈 수 있다는 것이다. 평생 동안 하나의 전략을 고수하는 것이 아니라, 연령이 변함에 따라 다른 전략을 채택할 수 있다. 셋째, 개인이나 집단이 선호한 전략을 주류 사회에서 반드시 인정하는 것은 아니다. 예를 들면 동화 정책을 사용하는 국가에서 통합 전략을 선택한 사람은 많은 제한을 받을 수밖에 없다(정진경·양계민, 2004: 122~123).

이민자들의 문화 적응 전략에 대한 연구를 보면, 이민자들이 통합을 가장 선호하는 것으로 나타났다(Sam, 1995). 그러나 두 번째로 선호하는 전략은 이민자들의 특성에 따라 달랐다. 헝가리 출신 캐나다 사람들의 1세대는 분리를 두 번째로 선호하고, 2세들은 동화를 선호하는 것으로 나타났다. 캐나다에 사는 한국인과 포르투갈인은 통합 이외의 다른 세 가지 모두를 바람직하지 않은 것으로 보았고, 일본에 사는 서양인과 노르웨이에 사는 개발도상국 사람들은 분리를 두 번째로 선호했다. 이는 많은 이민자들이

---

30 국가의 정책은 어떤 집단의 문화 적응에 영향을 줄 수 있다. 예를 들어 한 국가에서 이민자의 정책을 '통합'으로 세웠다면 어떤 민족의 고유한 문화를 어느 정도 그대로 유지하는 것이 가능한데, 자칫하면 주류 문화와 분리되는 문제를 낳을 수 있다. 따라서 이런 경우에는 좀 더 큰 문화 집단이 문화적으로 다른 것을 받아들일 수 있는 여지를 가져야 가능하다. 반대로 국가의 정책이 '동화'라면 소수자의 문화적 특성을 버려야 하는데, 이런 경우 더 많은 위험을 내포한다. 머피(Murphy)는 문화적으로 다원주의적인 가치를 가지고 있고 그것을 유지하려는 사회가 문화 적응에서 더 적은 위험 요인을 가지는 두 가지 이유가 있다고 주장한다. 하나는 문화적 동질성에 대한 압력이 적다는 것이고, 두 번째는 문화 적응을 하려는 사람들을 지지하기에 충분한 크기와 특성을 가진 문화 집단이 존재할 수 있다는 것이다(정진경·양계민, 2004: 109~110 재인용).

상당 부분 자신들의 문화적 유산과 정체감을 새로운 사회에서도 유지하기를 바란다는 것을 보여주는 결과라고 할 수 있다. 실제로 통합 방식은 다른 전략에 비해 많은 긍정적 결과를 낳아서 통합 전략이 스트레스와 음(-)의 상관관계를 가지는 것으로 나타나고 있다(Sam and Berry, 1995).

③ 문화 적응 모델에 대한 국내 연구

한국에서 이주민의 수가 증가하면서 이들의 문화 적응에 관한 문제가 사회적 이슈로 제기되어 이에 관한 연구에 관심이 고조되었다(김현주·전광희·이혜경, 1997). 지금까지 국내에서 베리의 문화 적응 모델에 바탕을 둔 연구의 대상은 결혼 이주 여성들을 비롯하여 새터민과 유학생에 이르기까지 다양하게 연구되고 있다(조정아·임순희·정진경, 2006; 김현숙, 2007; 최혜지, 2009; 이용승·이용재, 2013).

최혜지(2009)는 이주 여성의 문화 적응 유형을 주변화·분리·동화·통합 유형으로 구분해 첫째, 이주 여성의 특성에 따른 문화 적응 유형의 차이를 밝히고, 둘째, 이주 여성의 문화 적응 유형을 판별하는 특성을 연구했다. 연구 결과, 이주 여성의 적응 유형은 다음의 〈그림 4-2〉처럼 주변화 유형이 37%, 통합 유형이 30%, 분리 유형 18%, 동화 유형이 15%인 것으로 나타났다(최혜지, 2009: 176). 이를 보면 우리나라에 거주하는 이주 여성의 문화 적응 유형은 네 가지 유형에 비교적 고르게 분포되어 있으며, 상대적으로 통합과 주변화 유형이 높은 분포를 보이는 것을 알 수 있다.

이용승·이용재(2013)은 베트남과 필리핀 출신의 결혼 이주 여성의 문화 적응 전략을 비교 분석하면서 베트남 이주 여성의 경우에는 동화 전략을, 필리핀 결혼 이주 여성의 경우에는 분리 전략을 구사한다고 주장했다. 특히 베트남 이주 여성은 한국 문화에 대한 수용성이 상당히 높게 나타나는

〈그림 4-2〉 이주 여성의 문화 적응 유형별 분포도

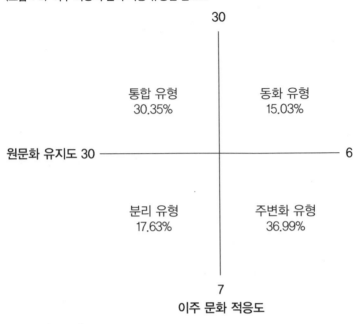

자료: 최혜지(2009: 176).

동시에 본국 문화 유지에 대해서는 다소 상반된 태도를 보인다. 반면 필리핀 이주 여성은 분리와 주변화 전략이 비교적 높게 나타나면서도 통합 전략이 다수를 점하는 것으로 드러났다. 주류 문화 적응 태도와 본국 문화 유지 태도 간의 상관관계 분석에서는 양자 모두 약한 양의 상관관계를 보이는 가운데, 필리핀 이주 여성이 베트남 이주 여성에 비해 상당히 높은 상관관계를 보인다고 한다. 이를 통해 같은 이주 여성이라도 출신 국가 또는 출신 문화권에 따라 다른 적응 태도와 전략을 보인다는 점에서 문화 적응은 개별적 성향의 차이와 문화적 성향의 차이를 함께 보인다는 점에 주목할 필요가 있다.

(2) 행동 패턴의 범주화 분석 방법

범주화란 개념은 언어학자와 기호학자에 의해 비교적 빈번하게 사용되어 왔다. 먼저 언어학에서 자연 언어를 통한 세계의 범주화는 사피어-월프(Sapir-Whorf)의 가설로 나타난다(Whorf, 1956). 이 가설에 따르면, 우리의 정신세계는 우리가 말하는 언어의 구조들에 의해 규정되며, 그 구조들은 현실을 자의적으로 재단하고 모국어 화자의 경험의 범주화를 부분적으로 지배한다. 이른바 언어 상대주의의 원칙은 자연적·보편적 논리의 부정을 함의한다. 이는 곧 우리의 정신적 범주들을 형성하는 것은 언어이며, 그 반대의 경우는 없다는 생각이다. 이것은 두 가지 문제를 내포하는데, 하나는 언어의 구조는 언어의 외적 현실에 직접적으로 종속되지 않는다는 것이며, 다른 하나는 우리가 말하는 언어의 범주는 우리가 세계를 생각하는 방식에 영향을 미칠 수 있다는 것이다. 이것은 내재주의적 구조언어학(기호학)의 근본적인 원칙이다. 이 원칙의 기본 내용은, 언어는 감각적 현실을 자의적으로 재단하며, 순전히 내적인 관계들의 직물망 가운데서 그 같은 현실을 시차적·대립적으로 정의되는 하나의 기호 체계로 전환한다는 주장으로 요약될 수 있다(김성도, 1998: 64~65).

한편 벤베니스트(Emile Benveniste)는 하나의 자연 언어에 대한 적용을 지칭하기 위해 세계의 범주화라는 표현을 사용한 바 있다. 이때 세계란 우리의 감각을 통해서 지각되는 것을 말한다. 그는 유명한 논문 「사고의 범주와 언어의 범주」에서 이 양자의 상호 연대성과 필연성을 주장했다. 이런 의미에서 사고는 언어로부터가 아니라 개별적인 언어 구조로부터 독립적이게 된다(김성도, 1998: 65).

1980년대 초부터 언어학의 새로운 패러다임으로 부각된 인지언어학에서 범주화의 문제는 중추적인 문제로 부각되었다. 인지언어학의 선두 주자인 레이코프(G. Lakoff)는 범주화의 능력을 지각·행동·발화에서 가장 기본적인 것으로 간주한 바 있다(Lakoff, 1987: 5). 앞서 언급한 문화적 상대주의 가설에 맞서서 인지언어학의 전문가들은 정보 처리의 주체와 그것의 물리적 환경 사이의 상호작용이라는 보편적 성격을 단언한다. 그것으로 나오는 범주화는 언어적 분류와 독립한다. 여기서 문제되는 의미는 언어적 의미가 아니라 결국 세계에서 나온 의미, 즉 현상학적 의미 차원에 속한다. 이들 심리학자들은 유명한 사피어-월프의 가설인 언어적 상대주의에 맞서 인지적 보편주의의 타당성을 옹호하는 것이다(김성도, 1998: 66).

범주화란 우리가 세계에 대해 의미를 만들어내는 방식을 표상한다는 점에서 본질적이다(Lakoff, 1987: xi). 상이한 것들을 전체로 배열하는 이 같은 정신적 조작은 인간의 사고, 지각, 발화, 행동을 비롯한 인간의 모든 활동 영역에 걸쳐 있다. 우리가 어떤 것을 어떤 것의 부류로 볼 때마다 우리는 범주화를 하고 있는 것이다. 우리가 어떤 행동을 하려고 할 때 — 예를 들어 밥을 먹는 것 — 그것은 활동의 한 가지 범주이다. 이렇듯 범주화와 범주들은 대부분의 경우 무의식적으로 진행되지만, 우리가 경험을 조직하는 데에 근본적이다. 범주화가 없다면 개별적 실재들에 머물러 개념적 구조화로 넘어설 수 없을 것이다. 모든 고등 인지 동물의 근본이 되는 범주화는 다양성 속에서 유사성을 파악하는 능력으로서, 식별과 종합의 원리로 구성되어 있는 생물학적 제약이다(Taylor, 1989/1995: vii). 이러한 면에서 범주화 분석(categorical analysis)은 이야기나 서사체의 범주를 파악하는 분석 방법으로서, 영상 언어 서술 속의 특정 범주화 경향을 파악할 수 있고, 범주화를 통한 언어 서술의 유형과 패턴을 발견할 수 있는 유용한 방법이다.

① 문화 적응 유형의 범주화 분석 방법

이 책에서는 존 베리의 문화 적응 모델을 발전시켜 〈러브 인 아시아〉에 출연하는 결혼 이주자들의 문화 적응 유형 분석틀로 사용했다. 〈러브 인 아시아〉에 출연하는 결혼 이주자들은 두 가지 차원의 문화를 가지고 있다. 그 두 가지 차원이란 이주자 자신의 모국 문화(이하 모국 문화)의 가치와 특성을 유지할 것인가 아닌가의 문제와 현재 살고 있는 한국의 주류 문화(이하 한국 문화)와의 관계를 유지할 것인가의 문제이다. 모국 문화도 유지하면서 한국 문화에 적응하여 공존하면 '다문화' 유형, 모국 문화를 유지하지 못하고 한국 문화에 적응하면 '동화' 유형, 모국 문화를 유지하면서 한국 문화를 수용하지 않으면 '분리' 유형, 모국 문화를 유지하지 못하면서 한국 문화에도 적응하지 못하면 '주변화' 유형으로 범주화했다. 이 두 축을 교차시켜 만든 문화 적응 유형의 분석틀은 다음의 〈그림 4-3〉과 같다.

〈러브 인 아시아〉에 재현된 결혼 이주자들의 문화 적응 유형을 더 자세히 살펴보면 다음과 같다. 첫째, 동화 유형은 결혼 이주자가 자신의 모국 문화를 유지하지 않고 한국 문화에 적응하는 유형이다. 이것은 결혼 이주자가 자신의 모국 문화를 유지하지 않고, 한국어를 사용하며, 한국 음식을 먹고, 한국 문화를 받아들여 살아가는 유형이다. 둘째, 다문화 유형은 결혼 이주자가 자신의 모국 문화를 유지하면서 한국 문화에도 적응하는 유형이다. 이런 유형에서는 부부가 자국의 언어로 소통할 수 있고, 자녀에게도 결혼 이주자의 모국어를 가르쳐 의사소통할 수 있게 한다. 셋째, 분리 유형은 결혼 이주자가 자신의 제도나 문화를 우선적으로 전제하고, 한국의 제도나 문화를 수용하지 않는 유형이다. 먼저 제도에 의한 분리는 결혼 이주자가 자신의 국적을 유지하고 있기 때문에 이중국적이 유지되지 않는 한국에서 외국인 신분을 유지함으로써 내국인에 비해 불편을 겪는 경우이다. 다음으

〈그림 4-3〉 문화 적응 유형의 분석틀

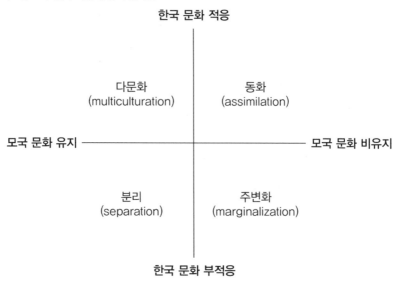

한국 문화 적응

다문화
(multiculturation)

동화
(assimilation)

모국 문화 유지 ———————————————— 모국 문화 비유지

분리
(separation)

주변화
(marginalization)

한국 문화 부적응

로 문화에 의한 분리는 결혼 이주자가 자신의 종교나 음식을 우선적으로 유지함으로써 한국 문화를 수용하지 않는 경우이다. 넷째, 주변화 유형은 결혼 이주자가 모국 문화를 유지하지 못하고 한국 문화에도 적응하지 못하는 유형이다. 여기에는 비록 한국 문화에는 적응하지 못하지만 본국으로 돌아가면 적응할 수 있어 한국 문화에만 소외되는 경우와 한국 문화에도 적응하지 못하고 모국의 문화도 상실해버리는 정신적 부적응 상태가 있다.

② 행동 패턴의 범주화 분석 방법

〈러브 인 아시아〉의 결혼 이주자 150개 사례를 분석틀에 따라 동화 유형, 다문화 유형, 분리 유형, 주변화 유형으로 구분한 다음, 각 유형별로 뚜렷이 구분되는 양태를 가진 행동 패턴으로 범주를 세분했다. 여기서 유형은 연구자의 임의적인 기준에 따라 구분한 형태이고, 패턴은 그 자체로 특징을 나타내는 행동 준거 기준에 의해 구분된 양태이다.

행동(behavior)이라는 것은 사람들이 행하는 것으로서 하루하루의 일상생활의 움직임을 일컫는다. 그러나 담론에서 논하는 행동이란 인간에 의해 의도적(intentional)으로 행하는 것을 전제로 하고, 그러한 행동은 특정한 시각이나 견해로 해석되어야 한다. 예를 들면, 정치 행동은 정치적 의도를 지니며 수행되어야 하고, 그러한 행위가 객관적으로 정치 행위로 평가받고 해석되어야 하는 것이다. 또 남을 칭찬하거나 모욕을 준다면 그러한 의도가 여겨지도록 행해져야 하고, 그러한 행동은 자신이나 상대방 모두 그렇게(칭찬이나 모욕으로) 평가되고 해석되어야 한다는 의미이다. 나아가 그러한 행동은 기호나 기호 구성체를 통해 구성되어야 하고, 다른 사람들에게도 교육되거나 전수되어야 한다. 담론이 행위로서 인지되려면, 그러한 담론은 단어, 문장, 스타일, 서사 구조 등에 의해 구성되어야 하고, 그러한 구성체는 자연스럽게 다른 구성원들에게도 용이하게 이해되고 해석되어야 한다. 그리고 이것은 반드시 다른 사람들이나 집단들과의 상호작용을 통해 발생해야 한다. 상호작용과 관련되어서는 구체적으로 발화자들끼리의 약속이나 규칙 및 규범 등이 존재해야 하고, 상호작용을 통해 의도하는 대로 합리적인 귀결을 낳을 수도 있지만 뜻밖의 파행을 낳기도 한다. 이와 같이 발화자들 사이의 또는 발화 내용 사이의 작용과 반작용의 규칙과 법칙에 대해 주목해야 한다(백선기, 2005a: 33).

문화 적응 유형은 결혼 이주자가 자신의 모국 문화를 유지하느냐 유지하지 않느냐와 한국 문화에 적응하느냐 적응하지 못하느냐의 기준에 따라 구분했다. 그리고 문화 적응 유형에 따른 행동 패턴은 모국 문화를 유지하는 행동 준거와 한국 문화에 적응하는 행동 준거에 의해 구분했다. 각각의 문화 적응 유형들의 행동 패턴은 다음과 같이 구분되었다.

첫째, 동화 유형은 이주자가 한국 문화를 받아들이는 행태에 따라 '억압적 행동 패턴', '능동적 행동 패턴', '수동적 행동 패턴'의 세 가지로 구분되었다. 먼저 '억압적 동화 행동 패턴'은 결혼 이주자가 한국 문화에 동화되는 과정에서 한국인 또는 한국의 제도나 구조에 의해 강제성이 있는 행동 패턴이다. 다음으로 '능동적 동화 행동 패턴'은 결혼 이주자가 자발적이고 능동적인 의사에 따라 한국 문화에 동화되는 행동 패턴이다. 마지막으로 '수동적 동화 행동 패턴'은 결혼 이주자가 어쩔 수 없는 상황에서 한국 문화에 동화할 수밖에 없는 양태의 행동 패턴이다.[31]

둘째, 다문화 유형은 양국 문화의 비중에 따라 '존중적 행동 패턴', '호혜적 행동 패턴', '미온적 행동 패턴'으로 구분되었다. 먼저 '존중적 다문화 행동 패턴'은 한국의 배우자가 결혼 이주자 문화를 진정으로 존중하는 행동 패턴이다. 부부가 양국 언어를 모두 사용했고, 이주자의 문화를 존중했으며, 이주자의 의사도 최대한 존중되었다. 다음으로 '호혜적 다문화 행동 패턴'은 상호 평등한 관계가 유지되는 패턴이다. 이 패턴에서는 부부가 양국 언어를 사용했고, 일상생활에서 상호 평등한 관계가 유지되었다. 마지막으로 '미온적 다문화 행동 패턴'은 이주자의 문화가 최소한으로 유지되는 패턴이다. 이 패턴에서 결혼 이주자의 언어는 그 이주자 자녀에게 가르치는 정도이고 생활에서 일상적으로 활성화되지 않았다.

셋째, 분리 유형은 결혼 이주자가 한국의 제도에 의해 분리되는 '제도적 분리 행동 패턴'과 결혼 이주자가 자기 문화를 우선적으로 전제하면서 한국 문화를 수용하지 않는 '문화적 분리 행동 패턴'으로 구분되었다.

---

31 여기에서 말하는 '어쩔 수 없는 상황'이란 주체에 대한 속지적인 구속성을 의미한다. 즉, 결혼 이주자가 이미 만들어진 공간, 즉 한국이라는 지리적 공간에 위치함으로써 받게 되는 구속이다.

<표 4-2> 문화 적응 유형과 행동 패턴의 범주

유형	행동 패턴	행동 준거 내용
동화 유형	억압적 동화	한국·한국인의 구조에 의한 억압성이 존재하는 동화
	능동적 동화	결혼 이주자의 자발적이고 능동적인 의사에 의한 동화
	수동적 동화	어쩔 수 없는 상황에서 한국 문화에 적응해야 하는 동화
다문화 유형	존중적 다문화	한국인이 결혼 이주자를 진정으로 존중하는 다문화
	호혜적 다문화	부부간 상호 평등한 관계가 유지되는 다문화
	미온적 다문화	결혼 이주자의 문화가 최소한으로 유지되는 다문화
분리 유형	제도적 분리	자국의 제도를 유지함으로써 한국의 제도에 의해 분리
	문화적 분리	자국 문화 우선적 전제로 한국 문화를 수용하지 않는 분리
주변화 유형	소외적 주변화	한국 문화에 적응하지 못하여 소외되는 주변화
	상실적 주변화	한국 문화에 적응하지 못하고 모국 문화도 상실하는 주변화

넷째, 주변화 유형은 결혼 이주자가 한국 문화에 적응하지 못하여 소외되는 '소외적 주변화 행동 패턴'과 한국 문화에 적응하지 못할 뿐만 아니라 모국 문화도 상실해버리는 '상실적 주변화 행동 패턴'으로 구분되었다.

지금까지 설명한 〈러브 인 아시아〉에 재현된 결혼 이주자의 네 가지 문화 적응 유형에 따른 10가지 행동 패턴의 범주를 정리하면 〈표 4-2〉와 같다.

2) 언어 서사와 영상 화면에 대한 기호학적 분석 방법

기호학은 기호(sign), 대상(object), 해석체(interpretant)의 세 가지 요소가 복합적으로 연계되어 특정 기호가 특정 의미를 표출하게 되는 관계와 구조를 드러내고자 한다. 그리고 기호에 내재되어 있는 많은 구성 요소들이 인간의 사유나 생각을 표출할 수 있게 하고, 그것들이 아주 정교한 규칙과 체계 속에서 작용하고 있음을 밝힌다. 즉, 기호를 통한 논리적 사고나 이성적 사고가 가능하게 되는 과정이나 체계를 과학적으로 설명해주는 것이다. 나아가 기호(sign), 텍스트(text), 담론(discourse) 등으로 이어지는 더 큰 범주로의 기호 체계들과 연계되어 단순히 인간 개개인의 사고나 생각의 체계를 밝히는 것이 아니라 사회 전체의 '의미 구성 체계'를 밝히는 것이다(백선기, 2003: 9~10). 이렇듯 기호학은 언어에 대한 관심에서 시작하여 부호 및 상징에 대한 의미 파악으로 확대되었으며, 사회적 차원에서의 의미, 나아가 이데올로기적 의미 파악으로까지 이르게 되었다. 이는 기호학이 언어에 대한 분석을 넘어 사회와 문화 및 이데올로기 영역으로 확대되었음을 의미한다. 이 책에서도 다문화 지향 프로그램이 지니는 사회적·문화적·이데올로기적 의미를 분석하기 위해 프로그램에서 나타나는 언어적 텍스트와 영상 텍스트[32]를 언어 서사와 영상 화면에 대한 기호학적 분석 방법을 통해 분석했다. 왜냐하면 하나의 프로그램은 언어의 서사 구조와 영상 화면의 서사 구조가 연계되어 복합적 의미를 생성하는 구조를 지니기 때문이다.

(1) 언어 서사에 대한 기호학적 분석 방법

〈러브 인 아시아〉의 언어 서사를 기호학적으로 분석하기 위해 출연자들이 나누는 대화와 영상을 통한 발화에서 나타나는 그들 각각의 언어 발화 표현체들에 대한 의미를 파악하려 했다. 주로 영상을 통해 일상적인 생활에서 이루어지는 발화들이 영상의 구조와 결합하여 어떠한 의미를 도출해 내는지, 그리고 그것이 어떠한 기제로써 결혼 이주자로 하여금 한국 문화에 적응하게 하는 유형으로 나타나는지 그 구조를 발견하려고 했다. 이를

---

32 기호학이 역동적이거나 이동적인 표현체에 대한 분석에서는 다소 약점을 보여왔기에, 이런 약점을 완화하기 위해 '텍스트'라는 개념이나 '담론'의 개념을 받아들이면서 기호가 지니는 역동성의 의미 파악에 노력했다. 여기서 텍스트란 기호와 확장의 개념으로서 기호를 만든 사람, 듣는 사람, 사회·경제·문화 상황과 맥락 등을 고려한 기호의 외연을 일컫는 것으로 규정했다(백선기, 2003).

위해 〈러브 인 아시아〉에서 재현되는 결혼 이주자들의 문화 적응 유형과 행동 패턴에서 나타나는 언어 발화 표현체들을 상황 구조, 관계 구조, 갈등 구조, 해결 구조로 나누어 기본적인 서사 구조와 의미 구조를 파악하고, 이를 바탕으로 심층적인 구조와 의미를 도출했다.

(2) 영상 화면에 대한 기호학적 분석 방법

영상은 언어 체계와 다른 독특한 구조를 지닌다. 영상은 수많은 영상 화면들로 이루어져 있으며, 이들이 동적으로 연계되어 움직인다는 것이다. 따라서 영상은 이 화면들이 수없이 연계되어 있으므로 하나의 영상 화면만을 분석하여 전체 영상의 의미를 유추하기 어려운 특성이 있다. 더욱이 이 영상 화면들의 연계가 시간적으로 순차적으로 이루어지는 선형 구조(linear structure)가 아니라 역동적으로 이루어지는 비선형 구조(non-linear structure)이기 때문에 의미를 파악하는 데 상당한 어려움이 있다. 또 어려운 점은 영상에서 이 영상 화면들이 일정한 시간의 틀 속에서 연속적으로 움직인다는 것이다. 그리고 영상 화면이 움직인 결과는 새로운 현상을 낳게 되는데, 이른바 이미지(image)를 낳게 된다(백선기, 2003: 14~15). 이렇듯 영상 화면의 움직임으로 생성되는 '이미지'가 존재하기 때문에 필자는 영상 화면을 분석할 때 바르트(Roland Barthes)의 사진 분석 방법을 적용할 수 있다고 보았다.[33] 우리가 텔레비전 프로그램을 볼 때 그 내용을 모두 기억하기도 하지

---

33 영상 화면의 움직임으로 인해 생성되는 이미지에 대한 해석에 관해서는 논란이 있다. 문제는 영상 화면의 이미지라는 것이 영상 텍스트의 역동적 움직임에 의해 생성되는 것이 아니라, 수용자의 대뇌 속에서 형성되는 것이라는 점이다. 영상 화면을 통한 이미지 생성이 영상 텍스트의 것이 아닌 수용자의 것이라면, 이미지에 대한 의미 생성은 수용자의 몫이 된다. 이러한 인식의 변화는 영상 분석에 대한 기호학적 분석의 한계를 드러냈다고 해석되기도 하지만, 한편으로 새로운 기호학적 분석 방법을 추구해야 하는 계기가 될 수 있다(백선기, 2005a: ix).

만, 결국 상징적으로 대표적인 이미지를 중심으로 전체 내용을 기억하게 된다. 따라서 전체 영상 텍스트에서 특정한 내용을 대표하는 상징적인 영상 화면을 추출하여 전체 영상 텍스트를 유추하여 분석할 수 있다.

영상 화면의 의미소인 '숏(shot)'은 하나의 화면으로서 '스틸 사진'과 유사하다. 바르트가 ≪파리 마치(Paris Match)≫에 실렸던, 프랑스기에 경례하는 알제리 청년의 잡지 화면을 분석하면서 다양한 기호학적 개념들을 적용했듯이, 영상 화면에 대한 분석은 바르트의 사진 분석 방법을 차용하면서 영화와 TV의 영상 화면에 대한 역동적인 기호학적 분석 방법을 적용하는 백선기의 영상 이미지 분석 방법을 활용했다(백선기, 2007a, 2007b 참조).

영상 화면들에 대한 기호학적 분석은 먼저 영상 화면을 사진의 단면으로 보고, 영상 화면의 근본 의미소인 '숏'으로 구분하며, '숏'의 묶음이 하나의 단락으로 연계되어 단락들이 또 하나의 국면을 이루게 됨을 전제로 한다. 여기서 숏은 가장 최소한의 의미소이며, 의미소들의 묶음이 좀 더 커다란 단계의 의미 단락으로 연계되고, 단락들은 또 다른 의미 국면으로 확대되면서 연계되는 것이다. 이를 의미적으로 보면 최소한의 근원적인 의미에서 단락적 의미로 연계되고, 나중에는 국면적 의미로 확대된다. 이는 언어 기호가 심층적인 의미소에서 표층 단계인 의미 표현체를 거쳐 표출 단계인 일반 언어 표현들로 확대되는 과정을 유추한 것이다(백선기, 2007a: 4).

영상 화면에 대한 또 다른 가능성은 바르트의 전형적인 의미 생성 분석 방법의 적용이다. 바르트는 기호학자의 임무나 역할을 기호적 의미를 파악하는 데 두지 않고 한 차원 높은 사회적 의미를 찾는 데 두었으며, 나아가 함축적 의미 및 이데올로기적 의미를 찾는 것으로 확장했다. 그리고 기호학적인 탐색을 사회적으로 내면화되었거나 숨겨진 의미를 찾아내는 것으로 심화시키기도 했다.[34] 그런데 문제는 영상 화면이 어떻게 읽히고 어떤 정보를 제공하는가 하는 점이다. 영상도 언어처럼 기표와 기의라는 이중 구조를 지니는가, 영상도 언어처럼 서사 구조를 가지는가, 영상도 언어와 같은 구조로 의미화되어 있는가, 영상도 언어와 같은 문법 구조를 가지며 그러한 구조에 의해 적절하게 표현되는가, 영상도 이른바 형식(format)과 내용(content)의 관계 속에서 의미를 표출하게 되는가, 영상도 언어와 마찬 가지로 신화와 연계되는가, 영상도 언어처럼 이데올로기를 표출하는가 등 의 문제들 역시 수반된다(백선기, 2003: 59).

앞서 말했듯이 영상의 최소 단위는 '숏'인데, 이것이 언어에서 '기표와 같 이 작동하는가' 하는 것이 관심사이다. 또 영상 해석에서 중요한 문제는 영 상이 '숏'과 '숏'의 시퀀스(sequence)로 이루어졌다는 점이다. '숏'과 '숏'의 연계는 기존의 언어 체계로 해석될 수 있어 기호학적 접근이 가능해진다. 그러나 영상 화면은 그 자체로 끝나는 것이 아니라, 이러한 '숏'들이 이들 언어 체계와는 다른 역동적인 이미지를 낳는다.[35] 이들 역동적인 이미지는 언어 체계 이상의 것으로 기대되고 인식된다. 그러나 이러한 역동적인 이 미지도 결국은 언어 체계로 해석되어야 한다고 본다. 왜냐하면 특정 이미 지를 생성하는 것도 결국은 일정한 '숏'들의 배열과 서사 구조에 의해 이루 어지기 때문이다. 나아가 영상 화면이라는 것도 결국은 생성자와 수신자라 는 인간들의 '구상'에 의해 형성되기 때문에 인간적 사고나 정서를 넘어설 수 없는 것이다. 이러한 인식에서 볼 때 영상 화면은 언어 체계로 해석될

---

34 바르트는 텍스트의 이데올로기적 의미를 모든 사람들이 발견했다면 그러한 의미는 '꽉 찬 의미'라 고 했고, 경우에 따라서 이러한 의미를 특정한 사람들만이 파악하고 있다면 '텅 빈 의미'라고 했다. 이와 같이 '텅 빈 의미'에서 '꽉 찬 의미'를 발견하는 것이 기호학자들의 역할이자 임무라고 했다 (백선기, 2007a: 5).

35 영상 텍스트의 경우 음소와 의미소로 이중 분절이 가능한 문자 텍스트와 달리 텍스트를 구성하는 의미소적 요소가 다양하게 존재하기 때문에 영상 텍스트의 의미화를 위한 의미소 설정이 어려운 구조를 지니고 있다(백선기·최민재, 2003: 166).

〈표 4-3〉 분석 내용과 분석 방법의 연계

분석 내용	분석 방법
〈러브 인 아시아〉의 문화 적응 유형과 각각의 행동 패턴	기호학의 범주화 분석 언어 서술체 및 영상 분석
〈러브 인 아시아〉의 문화 적응 유형과 행동 패턴의 문화적 지향성	기호학의 의미 구조 분석 심층 의미 분석

수 있다(백선기, 2003: 59). 그리고 영상 화면 분석에서 발견한 중요한 점은 영상 화면도 일정한 서사 구조를 지닌다는 것이다. 영상 화면뿐만 아니라 일정 정도의 크기를 지니는 텍스트는 일정한 서사 구조를 가지고 있다. 서사 구조가 의미하는 바는 기호 구성체가 단순히 기호들로만 이루어진 것이 아니라, 주체와 객체가 참여하여 여러 가지 상황을 거쳐서 일정한 귀결을 이루어내는 이야기체를 이룬다는 점이다(백선기, 2007b: 29).

이런 인식틀에 입각한 기호학적 영상 화면 분석 방법을 이용해 〈러브 인 아시아〉를 분석하고자 한다. 〈러브 인 아시아〉에 재현된 결혼 이주자들의 문화 적응 유형과 행동 패턴을 대표하는 영상 텍스트 중에서 상황·제시·갈등·해결 구조를 대표하는 영상 화면을 추출하여 전체 텍스트의 기본 구조를 분석하고, 이를 바탕으로 심층적 구조와 의미를 밝히려 한다. 지금까지 제시한 분석 내용과 분석 방법의 연계를 정리하면 〈표 4-3〉과 같다.

2. 〈러브 인 아시아〉의 문화 적응 유형과 각각의 행동 패턴

1) 〈러브 인 아시아〉에 재현된 결혼 이주자들의 문화 적응 유형

앞에서 이야기했듯이 이 책에서는 〈러브 인 아시아〉 총 150편에서 재현

〈표 4-4〉〈러브 인 아시아〉의 문화 적응 유형별 빈도

범주		빈도
유형	동화	95
	다문화	47
	분리	6
	주변화	2
	합계	150

〈표 4-5〉〈러브 인 아시아〉의 문화 적응 유형의 성별 특성

		유형				전체
		동화	다문화	분리	주변화	
성별	여자	90	38	1	2	131
	남자	5	9	5	0	19
전체		95	47	6	2	150

된 결혼 이주자들의 사례를 ― 존 베리의 문화 적응 모델에 근거하여 ― 동화·다문화·분리·주변화의 네 가지 범주로 구분한 본 연구의 문화 적응 유형 분석틀에 의거하여 분류했다.

먼저 〈러브 인 아시아〉에 재현된 결혼 이주자들의 문화 적응 유형별 빈도를 살펴보면, 〈표 4-4〉와 같이 동화 유형이 95명, 다문화 유형이 47명, 분리 유형이 6명, 주변화 유형이 2명으로 나타났다. 〈러브 인 아시아〉에서 다문화를 표방하고 있어 다문화 유형이 많을 것으로 생각했으나, 실제로는 동화 유형이 압도적으로 많은 것은 의외의 결과였다.

결혼 이주자들의 문화 적응 유형을 남녀 성별에 따라 분류하면 여성은 동화 유형 90명, 다문화 유형 38명, 분리 유형 1명, 주변화 유형 2명이었으며, 남성은 동화 유형 5명, 다문화 유형 9명, 분리 유형 5명이고 주변화 유형은 없는 것으로 나타났다. 이를 정리하면 〈표 4-5〉와 같다.

남녀별 특성을 살펴보면 결혼 이주 여성들은 동화 유형이 90명, 다문화

유형이 38명으로 동화 유형에 많이 분포되어 있는 반면, 결혼 이주 남성들은 동화 유형이 5명, 다문화 유형이 9명으로 다문화 유형이 더 많아서 성별 차이를 보였다. 이는 한국에서 살고 있는 결혼 이주 여성들은 모국 문화를 유지하지 않고 한국 남편의 문화에 적응해서 사는 경우가 많고, 한국에서 살고 있는 결혼 이주 남성들은 자신의 모국 문화를 유지하면서 한국 문화에 적응하는 행태를 보인다고 할 수 있다.

2) 〈러브 인 아시아〉의 문화 적응 유형 내의 행동 패턴

〈러브 인 아시아〉에 재현된 결혼 이주자들의 네 가지 문화 적응 유형은 다시 그 양태가 구별되는 10가지 행동 패턴으로 구분되었다.

첫째, 동화 유형에 속한 95명의 결혼 이주자들은 그 양태에 따라 세 가지 주요한 행동 패턴으로 구분되었다. 이주자들의 대부분은 전형적인 한국 풍습을 잘 익히고, 이를 견고히 따르도록 가르침을 받는 것으로 드러났다. 즉, 결혼 이주자들은 억압 구조에 의해 한국 사회에서 아내로서, 어머니로서, 며느리로서 가져야 할 태도와 행실을 의식적·무의식적으로 강요받으면서 구조적으로 어쩔 수 없이 한국 문화에 동화되고 있었다. 이러한 양태를 '억압적 동화 행동 패턴'으로 분류했다. 다음으로, 한국 사회와 문화에 자연스럽게 동화되기 위해 자발적이고도 능동적인 의사에 의해 한국 문화에 적응하는 양태의 동화 유형은 '능동적 동화 행동 패턴'으로 분류했다. 마지막으로, 수동적이거나 어쩔 수 없는 상황에서 한국에서 생존하기 위해 동화하는 양태의 동화 유형은 '수동적 동화 행동 패턴'으로 분류했다.

둘째, 다문화 유형에 속한 47명의 사례를 분석한 결과, 세 가지 행동 패턴으로 구분되었다. 결혼 이주자를 진정으로 존중하는 '존중적 다문화 행동 패턴', 상호 평등한 관계가 유지되는 '호혜적 다문화 행동 패턴', 결혼 이주자 문화가 미온적으로 유지되는 '미온적 다문화 행동 패턴'이 그것이다.

셋째, 분리 유형에서 결혼 이주자가 한국의 제도를 선택적으로 수용해서 분리되는 것은 '제도적 분리 행동 패턴'이다. 예컨대 자신의 국적을 유지함으로써 이중국적을 허용하지 않는 한국에서 생활하는 데 불편을 겪을 수 있다. 그리고 이주자가 자국 문화를 우선적으로 전제하고 한국 문화를 수용하지 않음으로써 발생하는 분리 유형의 행동 패턴은 '문화적 분리 행동 패턴'으로 구분했다. 여기에는 대부분 자신의 종교를 한국에서도 그대로 유지하는 경우와 한국의 음식에 적응하지 못해 자신만 따로 모국의 음식을 먹는 경우가 많았다.

넷째, 주변화 유형은 결혼 이주자가 한국 사회에 적응하지 못하는 구조이다. 결혼 이주자가 한국 문화에 적응하지 못해 소외되는 '소외적 주변화 행동 패턴'과 한국 문화에도 적응하지 못하고 이주자의 본국 문화도 상실해버리는 정신적 부적응 구조인 '상실적 주변화 행동 패턴'으로 구분했다. 소외적 주변화 행동 패턴은 결혼 이주자가 한국 문화에 적응하지 못하고 있지만, 본국으로 돌아가면 적응이 가능한 양태이다. 그런데 상실적 주변화 행동 패턴은 결혼 이주자가 한국 문화에도 적응하지 못하고 본국으로 돌아간다고 하더라도 적응하지 못하는 정신적 부적응 양태이기 때문에 정신 치료의 대상이다. 이러한 준거로 문화 적응 유형에 따른 행동 패턴별 빈도는 다음과 같이 나타났다.

첫째, 95명의 동화 유형은 억압적 동화 행동 패턴이 5명, 능동적 동화 행동 패턴이 86명, 수동적 동화 행동 패턴이 4명으로 나타났다. 둘째, 47명의 다문화 유형은 존중적 다문화 행동 패턴이 6명, 호혜적 다문화 행동 패턴이 18명, 미온적 다문화 행동 패턴이 23명으로 나타났다. 셋째, 6명의 분리

유형	행동 패턴	빈도	
동화	억압적 동화	95	5
	능동적 동화		86
	수동적 동화		4
다문화	존중적 다문화	47	6
	호혜적 다문화		18
	미온적 다문화		23
분리	제도적 분리	6	1
	문화적 분리		5
주변화	소외적 주변화	2	1
	상실적 주변화		1

유형은 1명이 제도적 분리 행동 패턴이고, 나머지 5명이 문화적 분리 행동 패턴으로 나타났다. 넷째, 2명의 주변화 유형은 1명이 소외적 주변화 행동 패턴이고, 나머지 1명이 상실적 주변화 행동 패턴으로 나타났다.

지금까지 이야기한 〈러브 인 아시아〉의 결혼 이주자들의 문화 적응 유형과 행동 패턴의 수를 정리하면 〈표 4-6〉과 같다. 먼저 동화 유형의 행동 패턴은 억압적·능동적·수동적 양태로 나뉘었고, 그중 능동적 행동 패턴이 압도적으로 많았다. 동화 유형에는 결혼 이주 여성이 많이 분포하는바, 이들이 적극적·능동적으로 한국 문화에 동화하려는 자세를 가지고 있기 때문이라고 본다. 다음으로 다문화 유형의 행동 패턴은 존중적·호혜적·미온적 양태로 나뉘었으며, 그중 미온적 다문화 행동 패턴이 가장 많이 나타났다. 다문화 유형 자체가 동화 유형에 비해 그 사례가 현저히 적고, 다문화 유형에서도 미온적 행동 패턴이 많다는 것은 한국 사회에서 진정한 의미의 다문화주의가 아직 제대로 실천되고 있지 않다는 것을 반증한다고 본다. 그리고 분리 유형에서는 종교나 관습 등 자신의 문화를 우선적으로 유지하면서 한국 문화를 수용하지 않는 부적응 문제가 발생하는데, 그중에서 종교가 가장 두드러졌다. 끝으로 주변화 유형은 한국 문화에 적응하지 못하는 부류인데, 그 수가 많지는 않았다. 하지만 갈등 해결을 우선적으로 고려하는 〈러브 인 아시아〉에서는 한국 문화에 적응하지 못하는 사례가 많이 출연하지 못하고 있지만, 실제 결혼 이주자들 중에는 한국 문화에 적응하지 못해 어려움을 겪는 사례가 많을 수 있다는 것을 고려할 필요가 있다.

3) 행동 패턴들 내의 하위 구조별 특성과 의미

문화 적응 유형별 행동 패턴들 내의 하위 구조별 특성과 의미를 파악하기 위해 결혼 이주자들의 문화 적응 유형별 행동 패턴을 대표하는 프로그램을 선정해 상황·관계·갈등·해결 구조로 구분하여 하위 구조를 분석했다. 행동 패턴별 대표 프로그램은 〈표 4-7〉과 같이 선정되었다.

〈표 4-7〉 〈러브 인 아시아〉의 문화 적응 유형 및 행동 패턴별 사례

유형	행동 패턴	사례			
		이주자	성별	출신국	방송일
동화 유형	억압적 동화	판나영	여	베트남	2008.9.9
		에미레	여	필리핀	2006.6.3
		마리테스	여	필리핀	2007.3.10
	능동적 동화	안와르	남	방글라데시	2007.8.16
		판가즈	남	인도	2008.4.22
		호앙티항	남	베트남	2009.3.17
	수동적 동화	가우샬리아	여	스리랑카	2008.12.2
다문화 유형	존중적 다문화	아니타	여	헝가리	2007.9.13
	호혜적 다문화	루파	여	인도	2006.9.23
	미온적 다문화	앗셀	여	카자흐스탄	2008.7.22
분리 유형	제도적 분리	모토코	여	일본	2007.2.10
	문화적 분리	하빌	남	방글라데시	2008.10.14
주변화 유형	소외적 주변화	혜지나	여	브라질	2008.8.5
	상실적 주변화	관지	여	태국	2006.5.20

(1) 동화 유형 내의 적응 구조

① 억압적 동화 행동 패턴의 적응 구조

〈러브 인 아시아〉에서 보인 동화 과정에서는 결혼 이주자가 적응할 때 주위 관계 및 특정 요인에 의한 강제성이 드러났는데, 주로 가족, 사회, 경제에 의한 적응 구조가 강하게 나타났다.

가. 가족적 적응 구조

동화 유형의 억압적 행동 패턴 중에서 '가족적 적응 구조'는 결혼 이주자가 가족에 의해 한국 문화에 억압적으로 적응되어 자신의 문화를 유지하기 힘들어지는 구조이다. 한국 사회에서 가족은 결혼 이주자들에게 가장 가까운 곳에서 한국에 적응하게 만드는 요소이다. 여성의 경우 시어머니가 가장 가까이에서 영향력을 행사하고 있다. 시어머니는 한국 음식을 요리하는 방법을 전수하고, 한국의 며느리 되기를 지도하는 역할을 담당하고 있었다. 다만 대가족 제도에서 시할머니가 있는 경우에는 시어머니의 역할이 조언을 하는 데 그치는 경우가 있었다. 이러한 가족적 적응 구조를 판나영의 사례(136회, 여, 베트남)를 중심으로 살펴보면 다음과 같다.

ㄱ. 상황 구조

판나영의 이야기에서 가장 두드러지게 나타난 것은 그녀를 '전통적인 한국 며느리'로 만들려는 가족들의 억압이다. 베트남에서 시집온 판나영은 한국의 오랜 전통을 고수하며 4대가 함께 살고 있는 대가족의 맏며느리이다.

· 개명: 판나영의 본명은 판티깜융인데, 시부모 등은 그녀를 부르기 쉽

게 한국 이름인 판나영으로 바꾸어 부른다. 가족의 권유로 이주자가 개명을 한 것으로 나타나는데, '개명'은 공식적으로 개명 신청을 하지 않는다 하더라도 개인의 정체성에서 큰 전환을 삼는 일로 간주된다. 그녀 또한 개명된 이름을 좋아하며, 한국 사람들에게 손쉽게 불리고, 이로써 한국 사회에 더욱 동화되기 좋은 조건이 형성된다.

· 전통 가족 풍습 유지: 판나영의 가족은 아직도 남녀가 밥상을 따로 쓸 정도로 전통적인 한국 대가족의 풍습을 그대로 유지하고 있다(영상 1).

가족 식사   남자들 식사   여자들 식사

〈영상 1〉 가족적 적응 구조: 판나영(136회) # 1

· 요리 및 음식 제한: 한국 풍습에 서툴렀던 판나영은 요리와 며느리로서의 여러 덕목을 시어머니에게 배웠다(영상 2). 처음에는 마냥 어렵고 이해를 못하는 것이 많았지만, 이제는 거의 이해하고 요리도 잘한다.

음식의 간을 보기   시어머니 증언   판나영 증언

〈영상 2〉 가족적 적응 구조: 판나영(136회) # 2

· 한국어 사용 제재: 가끔 베트남 친구들이 집으로 찾아와 함께 베트남 요리를 해먹으며 수다를 떤다. 베트남어로 이야기를 하면 시부모와

시조부모가 언짢아할 때도 생긴다(영상 3). 가족들은 그녀가 좀 더 한국적으로 집안일에 몰두하는 며느리이길 바라기도 한다. 이렇게 혼날 때마다 종종 삐치는 판나영이지만, 곧 무슨 일이 있었냐는 듯 시부모와 시할머니에게 다가가 애교를 부리는 사랑스러운 며느리이다.

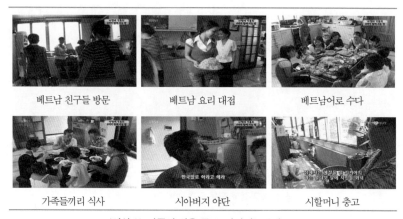

베트남 친구들 방문	베트남 요리 대접	베트남어로 수다
가족들끼리 식사	시아버지 야단	시할머니 충고

〈영상 3〉 가족적 적응 구조: 판나영(136회) # 3

ㄴ. 관계 구조

4대가 함께 사는 대가족의 구조 속에서 가족들과의 관계를 살펴본다.

· 시부모와의 관계 구조: 판나영과 시어머니의 관계는 대표적인 억압적 관계로, 시어머니는 판나영의 문화 적응 단계에서 1차적인 억압자로 나타난다. 시아버지의 경우도 미약하지만 베트남어 사용을 제지하며 억압적인 관계로 나타난다.

· 시할머니와의 관계 구조: 판나영과 시할머니(실질적인 가족의 수장)의 관계는 판나영의 언행을 고치고 나무라는 등의 실질적인 행동 개선을 강요하는 매우 억압적인 구조로 나타났다. 그래서 시할머니를 2차적

억압자로 보았다.

· 배우자와의 관계 구조: 가장 미약한 3차적 억압자는 남편이다. 부부 관계에서 남편은 부드럽고 다정스러운 듯 보이나, 실질적으로는 남성 중심적인 관계를 구축하고 있다. 가족 관계의 역학 구조 속에서 남편은 가부장적 가치관을 보여주며 가족 내 권력의 중심에 위치한다. 남편은 아내를 존중해주는 듯한 모습을 보이나 시부모 및 시조모와 같은 이데올로기를 공유하는 구조이다.

ㄷ. 갈등 구조

판나영을 둘러싼 갈등 구조와 내용은 다음과 같다.

· 1차적 억압자와의 갈등 구조: 가족적 적응 구조에서 결혼 이주자의 1차적인 억압는 시어머니로 나타났다. 시어머니와의 관계 구조에서 갈등의 요소는 대부분 '음식 및 요리'에서 나타난다. 판나영이 시집오기 전까지 가사와 요리를 담당한 시어머니에게서 한국 음식을 만드는 법을 배웠을 그녀는 자국 문화의 요리와 상당히 다른 한국 요리 방법을 배우면서 상당히 구조적으로 압박을 받고 많은 갈등을 겪었을 것으로 추정된다. 작은 반찬 하나를 만들 때에도 시어머니에게 간을 보게 한 뒤 이에 맞추는 장면이나, 시할아버지가 "처음에는 잘 못했는데 이젠 잘하지요"와 같은 증언에서 이런 갈등 구조가 발견되었다(영상 4). 시아버지가 특별히 언어 사용에 대해 억압하는 장면이 나오는데, 판나영을 따로 불러 개인적으로 베트남어를 쓰지 말라고 억제한 것이 아닌, 판나영의 친구들이 왔을 때 공개적으로 "한국말로 하라고 해라"라는 자국 문화 중심적인 행태를 노골적으로 드러냈다.

시할아버지 1

시할아버지 2

〈영상 4〉 가족적 적응 구조: 판나영(136회) # 4

· 2차적 억압자와의 갈등 구조: 2차적 억압자인 시할머니가 등장하면
시어머니의 역할은 중지된다. 그리고 시할머니와의 갈등 구조는 더욱
억압적인 형태로 나타난다. 집안 최고의 권력자로서 전통적인 관습과
풍습을 고수하는 시할머니는 친구들을 집으로 불러 놀거나, 어른들
앞에서 베트남어로 대화하는 판나영에게 불만을 직접적으로 표출하
고, 자신의 시집살이 경험을 들려주며 충고한다.

남편의 핀잔

부부가 시장 보기

옷 사기

〈영상 5〉 가족적 적응 구조: 판나영(136회) # 5

· 3차적 억압자와의 갈등 구조: 남편과의 관계를 살펴보면, 남편은 실질
적인 가장으로 가족 내의 중재자 역할을 한다. 그렇기 때문에 시어머
니 및 시할머니와 아내가 마찰이 있을 때마다 나서서 중재하고 서로
의 의견을 전달해준다. 한국말이 서투른 아내를 대변해주기도 하지만
며느리가 어른을 대하는 태도와 같은 전통적 가치에 대해서는 할머니
와 뜻을 같이한다(영상 5). 또 아내가 노래자랑에 나가니 옷을 사달라

고 조를 때, 남편이 거절하는 듯하더니 이내 인심 쓰듯 사주겠다고 하는 장면에서 경제적으로도 중심적인 역할을 하는 남편의 모습을 확인할 수 있다(영상 5).

ㄹ. 해결 구조

앞선 상황 구조, 관계 구조, 갈등 구조를 수렴한 결과, 판나영의 사례에서 발견되는 해결 구조는 '순종적 순응'이다. 여러 갈등 상황에서 판나영이 할 수 있는 저항은 영상에서 나온 것처럼 '삐침' 정도로 나타난다. 그녀는 이내 가족의 화목을 위해 시부모님에게 맞추어 순응하고, 시할머니에게 다가가 잘못의 용서를 구하며 사랑한다는 말로 문제를 해결한다(영상 6).

| 시할머니와 화해 1 | 시할머니와 화해 2 | 시할머니와 화해 3 |

〈영상 6〉 가족적 적응 구조: 판나영(136회) # 6

즉, 판나영은 자신의 정체성을 온전하게 지키기보다는 한국의 가족 제도에 순종함으로써 갈등 상황을 해결한다. 판나영이 한국 문화의 기준에 맞추려는 태도는 다분히 억압적인 가족의 구조에 의해 동화되는 유형으로 나타나는 것이다.

나. 사회적 적응 구조

동화 유형의 억압적 행동 패턴 중에서 '사회적 적응 구조'는 한국 사회 내에서 결혼 이주자가 한국 문화에 동화되도록 사회구조적 틀로 자리매김

함으로써 억압적으로 적응하게 만드는 구조이다. 물론 가족적 적응 구조도 더 큰 범주에서는 사회적 적응 구조에 포함될 수 있으나, 여기서의 '사회'는 도덕성이나 규범성을 내세운 도구적 장치를 의미하는 것으로, 사회적 구조 속에 억압적으로 결속시킴으로써 결혼 이주자가 한국 문화에 동화·적응 하도록 만드는 기능을 한다. 이러한 사회적 적응 구조를 에미레(27회, 여, 필리핀)의 사례를 통해 분석했다.

ㄱ. 상황 구조

충청북도 청원군에 거주하는 38세 필리핀 이주자 에미레는 결혼한 지 10년이 되어간다. 필리핀에서 만난 남편에게 첫눈에 반해 혼인 후 한국에서 살고 있다. 멀리서 시집와서 고생한다며 자신을 친딸처럼 여겨주던 시어머니가 갑작스럽게 중풍으로 쓰러진 이후부터 그녀는 8년째 아픈 시어머니 병시중을 하고 있다.

시어머니 병시중 1　　　　시어머니 병시중 2　　　　시어머니 병시중 3

〈영상 7〉 사회적 적응 구조: 에미레(27회) # 1

· 시어머니 병시중: 에미레의 하루는 매일 아침마다 시어머니가 좋아하는 사과를 갈아서 먹여드리는 것으로 시작한다. 아침저녁으로 시어머니의 몸을 구석구석 닦아주며, 배변 활동이 힘든 시어머니의 기저귀도 척척 갈아준다. 그러면서도 에미레는 이 같은 행동으로 시어머니가 기분이 상하실까 봐 걱정까지 한다. 성심껏 병시중을 드는 그녀 덕

분에 시어머니는 한 번도 욕창이라는 것을 앓아본 적이 없다. 치매 증
상까지 보이는 시어머니는 예전과 달리 에미레에게 화를 내기도 한다
(영상 7).

· 제도적으로 인정: 이처럼 효심이 많은 에미레는 보건복지부 장관이
주는 효부상을 받고 모범 이주 여성으로 평가받는다. 이에 동네 사람
들은 마을의 경사스러운 일로 여겨 잔치를 벌인다(영상 8).

| 동네잔치 1 | KBS 사회자 등장 | 동네잔치 2 |

〈영상 8〉 사회적 적응 구조: 에미레(27회) # 2

· 고위 계층의 관심: 이 잔치에는 인근의 결혼 이주 여성들이 찾아와 그
녀에게 찬사를 보내고, 이주민들에게 많은 관심을 가져오던 노무현
대통령 내외가 마을에 방문하여 에미레와 그 가족들을 만나 격려한
다. 노무현 대통령 내외는 직접 에미레 가족을 만나서 이야기를 나누
며 에미레의 정성을 칭찬하고 이러한 형태의 이주 가정이 바람직하다
고 강조한다(영상 9).

| 결혼 이주 여성들 | 노무현 대통령 등장 | 대통령 병문안 |

〈영상 9〉 사회적 적응 구조: 에미레(27회) # 3

ㄴ. 관계 구조

프로그램에서 나타난 에미레는 가족에게 헌신하고 희생하는 전형적인 한국의 여성상이다. 여기에서 점점 사라져가는 전통적인 가치관을 한국으로 시집온 결혼 이주 여성에게 강요하는 사회제도적인 억압을 찾아볼 수 있다.

· 시어머니와의 관계: 1차적 억압자는 전체적인 흐름의 중심에 있는 시어머니이다. 오래전부터 고부 관계는 '가족'이라는 사회구조적 틀에서 며느리가 지키고 수행해야 할 여러 가지 덕목과 행실을 강조해왔다. 이러한 결과로 시어머니의 중병을 수발하는 것은 며느리로서 그녀에게 당연시되는 억압적 기제가 된다.

· 보건복지부 장관상을 통한 사회제도적 관계 구조: 에미레의 사례에서 가장 두드러지게 나타나는 것은 '보건복지부 장관 수여 효부상'과 동네잔치에서 나타나는 사회제도적 억압이다. 시어머니에게 쏟은 극심한 효심으로 모범 결혼 이주 여성으로 선정된 그녀는 한국 사회에서도 이제는 찾아보기 힘든 효부로 지정되었다. 이 때문에 2차적 억압자는 사회제도로 볼 수 있다.

· 노무현 대통령 내외의 방문: 에미레가 효부상을 받자, 마을은 KBS 〈러브 인 아시아〉 프로그램과 연계하여 동네잔치를 열어 이를 축하하려고 한다(영상 8). 동네잔치에는 이주 여성 관련 정책에 관심을 갖고 있던 노무현 대통령 내외가 방문한다(영상 9). 이처럼 많은 고위 계층의 사람들이 이주 가정의 쟁점에 관심을 가지면서 에미레를 방문하며 억압적인 기제를 가하는 3차적 억압자의 역할이 나타난다.

ㄷ. 갈등 구조

에미레를 둘러싼 갈등 구조와 내용은 다음과 같다.

· 1차적 억압자와의 갈등 구조: 에미레 사례에서 나타나는 시어머니의 억압적 관계는 이전과 달리 치매 증상으로 에미레에게 온갖 짜증과 화를 내는 노년의 시어머니의 태도에서 극명하게 드러난다. 에미레는 의무감 아닌 의무감으로 정성스레 시어머니 병시중을 한다. 병으로 쓰러지기 전 딸처럼 대해줬던 시어머니에 대한 기억 속에서 그녀는 '고부 관계'라는 억압적 구조를 견뎌내며 이 같은 관계를 지속하고 있다. 사과를 좋아하는 시어머니를 위해 매일 아침 사과를 갈아서 직접 먹이지만, 먹는 것 자체가 불편한 시어머니에게 "한 입만 더"라고 부탁하는 장면이 나타난다. 또 미나리를 좋아하는 시어머니를 위해 돌미나리를 정성스레 캐서 반찬으로 만들어 저녁을 대접하지만, "맛있죠?"라는 질문에 시어머니는 "맛있는 거 하나 없어"라고 역정을 내고, 에미레는 서운한 눈빛을 내지 않기 위해 고개를 푹 숙이고 "안 그럴게요, 이제"라고 대답한다. 에미레가 삭였던 서러움을 참지 못하고 밖으로 나와 눈물을 흘리는 모습은 고부 관계에서 당연시되는 현상에 속상해하지 않으려는 에미레의 억압된 태도를 볼 수 있다(영상 10).

| 시어머니가 욕함 | 서러운 에미레 | 삭이는 에미레 |

〈영상 10〉 사회적 적응 구조: 에미레(27회) # 4

· 2차적 억압자와의 갈등 구조: 사회제도에서 선정하여 한국 문화 동화
에 영향을 미치는 관계 구조에 결혼 이주자와의 갈등 관계가 나타나
는 부분은 크지 않다. 다만 사회제도의 인정을 통해 앞으로 결혼 이주
자가 가져야 할 의무감과 개인적 상황 및 심리 등의 충돌을 예상할 수
있다.

· 3차적 억압자와의 갈등 구조: 노무현 대통령과 같은 고위층 인사의 관
심과 마을 방문은 이주자가 전체 이주 가정을 대표하게 되면서 결혼
이주자 및 그들의 가족에게 엄청난 부담과 의무감을 전달한다. 고위
층의 방문을 통해 더욱 대표적이고 바람직한 결혼 이주 가정이 되도
록 하는 동화 촉진적인 상황이 발생한다.

ㄹ. 해결 구조

동네잔치와 노무현 대통령 내외의 방문은 그녀를 사회제도적으로 '효부'
로 고정시킴으로써 이상적인 모범 결혼 이주 여성, 나아가 대표적인 며느
리상으로 만든다. 마을 사람들의 칭찬, "그녀는 우리의 우상이다"라는 친구
들의 말, 노무현 대통령 내외의 집 방문 등에서 사회적으로 인정받는 효부
로서 그녀가 짊어지는 또 다른 의무감을 발견할 수 있다. 노무현 대통령이
"며느리가 많이 좋으세요?"라고 시어머니에게 묻자, 시어머니는 "좋아요.
며느리 없이는 못살 것 같아요"라는 대답으로 또 한 번 이를 강조한다.

에미레의 사례에서 주목할 만한 점은 한국 사회에서 지금은 사라진 전
통인 '효부상'을 결혼 이주 여성에게 주어 격려하고 있다는 사실이다. 이처
럼 에미레의 사례는 개인이 사적으로 겪는 문제를 사회에서 공론화함으로
써 해결한 것으로 비치지만, 에미레와 시어머니의 갈등 그 자체가 해소되
지 않은 채 봉합된 적응 구조이다. 즉, 개인은 실질적으로 고통이나 갈등을

겪고 있지만, 이러한 고통이나 갈등이 실질적으로 해결되지 않은 채, 그녀를 둘러싼 사회적 구성원들이 칭찬하고 격려함으로써 해결된 것처럼 보이는 적응 구조를 나타낸다.

정리하자면, 동화 유형의 사회적 적응 구조는 결혼 이주자가 한국의 사회적 기제에 의해 한국 생활을 적응하도록 함으로써, 억압적인 구조 속에서 자신의 정체성을 상실하고 한국 문화에 자연스럽게 스며들게 하는 작용을 한다.

다. 경제적 적응 구조

억압적 동화 패턴의 적응 구조 중에서 '경제적 적응 구조'는 결혼 이주자의 본국 가정뿐만 아니라 한국에서 살고 있는 가정도 경제적으로 힘겨워 자유로운 생활에 어려움을 겪어야 하는 억압적 형태이다. 즉, 이주 가족의 경제적인 문제가 이주자를 한국 문화에 동화되게 만드는 억압적인 기제로 작용한다. 이러한 경제적 적응 구조를 마리테스(65회, 여, 필리핀)의 사례를 통해 분석했다.

ㄱ. 상황 구조

전라남도 해남군에서 살고 있는 마리테스(36세)는 원양어선을 타고 전 세계를 돌아다니던 남편과 만나 결혼한 필리핀 여인이다. 결혼 후 한국에 살면서 10년이 지난 지금 아이가 셋이나 있는 행복한 가정이다.

· 한국 문화의 대표자로 인정: 마리테스는 영농 후계자라고 불릴 만큼 억척스럽게 농사를 잘 짓는다. 그리고 한국의 소고춤을 배워 양로원을 방문하여 위문 잔치를 벌일 정도로 열성이다(영상 11).

| 농사일 | 마리테스 | 소고춤 공연 |

〈영상 11〉 경제적 적응 구조: 마리테스(65회) # 1

· 경제적 곤란: 마리테스는 경제적 사정이 여의치 않아 10년이나 친정을 가지 못했다. 아이가 셋이나 생겨 금전적으로 문제가 생겼고 농사도 어려워져 필리핀을 방문할 기회가 없어진 것이다. 마을 사람들도 그녀가 시집오고서 한 번도 고향을 가지 못했다는 것을 너무나 안타까워한다(영상 12).

| 마리테스 1 | 동네 사람 | 마리테스 2 |

〈영상 12〉 경제적 적응 구조: 마리테스(65회) # 2

ㄴ. 제시 구조

마리테스의 가족, 지인과의 관계를 나타내는 제시 구조는 다음과 같다.

· 경제적 문제로서 가족과의 관계 구조: 1차적 억압자인 가족, 즉 남편과의 관계 구조는 '경제적 문제'로 형성된다. 마리테스가 한국으로 이주하면서 한국 사회에 동화하게 만든 요인은 재정적 문제이다. 다시 말해 농촌에서 살고 있는 마리테스 집안의 가난 때문에 마리테스의 자유로운 행동이 억제되고 있는 것이다. 10년간이나 친정을 방문할

수 없었다면 억압적인 요소가 있다고 볼 수 있다.

· 지인들의 인정을 통한 관계 구조: 2차적 억압자로는 마리테스 마을 사람들이다. 마리테스는 남편과 함께 억척스럽게 농사를 지어 '영농 후계자'라고 불릴 정도로 매우 협력적이고 존중적이다.

ㄷ. 갈등 구조

마리테스를 둘러싼 갈등 구조와 내용은 다음과 같다.

· 1차적 억압자와의 갈등 구조: 마리테스의 사례에서 나타나는 대표적인 갈등은 앞서 말한 대로 경제적 억압이다. 가난한 농촌으로 시집을 와서 아이를 셋이나 출산하면서 양육비가 부담이 되었고 농촌의 상황이 악화되면서 그녀가 한국을 떠나기가 힘들어졌기 때문이다. 남편은 항상 아내의 소원을 들어주고 싶으나, 금전 문제로 이를 해결해줄 수 없어 미안해하고 안타까워한다. 필리핀에 있는 가족의 사진을 보면서 눈물을 흘리는 아내를 안고 달래주며 "곧 좋은 날이 올 거니까"라고 말해주는 남편의 모습에서 이를 확인할 수 있다. 명확하게 갈등 관계의 구조가 드러나지는 않으나 여러 가지 사회적·경제적 구조 속에서 한국 사회에 동화될 수밖에 없는 사례가 제시된다(영상 13).

남편 1   남편 2

〈영상 13〉 경제적 적응 구조: 마리테스(65회) # 3

· 2차적 억압자와의 갈등 구조: 경제적 문제를 회복하기 위해서는 말 그 대로 '열심히 돈 버는 것'이 최선의 방책이다. 악착같은 마음으로 열심 히 농사일에 전념하는 결혼 이주자에게 '영농 후계자'라고 부르며 한 국에서의 삶에 잘 적응하는 기제를 강조하고 있다.

ㄹ. 해결 구조

제작진의 도움으로 10년 만에 고향 땅을 밟게 된 마리테스 가족은 부푼 마음에 여권 사진을 준비한다. 출발하기 전 마을 사람들은 자신의 일처럼 기뻐해주며, 잔치를 열어주고 여비까지 보태주었다(영상 14).

|동네잔치|여행비 받기|주민 격려|

〈영상 14〉 경제적 적응 구조: 마리테스(65회) # 4

|가족과 친정 방문|10년 사이 많이 변해|친정어머니 상봉|
|친정아버지 인사|용서 구하기|친척 다 모여|

〈영상 15〉 경제적 적응 구조: 마리테스(65회) # 5

드디어 필리핀에 도착했지만, 자기 고향이 너무 많이 변해 집을 찾기 어려울 정도다. 드디어 어머니를 만나자 얼싸안으며 울음을 그치지 못하고, 행여 실신할까 봐 염려되기까지 한다. 남편은 장인 장모에게 "10년 동안이나 찾아뵙지 못하게 해서 죄송합니다"라는 말로 눈물의 큰절을 하며 오랫동안 찾아오지 못한 것에 대해 용서를 구한다. 이렇게 오랜 세월이 걸린 것은 1차적 억압자인 경제가 어려운 구조에서 기인한다(영상 15).

② 능동적 동화 행동 패턴의 적응 구조

동화 유형 중에서는 능동적 동화 행동 패턴이 가장 많은 분포를 보이고 있다. 능동적 동화 행동 패턴은 결혼 이주자들의 자발적이고도 능동적인 의사에 의한 행동 패턴이기 때문에 〈러브 인 아시아〉의 적응 양태의 중심적인 구조 중 하나이다. 이러한 능동적 동화 행동 패턴의 대표적인 적응 구조는 문화적 적응 구조, 종교적 적응 구조, 가족적 적응 구조로 드러났다.

가. 문화적 적응 구조

'문화적 적응 구조'는 결혼 이주자가 자발적으로 한국 문화를 수용하여 적응하는 구조이다. 이런 문화적 적응 구조를 안와르(87회, 남, 방글라데시)의 사례를 통해 분석했다.

ㄱ. 상황 구조

방글라데시에서 온 안와르는 외국인 노동자 출신으로 '정성산업'이라는 회사의 대표직을 맡고 있다. 외국인 노동자 출신으로는 드물게 직접 회사를 차려 성공한 그는 몇 가지 사업 전략을 공개한다.

· 사투리 구사 전략: 안와르의 사업 전략 중 하나는 사투리를 배워 적절하게 사용한다는 현지화 전략이다. 산업연수생으로 시작해 외국인 근로자들의 고충을 잘 아는 그는 좋은 사장으로, 좋은 거래처가 되기 위해 열심히 노력했다. 무엇보다도 거래처를 확보하는 과정에서 사투리를 배워 거래처 사람들과의 관계를 돈독히 하려고 한다(영상 16).

| 사투리 배우기 1 | 사투리 배우기 2 | 회식 |

⟨영상 16⟩ 문화적 적응 구조: 안와르(87회) # 1

· 배우자와 협력 유지: 안와르는 한국에서 우연히 만난 한국 여자와 사랑을 키워 결혼까지 이르게 되면서 좋은 남편으로 한국 생활을 하고 있다. 아내는 안와르 사업에 큰 협조자이자 조언자이며, 안와르는 사업을 발전시킬 수 있었던 큰 요인으로 아내의 협력을 꼽는다(영상 17).

| 아내의 내조 | 부인 |

⟨영상 17⟩ 문화적 적응 구조: 안와르(87회) # 2

ㄴ. 제시 구조

안와르의 사례에서 나타나는 제시 구조는 크게 아내와의 관계, 그리고 거래처와의 관계로 나누어볼 수 있다.

· 거래처와의 원만한 관계: 안와르가 이처럼 자발적으로 사투리를 배울 정도로 한국 문화에 동화되기 원했던 이유 중 하나가 바로 '거래처와의 원만한 관계 형성'이다. 그는 사업 전략으로 지역적 특성을 잘 활용하여 방언을 습득함으로써 좀 더 한국 문화에 친근해지고 융합될 수 있는 기틀을 마련했다.

· 배우자와의 관계: 아내는 한국말이 아직은 부족한 안와르를 위해 모든 문서 작성을 도와준다. 안와르와 아내 사이에는 서로 존중하고 도와주는 상호 의존적 관계가 형성되어 있다. 안와르는 사업에 성공할 수 있었던 이유 중 하나가 '아내의 내조'라고 말한다.

ㄷ. 갈등 구조

안와르를 둘러싼 갈등 구조와 내용은 다음과 같다.

· 거래처 관계: 사업을 시작할 때 많은 회사들이 외국인의 어색한 말투에 거래를 거절했다. 하지만 안와르는 '하면 된다!'는 좌우명으로 몇 번이고 시도한 끝에 거래를 맺는 데 성공한다. 또 그는 무엇보다 제품 품질 면에서 최고가 되어 고객을 유치하는 데 힘썼지만, 외국인 신분으로는 사업에 성공하는 데 한계도 있었다.

· 배우자 관계: 아내와의 관계에서 나타나는 갈등 구조는 사업상 협력 관계로 미약하며, 능동적 동화 유형의 특성으로 갈등적 관계 구조 없이 한국 문화에 동화되는 것을 발견할 수 있다.

ㄹ. 해결 구조

사업이 힘들어 안와르가 선택한 것이 현지화 전략, 즉 사투리 배우기였다. 그는 영화 〈친구〉를 열두 번이나 보면서 동작까지 따라 하는 연습을 하여 경상도 사투리를 익힌다. 표준어는 정이 없어 보인다며 사투리를 배웠더니 거래처 사람들과 좀 더 친해져 가까워지는 것을 느꼈다고 말하는 부분이 나온다. 이처럼 안와르에게서는 방글라데시 문화를 거의 찾아볼 수가 없다. 그는 한국에서의 사업 성공을 위해 자발적으로 사투리를 공부하여 한국 사회에 적극적으로 동화하면서 코리안 드림을 이루어가고 있다.

나. 종교적 적응 구조

종교는 문명의 여러 측면 중 가장 광범위하고 깊은 영향력을 지닌다. 종교는 특정 사람에게만 의미를 주는 특수 현상도 아니고 삶의 일부 차원에서만 의미를 지니는 부분 현상도 아니다. 종교는 사상, 정치, 사회, 문화, 예술 등 인간 삶의 모든 차원이 내포되어 있는 만큼 모든 사람들의 삶 자체에 근본적 영향을 미치는 현상이다. 현대인의 기준에서 볼 때 종교 생활을 한다는 것은 여러 종교 중에서 한 종교를 택해 그 종교에 속한다는 것, 그리고 일단 한 종교에 속하게 되면 다른 종교들에 대해서는 배타적 태도를 지니게 된다는 것이 자연스럽고 당연한 인식으로 받아들여지고 있다.

이런 면에서 한국에서 적응의 정도를 판단하는 요소 중 하나는 종교이다. 종교를 쉽게 바꾸기 힘들다는 면에서 개종은 한국에서 적극적으로 동화하려는 기제라고 할 수 있다. '종교적 적응 구조'는 종교를 이용하여 한국 문화에 적응하려는 구조이다. 판가즈(119회, 남, 인도)의 사례를 통해 분석하면 다음과 같다.

ㄱ. 상황 구조

인도에서 온 판가즈는 인도에서는 학교생활에 적응하지 못했으나, 한국에서는 결혼하여 안정된 가정을 꾸리고 있다. 배우자와의 결혼은 그의 인간적인 면을 100% 바꿔놓았다.

· 종교 변경: 그는 한국에서 자신의 종교를 힌두교에서 개신교로 바꾸어 부인과 함께 교회에 다닌다. 또 신학대학교에 입학하여 공부를 하고 있다. 그가 종교를 바꾼 가장 큰 원인은 개신교가 바로 배우자의 종교이기 때문이다(영상 18).

| 학교 | 수업 | 부인과 교회 가기 |

〈영상 18〉 종교적 적응 구조: 판가즈(119회) # 1

ㄴ. 제시 구조

판가즈가 개종을 선택한 가장 큰 요인으로 나타나는 것은 바로 가족과의 관계 구조이다. 사실 이 사례에서는 특히 두 가지 가족 관계 구조가 나타나는 데, 첫 번째는 배우자와의 관계 구조, 두 번째는 멀리 인도에 있는 부모님과의 관계 구조이다.

· 배우자와의 관계 구조: 배우자와의 결혼을 원했던 이주자는 배우자를 위해 많이 변화해왔다는 것을 보여준다. 인성적인 면뿐만 아니라 독실한 기독교 신자인 배우자를 위해 개종까지 결정한 것이다. 결혼 생활에서 부부의 종교가 다르다는 것은 큰 문제가 될 수 있다. 이 때문에 이주자는 개종을 했고, 신학대학교에까지 입학하여 적극적으로 한

국 문화에 적응해가는 모습을 보여준다.

· 부모님과의 관계 구조: 부모님과의 관계는 개종을 선택한 이주자에게 큰 부담이고 죄송한 마음이 들게 하는 것으로 나타난다.

ㄷ. 갈등 구조
판가즈를 둘러싼 갈등 구조와 내용은 다음과 같다.

· 배우자와의 관계: 판가즈는 한국에서 공부를 마치고 인도에 돌아가서 어려운 사람들을 돕겠다는 포부를 가지고 있다. 현재 한국에서 자신의 꿈을 이루기 위해서는 부인의 도움이 필요하고, 그녀와 원만한 관계를 가질 필요가 있을 것이다. 따라서 판가즈는 미래에 겪을 수 있는 어려움과 현 단계에서의 최선의 선택 사이에서 갈등하고 있다.
· 부모님과의 관계: 판가즈는 자신이 개종을 하여 부모님이 자기를 힘들게 할 것이라고 걱정한다. 종교는 본국에서 삶의 큰 의미를 지닌 문화이기 때문에 개종은 부모님에게 큰 충격이 될 것이며, 이를 알고 있는 판가즈에게는 갈등적인 요소가 아닐 수 없다(영상 19).

판가즈 1   판가즈 2

〈영상 19〉 종교적 적응 구조: 판가즈(119회) # 2

ㄹ. 해결 구조
판가즈는 개종 때문에 미래에 어려움이 예상되지만, 현 단계에서는 애써 무시함으로써 해결한다. 이 프로그램에서는 결혼 이주자가 현재 살고 있는 단면을 보여주는 것으로 제한되어 있기 때문에, 장래에 알 수 있는 해결 구조를 명확하게 제시하지 못하는 한계가 있다. 훗날 인도 가족들과의 갈등이 예상되나, 한국에서 배우자와의 원만한 관계를 위해 개종에 대해 긍정적인 태도로 임하고 현실적인 관계에 좀 더 의미를 두며 행동한다.

다. 가업적 적응 구조

'가업적 적응 구조'는 결혼 이주자가 가업을 중심으로 하여 가족과 이루어지는 적응 구조이다. 호앙티항(119회, 여, 베트남)의 사례를 통해 분석하면 다음과 같다.

ㄱ. 상황 구조

베트남에서 온 호앙티항(26세)은 대구에서 시어머니를 도와 가업인 수구레 국밥집을 운영한다. 시어머니에게서 25년 넘은 전통을 가진 국밥 요리를 직접 배우면서 즐거운 한국 생활을 하고 있다.

| 수구레 국밥집 | 시어머니 | 호앙티항 |

〈영상 20〉 가업적 적응 구조: 호앙티항(119회) # 1

· 가족의 화목: 호앙티항네 장터 국밥이 유명해진 이유 중 하나가 바로 베트남 며느리 집일 정도이다. 처음 시집와서는 한국말도 잘 못했지만 시어머니를 돕기 시작하면서 한국어도, 한국 요리 솜씨도 모두 좋

아졌다. 시어머니를 엄마라고 부를 정도로 친근한 딸 같은 며느리 역할을 톡톡히 해낸다(영상 20).

ㄴ. 제시 구조

호앙티항은 그녀의 가족, 즉 남편, 시어머니와 각각 조금씩 존중적이면서도 준억압적인 관계를 맺고 있다.

· 가업을 매개로 한 가족과의 관계: 집안일과 국밥집 일 모두 적극적으로 척척 해내는 호앙티항과 우호적인 관계를 맺고 있으나, 한국 전통 풍습을 가르치거나 호앙티항의 요리 준비에 간섭하는 등의 모습에서 준억압적 관계를 엿볼 수 있다. 남편은 아내를 존중하는 듯 보이나 여전히 가부장적 경향의 준억압적인 관계로 드러난다. 그러나 호앙티앙 자신이 갖고 있는 가족의 중요성, 그리고 가족과의 화목을 위해 능동적으로 활동하는 그녀의 모습 자체에서 어떠한 억압적 기제로 인한 동화가 아닌 결혼 이주자 스스로 '가업'이 소중하다고 인정하고 동화를 추구하는 모습을 발견할 수 있다(영상 21).

| 요리 감독 | 호앙티항 요리 |

〈영상 21〉 가업적 적응 구조: 호앙티항(119회) # 2

ㄷ. 갈등 구조

호앙티항을 둘러싼 갈등 구조와 내용은 다음과 같다.

· 시어머니와의 관계: 호앙티항의 사례에서 나타나는 시어머니와의 관계를 우선 우호적인 관점에서 보면, 자신을 '엄마'라고 부르는 며느리를 예뻐하고 수구레 국밥집의 노하우도 전수해주면서 우호적 관계를 맺고 있다. 무엇보다도 시집왔을 때부터 줄곧, 게다가 만삭이 되었을 때도 국밥집에 나와 일한 며느리였다. 경상도 풍습은 갓 시집온 사람은 일을 시키지 않는다고 만류했으나, 호앙티항은 이를 물리치고 매일 나와 일하면서 시어머니와 우호적이고 존중적인 관계를 형성했다. 그러나 국밥을 준비하는 호앙티항에게 이것저것 해야 할 일을 지시하면서 준억압적인 관계를 형성하고 있다.

· 배우자와의 관계: 남편의 관계 또한 비슷한 형태로 나타난다. 제대로 된 직장이 없는 남편은 국밥집을 도와주고 밤에는 대리운전을 하는 것만으로는 가장으로서 모자란 점에 미안해하고 있으나, 호앙티항은 남편이 좋아하는 저녁 식사를 준비하고 남편 중심적으로 집안일을 하는 모습을 보이면서 자발적인 남성 중심적 가족 구조를 형성하고 있다(영상 22).

| 음식 장만 | 저녁상 | 남편 챙기기 |

〈영상 22〉 가업적 적응 구조: 호앙티항(119회) # 3

ㄹ. 해결 구조

이 사례에서 큰 갈등이 드러나지 않는 것은 '자발적 의사'로 강력하게 한국 문화에 동화하는 호앙티항의 적극성 덕분이다. 한국 생활에 대한 동화가 어떤 억압적 기제에 의한 것이 아니라 이주자의 자발적 의사에 의한 것으로 나타났다. 시어머니를 도와 가업을 번창시켜 이어가는 것이 목표라고 말하는 호앙티항의 사례는 능동적 패턴으로 분류된다.

③ 수동적 동화 행동 패턴의 적응 구조

수동적 동화 유형의 행동 패턴은 결혼 이주자의 마음이 내키지 않으나 어쩔 수 없는 상황에서 동화하는 적응 구조이다. 보통 가족의 경제적 여건과 같이 생존 때문에 어쩔 수 없는 상황에서 적응하는 구조를 '생존적 적응 구조'라고 명하고, 대표적인 사례인 가우샬리아(148회, 여, 스리랑카)의 경우를 통해 분석했다.

ㄱ. 상황 구조

스리랑카에서 시집온 가우샬리아는 남편과 결혼해 스리랑카에서 10년간 살았다. 결혼 당시 스리랑카에서만 살기로 장모와 약속했기 때문이다.

· 경제적 곤란으로 인한 생존: 남편이 다니던 회사가 문을 닫았고, 이어서 시작한 사업에도 실패해 2006년에 어쩔 수 없이 한국으로 이주했다. 그리하여 남편의 옛 시골집을 수리해 한국에 살게 되었다(영상 23).

| 남편 고생담 | 남편 집수리 | 가우샬리아 고생담 |

〈영상 23〉 생존적 적응 구조: 가우샬리아(148회) # 1

ㄴ. 관계 구조

가우샬리아의 경우, 관계 구조를 형성하고 있는 대표적 대상이 가족(배우자)과 마을 사람들이다.

· 마을 사람들과의 우호적 관계: 한국에서 새로운 생활을 시작하면서 시골 생활에 잘 적응하고 아직 모자란 농사 기술을 배우기 위해서는 농사에 베테랑인 마을 사람들과의 관계가 중요하다. 농사가 마을 전체의 대표적인 일이므로 모임에 잘 참석하고 좋은 관계를 유지하면서 한국 생활을 영위해가고 있다.

· 배우자와의 수동적 관계: 남편의 실직과 사업 실패 때문에 한국으로 이주하게 된 가우샬리아는 '어쩔 수 없게 된' 상황을 이해하고 인정한다. 다시 스리랑카로 돌아가고 싶지만 배우자와의 관계에서 이를 수용할 수밖에 없다.

ㄷ. 갈등 구조

가우샬리아를 둘러싼 갈등 구조와 내용은 다음과 같다.

· 마을 사람들과의 관계: 새로운 삶을 시작하는 가우샬리아 부부에게 마을 사람들은 가장 든든한 조언자이자 구원자가 될 것이다. 그렇기 때문에 관계 구조는 다분히 우호적이고 존중적이다. 부부는 마을 행사에 꼭 참석하고 노래를 부르는 등의 적극성을 보이며 생존을 위해 열심히 노력하는 모습을 보여준다. 즉, 마을 사람들은 이주자와 배우자에게 어쩔 수 없는 사회적 활동의 대상으로 미미한 갈등 구조로 나타난다(영상 24).

| 농사 기술 배우기 | 노래 부르기 | 농사짓기 |

〈영상 24〉 생존적 적응 구조: 가우샬리아(148회) # 2

· 배우자와의 관계: 가족 간의 갈등이라기보다는 스리랑카에서의 삶을 버리고 한국의 열악한 상황에서 다시 시작하는 삶이 쉽지 않기 때문에 내부 갈등적인 구조가 나타난다. 지은 지 60년이 다 되어가는 오래된 집이라 화장실과 같은 시설이 너무나 열악해서 가우샬리아는 집에 있는 수세식 변소를 쓰는 것이 너무 싫었다고 이야기한다. 또 아이들도 한국에 와서 친구를 사귀기 힘들었다거나, 열악한 집안 구조에 실망했다는 등의 이유로 비행기를 보면 스리랑카에 가고 싶다고 말한다. "스리랑카로 다시 돌아가고 싶지만 그럴 수 없으니 어쩌겠느냐"라는 말로 한국 문화에 적응할 수밖에 없는 상황을 설명해준다(영상 25).

| 화장실 싫어 | 한국 음식 독학 | 돌아가고파 |

〈영상 25〉 생존적 적응 구조: 가우샬리아(148회) # 3

ㄹ. 해결 구조

가우샬리아와 아이들이 스리랑카에 살고 싶다고 해도, 그들의 소망대로 할 수 없는 것은 경제적인 어려움 때문이다. 회사 부도와 사업 실패 등으로 새로운 삶을 시작하기로 결심하고 온 한국이기 때문에, 호혜적인 관계를 맺어야 하는 마을 사람들도 신경 써야 하고 동시에 아직 온전히 갖추어지지 않은 집안 내부적 상황도 해결해야 할 것이 많다. 아직 이주자가 이주자의 배우자와 함께 한국 문화 자체에 적응해야만 생존할 수 있기 때문에 한국 문화에 어쩔 수 없이 동화되어야 하는 구조이다.

지금까지 이야기한 동화 유형의 행동 패턴과 구조를 정리하면 다음의 〈표 4-8〉과 같다. 동화 유형은 지금껏 제시되었던 것처럼 크게 세 가지 행동 패턴과 적응 구조로 나타난다. 먼저 억압적 동화 유형의 행동 패턴에서 나타나는 적응 구조는 〈러브 인 아시아〉에서 동화 유형 중에서 그 특성이 가장 강력하게 나타나는 유형이다. 그렇기 때문에 그 안에서 나타나는 하위 구조들의 요소가 강력하다. 결혼 이주자를 한국 문화에 동화적인 패턴으로 적응시키는 막강한 '억압자'들이 1차, 2차, 그리고 3차까지 존재하기도 한다. 즉, 갈등 구조가 명확하게 드러나며, 가족적·사회적·경제적 요소를 통해 한국 사회에 순응적으로 해결하는 구조로 동화되는 양상을 보인다. 두 번째로 제시된 능동적 동화 유형은 세 가지 유형 중 가장 많은 수의 사례가 나타난 유형으로, 결혼 이주자가 문화, 종교, 가업의 요소를 통해 적극적으로 한국 문화에 동화되고 있는 것을 확인할 수 있다. 마지막으로 나타나는 수동적 동화는 결혼 이주자의 자발적인 의사가 아니라 불가피한 요소로 인해 한국 문화에 동화되는 형태이다. 대개 생존적인 이유로 나타나며, 미약한 다문화 형태도 보인다.

동화 유형의 세 가지 행동 패턴의 각 하위 구조들을 통해 전체 〈러브 인 아시아〉에서 나타나는 사례들 중 대부분을 차지하는 이 유형에서 결혼 이주자와 그 가정의 단면들이 대표적으로 재현되고 있다는 것을 발견할 수 있다.

<표 4-8> 동화 유형의 행동 패턴과 구조

유형	행동 패턴	상위 구조	하위 구조			
			상황 구조	관계 구조	갈등 구조	해결 구조
동화 유형	억압적 동화	가족적 적응 구조	이름 개명	시부모	요리 및 음식 억압	순종적 순응
			전통 가족 풍습 유지	시할머니	관습과 풍습 강요	
			요리 및 음식 제한			
			언어 사용 제재	배우자	미약한 중재자	
		사회적 적응 구조	시어머니 병시중	시어머니	고부 관계를 통한 당연시	효부상 등을 통한 사회 구성원들의 인정
			제도적으로 인정	보건복지부 장관상	제도적으로 이주자를 인정	
			고위 계층의 관심	노무현 대통령 내외	고위 계층의 방문	
		경제적 적응 구조	한국 문화 대표자로 인정	가족	가족의 경제적 곤란	영농 후계자로 인정, 10년 만에 고향 방문
			경제적 곤란	지인들	농사일에 전념	
	능동적 동화	문화적 적응 구조	사투리 구사 전략	거래처	어색한 말투로 원만한 관계 형성 실패	자발적인 사투리 습득을 통한 사업 성공
			배우자와 협력 유지	배우자	갈등이 미약한 협력 관계	
		종교적 적응 구조	종교 변경	배우자	원만한 관계 형성	개종을 통한 갈등 무시, 현실적인 관계 중시
				부모	개종을 통한 갈등	
		가업적 적응 구조	가족의 화목	시어머니	우호적·준억압적 관계	이주자의 자발적 의사에 의한 동화
				배우자	남성 중심적 가족 구조	
	수동적 동화	생존적 적응 구조	경제적 곤란으로 인한 생존	마을 사람들	우호적이고 존중적인 관계	경제적 어려움으로 인한 부득이한 생존적 동화
				배우자	내부 갈등적 관계	

(2) 다문화 유형 내의 적응 구조

① 존중적 다문화 행동 패턴의 적응 구조

존중적 다문화 행동 패턴의 적용 구조는 한국의 배우자가 결혼 이주자를 진정으로 존중하는 구조이다. 따라서 결혼 이주자는 한국 문화에 잘 적응하면서 자신의 문화도 한국에서 유지하며 정체성을 이어가고 있다. 존중적 적응 구조는 결혼 이주자의 문화가 더욱 존중을 받는 형태로 나타나기도 한다. 대표적인 존중적 적응 구조를 아니타(91회, 여, 헝가리)의 사례를 통해 분석했다.

ㄱ. 상황 구조

유난히 한국 문화를 사랑했던 헝가리인 아니타는 한국 문화를 배우고 싶어 한국에 유학을 왔고, 남편을 만나 결혼 후 제주도에서 살고 있다.

| 헝가리 생활 희망 | 헝가리 거주 1 | 헝가리 거주 2 |
| 헝가리어 공부 | 헝가리어 동화책 | 아이들 헝가리어 잘해 |

〈영상 26〉 존중적 적응 구조: 아니타(91회) # 1

· 헝가리로 이주 및 언어 교육: 결혼 후 가족은 3년간 헝가리에서 살다

왔다. 당시 임신 중이었던 아니타의 요구를 받아들여 3년 동안 헝가리로 이주하여 아이들을 기르고 살았다. 아이들은 아니타의 교육 덕분에 헝가리어에도 능숙하다. 아이들을 헝가리 이름으로 부르기도 하고, 헝가리어 책을 읽어주며 가르치고 있다(영상 26).

· 한국 문화에 대한 관심과 실천: 사실 그녀는 남편이 좋아하는 매운탕을 끓여주고, 남은 반찬으로 비빔밥을 해먹으며, 전통문화를 습득하는 어머니들의 모임에도 나가는 등 한국 문화에 잘 적응한 한국 아줌마이다(영상 27).

| 한국 음식 | 전통문화 | 어머니 모임 |

〈영상 27〉 존중적 적응 구조: 아니타(91회) # 2

ㄴ. 제시 구조

· 결혼 이주자의 문화를 존중해주는 배우자와의 관계: 결혼 이주자가 한국 문화에 잘 적응하면서도 자신의 문화적 정체성을 유지할 수 있었던 것은 남편과의 관계가 잘 형성되어 있기 때문이다. 대표적인 다문화 유형에서 나타나듯, 남편은 결혼 이주자의 상황과 문화를 존중해주고 결혼 이주자 중심으로 가족의 화목을 형성해간다. 결혼 이주자의 임신 초기에 헝가리에 가고 싶어 하는 마음을 알고 그들은 3년간 헝가리로 이주하여 살다 온다. 또 언어나 문화적 차이 때문에 헝가리에서의 삶을 힘들어하는 남편을 알고서 다시 한국에 돌아오기로 결정하는 존중적인 부부 관계를 발견할 수 있다.

· 이주자 문화를 습득하는 자녀와의 관계: 아니타는 자녀와의 관계에서
도 다문화적 구조를 형성하고 있다. 아니타는 아이들에게 헝가리 동
화를 들려주고 헝가리어로 된 영화 DVD를 구입하여 보여주면서 헝가
리어를 잊지 않게 한다. 그리고 야단을 칠 때는 헝가리 이름으로 부르
며, 헝가리어로 말하면 아이들은 모두 알아듣는다.

· 원만한 한국 생활을 위한 지인과의 관계: 아니타는 한국 문화 적응을
위해 주민이나 모임 사람들과의 관계도 잘 형성하고 있다. 주민과 어
울려 한국 문화를 체계적으로 배우고, 제주도 사람들과 더 원활한 의
사소통을 하기 위해 제주도 사투리도 배우고 있다(영상 28).

| 제주도 방언 배우기 1 | 제주도 방언 배우기 2 | 제주도 방언 배우기 3 |

〈영상 28〉 존중적 적응 구조: 아니타(91회) # 3

| 아니타 소망 | 아내 존중 |

〈영상 29〉 존중적 적응 구조: 아니타(91회) # 4

ㄷ. 갈등 구조 및 해결 구조

제시 구조에서 밝혔듯이 남편과 이주자의 관계는 상호 존중적 관계로,
서로의 문화를 최대한 존중해주는 모습을 발견할 수 있다. 이 덕분에 그들
은 갈등이 생길 때 이를 바로 해결하고 문제를 발생시키지 않는 모습을 보

인다. 만약 결혼 이주자가 모국에서 살고 싶다면 그 의견을 최대한 존중하기 때문에 존중적 적응 구조에서는 갈등이 드러나지 않고 바로 해결되어 다문화주의가 유지된다(영상 29).

② 호혜적 다문화 행동 패턴의 적응 구조

호혜적 다문화 행동 패턴의 적응 구조는 상호 평등한 관계가 유지되는 구조이다. 이러한 구조를 루파(42회, 여, 인도)의 사례를 통해 분석했다.

ㄱ. 상황 구조

인도에서 온 루파와 남편은 소문난 잉꼬부부이다. 결혼한 지 5년이 넘었지만 아직도 서로를 '스위티(sweety)'라고 부르며 애정을 과시한다. 그녀는 한국에서 영어를 가르치는 일을 하고 있다.

· 힌두교 유지: 루파는 여전히 인도식 전통을 지키며 살아가고 있다. 부부의 화합을 기원하기 위해 결혼한 여성이 하는 '신두루'라는 종교적 풍습을 지키며, 인도의 연례적 종교행사를 위해 남편과 함께 인도를 방문한다(영상 30).

| 신두루 | 루파 | 인도 종교행사 |

〈영상 30〉 호혜적 적응 구조: 루파(42회) # 1

· 인도식 전통 식습관 유지: 삼겹살을 즐겨 먹는 루파이지만, 식사는 인

도식으로 침대 위에 상을 펴서 먹는다. 남편은 이러한 그녀의 문화를 인정해주고 자신의 문화를 함께 공유하며 가정을 잘 유지하고 있다(영상 31).

| 삼겹살 즐겨 먹어 | 침대 위에서 식사 | 함께 취미 생활 |

〈영상 31〉 호혜적 적응 구조: 루파(42회) # 2

ㄴ. 제시 구조: 문화적 다양성을 인정하는 배우자와의 관계

루파의 사례에서는 남편과 아내의 관계 구조가 평등하게 나타난다. 또 서로의 문화적 차이를 인정하면서 다양성을 자연스럽게 유지하고 있다. 루파는 결혼한 여성임을 표시하는 인도의 전통인 신두루를 한국에서도 표시한다. 그리고 인도에서처럼 침대 위에서 삼겹살을 구워 먹는다. 남편과 함께 시아버지 묘소를 참배하고, 남편 역시 인도에서 펼쳐지는 루파의 가족 종교행사에 기꺼이 참여한다.

ㄷ. 갈등 구조 및 해결 구조

존중적 적응 구조와 마찬가지로 호혜적 적응 구조에서도 서로의 문화를 인정하고 이를 존중해주는 형식으로 나타나기 때문에 상호 평등한 관계에서는 갈등 구조가 잘 드러나지 않는다. 서로가 서로의 문화를 존중하는 평등한 관계가 유지된다.

③ 미온적 다문화 행동 패턴의 적응 구조

미온적 다문화 행동 패턴의 적응 구조는 앞선 두 가지 다문화 유형과 달리 결혼 이주자의 문화가 최소한으로 유지되는 구조이다. 한국 문화와 이주자 고유의 문화가 동시에 존재하나 고유문화의 정체성이 매우 미미하게 존재하는 경우이다. 미온적 다문화 유형의 행동 패턴이 드러나는 대표적 사례로 앗셀(131회, 여, 카자흐스탄)의 경우를 살펴보았다.

ㄱ. 상황 구조

카자흐스탄에서 온 앗셀은 카자흐스탄에서 금속 세공을 하던 남편을 만나 결혼하여 한국에 오게 되었다. 호기심이 아주 많은 앗셀은 여기저기서 사고를 치기도 한다(영상 32).

| 못 말리는 앗셀 | 호기심 많은 앗셀 | 시어머니에게 배우기 |

〈영상 32〉 미온적 적응 구조: 앗셀(131회) # 1

· 러시아어 일기 쓰기: 한국에 오고 나서부터 매일 러시아어로 하루를 정리하며 일기를 적어왔다(영상 33). 그것이 그녀가 한국 생활을 잘 지탱하게 해주는 요인이 되었다. 소아마비로 다리가 불편하지만 씩씩한 남편과 함께 한국에서 행복하게 살 수 있을 것이라 믿고 살아간다.

ㄴ. 제시 구조: 이주자 문화가 공존하는 배우자와의 관계

앗셀과 남편은 카자흐스탄에서 만나 남편이 러시아어와 카자흐스탄 문

화를 배우면서 결혼으로 이어진 사례이다. 그렇기 때문에 결혼 이주자의 문화와 배우자의 문화가 평등하게 공존하는 편이다. 삶이 풍족하지 못해 한국에서 좀 더 적응하여 열심히 살아가야 하는 모습으로 나타나고 있으며, 앗셸은 러시아어로 매일 일기를 쓰면서 자신의 문화적 정체성을 미미하게나마 유지하고 있다(영상 33).

| 일기 쓰기 | 러시아어로 | 앗셸 |

〈영상 33〉 미온적 적응 구조: 앗셸(131회) # 2

ㄷ. 갈등 구조 및 해결 구조

앗셸의 경우, 다른 다문화 유형과 달리 약간의 갈등 구조가 나타난다.

· 경제적 빈곤으로 인한 갈등 관계: 결혼 이주자와 한국 배우자의 문화가 모두 존중적으로 나타나지만, 경제적 요인 때문에 한국 문화에 좀 더 적응해야 하는 구조가 발견된다. 그런 탓에 이주자는 고유문화의 정체성을 미미하게나마 드러내는 것으로 다문화를 유지하고 있다.

· 배우자의 신체적 장애로 인한 갈등 관계: 배우자가 소아마비라는 병 때문에 몸이 불편하고, 나이 차이가 많이 나서 친정에서 결혼을 심하게 반대했다고 한다. 그러나 현재의 가족적 상황에서 어느 다문화 유형처럼 서로를 존중해주는 것이 나타나므로 갈등 구조가 강력하게 드러나지는 않는다.

〈표 4-9〉 다문화 유형의 행동 패턴과 구조

유형	행동 패턴	상위 구조	하위 구조			
			상황 구조	관계 구조	갈등 구조	해결 구조
다문화 유형	존중적 다문화	존중적 적응 구조	헝가리로 이주 및 헝가리어 교육	배우자	이주자의 문화 존중	
			한국 문화에 대한 관심과 실천	자녀	이주자 문화 습득	
				지인	원만한 한국 생활 유지	
	호혜적 다문화	호혜적 적응 구조	힌두교 유지	배우자	문화적 다양성을 인정하는 상호 평등한 관계 형성	
			인도식 전통 식습관 유지			
	미온적 다문화	미온적 적응 구조	러시아어 일기 쓰기	배우자	경제적 빈곤	한국 문화 적응
					배우자의 신체적 장애	상호 존중으로 다문화 유지

　지금까지 언급한 다문화 유형의 행동 패턴과 구조를 정리하면 〈표 4-9〉와 같다. 다문화 유형은 크게 세 가지 행동 패턴과 세 가지 적응 구조로 나타난다. 즉, 결혼 이주자의 문화를 전적으로 존중해주는 존중적 다문화 적응 구조, 결혼 이주자와 배우자가 서로의 문화를 상호 평등적으로 존중해주는 호혜적 다문화 적응 구조, 사회적 요소로 인해 결혼 이주자의 문화가 미미하게 유지되는 미온적 다문화 적응 구조로 나타난다. 다문화 유형에서 가장 두드러지는 점은 배우자나 자녀들이 결혼 이주자의 문화를 습득한다는 것이다. 각각의 행동 패턴은 조금씩 다르게 나타나는 다문화 유형의 사례들로, 결혼 이주자의 문화와 배우자의 한국 문화를 공통적으로 상호 존중하는 다문화 존중주의를 표출하고 있다.

(3) 분리 유형 내의 적응 구조

① 제도적 분리 행동 패턴의 적응 구조

　제도적 분리 유형 행동 패턴의 적응 구조는 결혼 이주자가 자신의 제도를 우선적으로 유지함으로써 한국 생활에서 갈등이 표출되고 부적응의 양태를 보이는 구조이다. 모토코(62회, 여, 일본) 사례를 통해 이 구조를 분석했다.

ㄱ. 상황 구조

일본에서 시집온 모토코는 강원도에서 살고 있다. 모토코와 남편은 멕시코에서 우연히 만나 결혼을 하고, 한국으로 이주하게 된다.

· 자녀의 이중국적: 딸의 첫 통장을 만들어주려고 하나, 귀화를 하지 않아 외국인으로서 이중국적을 갖는 딸의 신원을 확인할 수 없어 복잡한 상황이 발생한다. 모토코는 외교관 자녀로 국적을 바꾸기 힘든 상황이기 때문에 한국 사람이 아니어서 딸에게 많은 것을 해주지 못한 점을 안타까워한다(영상 34).

| 딸의 은행 통장 | 가족 관계 증명 | 미안한 엄마 |

〈영상 34〉 제도적 분리 적응 구조: 모토코(62회) # 1

ㄴ. 제시 구조

· 사회제도와의 관계: 일본 국적을 유지하는 모토코로 인해, 금융실명제를 실시하는 은행에서는 딸의 통장을 만들려면 가족 관계 확인이 필요하다고 설명한다.

· 친정 가족과의 관계: 모토코가 고유 정체성을 유지하려는 것은 외교

관이라는 직업을 가진 일본의 부모님 때문이다.

ㄷ. 갈등 구조

· 사회제도에서의 갈등 관계: 모토코와 같은 사례는 한국에서 '외국인' 으로서 자녀와의 신분 증명을 하려면 수많은 절차를 통해서만 해결이 가능해지는 제도적 요인 때문에 적응하지 못하는 유형으로, 고유문화를 유지하려고 하다 보니 한국 문화에 제도적으로 분리되는 형태로 나타난다.

· 친정 가족과의 갈등 관계: 또 다른 갈등은 결혼 이주자 자신과 친정 부모 사이에서 나타난다고 볼 수 있다. 모토코는 일본 국적을 유지하고 있어 한국에서의 생활이 불편하지만, 일본에서 외교관을 하는 친정아버지 때문에 쉽게 한국으로 귀화하지 못한다(영상 35).

| 한국으로 귀화 고민 | 외교관 아버지 생각 | 이중국적 유지 |

〈영상 35〉 제도적 분리 적응 구조: 모토코(62회) # 2

| 외국인 증명 | 통장 만들어 | 소망 이루어 |

〈영상 36〉 제도적 분리 적응 구조: 모토코(62회) # 3

ㄹ. 해결 구조

모토코는 외국인출입국에서 외국인등록증을 받아 딸 명의로 은행 통장을 개설한다. 이러한 사례는 한국에서 이중국적을 허용하지 않는 점과 이주자 스스로가 자신의 문화를 포기하지 않으려는 저항적 요인이 함께 작용하여, 결혼 이주자가 제도적 이유로 적응하기 어려운 경우이다(영상 36).[36]

② 문화적 분리 행동 패턴의 적응 구조

문화적 분리 행동 패턴의 적응 구조는 결혼 이주자가 자국 문화를 우선적으로 전제하고 한국 문화를 수용하지 않음으로써 발생하는 구조이다. 이슬람 종교를 가진 사람들이 주로 그러한데, 이들은 음식도 자신의 전통을 존중한다. 이 구조를 하빌(141회, 남, 방글라데시)의 사례를 통해 분석했다.

ㄱ. 상황 구조

방글라데시에서 온 하빌은 한국에서 무슬림을 상대로 물건을 파는 가게를 운영하고 있다. 레스토랑에서 지금의 부인을 만나 사랑을 키워 결혼에 오기까지는 수많은 어려움이 있었다.

· 이주자의 온 가족이 함께 거주: 현재 한국에는 하빌의 어머니, 형, 동생을 포함하여 10명이 넘는 가족이 서울에서 함께 살고 있다. 그래서 집에서는 가족들과 방글라데시어를 사용하며, 그의 배우자 역시 가족

---

36 그동안 한국에서 이중국적을 인정하지 않았기 때문에 자신의 국적을 유지하는 결혼 이민자는 한국의 제도에 의해 불편을 겪는 일이 많았다. 그러나 2009년 11월 15일 정부에서 이중국적을 허용하는 법안을 발의했다. 이 법이 시행되면 제도적 분리 행동 패턴은 한국 사회에서 잘 적응하며 살수 있는 집단이 된다. 이런 점에 비추어볼 때 국가의 정책이 결혼 이주자들에게 미치는 영향은 대단히 크다고 할 수 있다.

들을 위해 방글라데시어를 열심히 배웠다(영상 37).

| 한국에서 대가족이 거주 | 하빌의 어머니 | 하빌의 동생 |

〈영상 37〉 문화적 분리 적응 구조: 하빌(141회) # 1

· 이슬람 문화 유지: 국제 레스토랑에서 요리사로 일하는 하빌은 독실
한 이슬람교 신자로서의 삶을 유지하고 있으며, 이슬람인을 대상으로
하는 가게도 운영하고 있다(영상 38).

| 국제 요리사 | 이슬람 가게 | 무슬림 유지 |

〈영상 38〉 문화적 분리 적응 구조: 하빌(141회) # 2

ㄴ. 제시 구조

하빌의 사례에서 결혼 이주자는 한국 생활에 아주 잘 적응하는 듯이 보
인다. 그러나 요인들을 분석해보면 전혀 그렇지 않다. 결혼 이주자가 남자
이기 때문에 자녀들의 이름은 모두 방글라데시 이름이다. 또 가족들의 삶
자체는 결혼 이주자의 문화 중심으로 이루어진다.

· 배우자를 포함한 가족과의 관계: 종교적인 점이 강력한데, 라마단 기
간에는 가족 모두가 기도 시간을 엄격히 지키고, 금식을 하며, 식사는

온 가족이 함께 먹는다. 부인도 이슬람으로 개종하여 히잡을 쓰고 이슬람 사원에 기도하러 가며, 라마단 때에도 함께 금식하려고 노력하는 모습이 나타난다. 또 한국어가 서투른 시어머니를 위해 하빌의 부인은 따로 방글라데시어를 공부한다. 이런 여러 사례를 통해 하빌의 가족은 철저히 이주자 문화 중심적인 적응 구조를 나타낸다(영상 39).

| 라마단 기간 | 부인도 히잡을 | 이슬람 사원 |
| 몸을 깨끗이 | 기도 1 | 기도 2 |

〈영상 39〉 문화적 분리 적응 구조: 하빌(141회) # 3

| 순대 입덧 | 시어머니 용인 | 이슬람 율법 지키기 |

〈영상 40〉 문화적 분리 적응 구조: 하빌(141회) # 4

ㄷ. 갈등 구조: 배우자와의 갈등 관계

부인이 첫째 아이를 가졌을 때 순대가 무척 먹고 싶어 침대 밑에 숨겨두었다가 들켰는데, 다행히 입덧이라 크게 문제 삼지 않고 넘어갔다. 그러나 지금은 이슬람 율법에 따라 돼지고기를 먹지 않는다(영상 40).

〈표 4-10〉 분리 유형의 행동 패턴과 구조

유형	행동 패턴	상위 구조	하위 구조			
			상황 구조	관계 구조	갈등 구조	해결 구조
분리 유형	제도적 분리	제도적 분리 적응 구조	자녀의 이중국적	사회제도	자녀와의 관계 입증 어려움	제도적 압박에 대항해 국적을 유지하면서 해결
				친정 가족	외교관인 아버지 때문에 귀화 불가	
	문화적 분리	문화적 분리 적응 구조	이주자의 온 가족이 함께 거주	이주자 중심 가족 관계	이슬람 율법에 따라 배우자의 행위 억압	배우자가 이주자의 문화 수용 및 유지
			이슬람 문화 유지			

ㄹ. 해결 구조

남편의 이슬람 문화를 부인이 받아들여 쉽게 해결된다. 따라서 한국 문화에 적응하는 것에 큰 의미를 두지 않는 것을 알 수 있다. 이주자의 문화를 유지하는 것이 더욱 중요한 것이다. 그러나 무슬림들이 한국 문화와 분리된 채 독자적 문화를 유지하는 것에 대해 고운 시선으로 바라보지 않는 한국인들도 있다.

지금까지 말한 분리 유형의 행동 패턴과 구조를 정리하면 〈표 4-10〉과 같다. 분리 유형은 크게 두 가지 행동 패턴과 구조로 나타난다. 결혼 이주자의 문화적 차이가 한국 사회의 제도적인 면과 충돌하면서 한국 문화에 적응하지 못하는 '제도적 분리 적응 구조'와 전체적으로 이주자의 문화 중심적 구조로 인해 한국 문화에서 분리되는 '문화적 분리 적응 구조'로 나뉜다. 분리 유형이 나타나는 원인은 결혼 이주자가 한국 사회에서 자신의 문화와 정체성을 유지하려는 의지와 한국 사회의 전반적인 제도나 문화 간의 충돌로 볼 수 있다. 즉, 분리 유형에서 나타나는 이주자는 자기 문화 중심적이며 한국 문화 수용보다 더 중요시하게 생각하는 '자문화 지향성'을 표출하고 있다.

(4) 주변화 유형 내의 적응 구조

① 소외적 주변화 행동 패턴의 적응 구조

소외적 주변화 행동 패턴의 적응 구조는 이주자가 한국 사회에 적응하지 못하고 자국 문화도 조금씩 상실해갈 정도로 사회적으로 소외되는 '한국적 소외 구조'이다. 헤지나(133회, 여, 브라질)의 사례로 한국적 소외 구조를 분석했다.

ㄱ. 상황 구조

브라질에서 시집온 헤지나는 한국에서 살다 적응하지 못해 브라질로 이민을 갔다. 그런데 한국에 홀로 살고 있던 시어머니가 교통사고를 당해 부득이하게 한국으로 돌아왔다. 두 번째 한국 생활을 실패로 끝내지 않으려고 더 열심히 살아보려 하지만 아직도 한국 문화 적응이 힘들다(영상 41).

| 1차 한국살이 | 브라질 이민 | 2차 적응 노력 |

〈영상 41〉 한국적 소외 구조: 헤지나(133회) # 1

ㄴ. 제시 구조

· 한국어 구사 능력의 부족: 헤지나는 한국으로 돌아온 지 상당 시간이

지났지만, 여전히 한국어가 서툴다. 그렇기 때문에 한국 문화에 적응하기가 더욱 힘들다고 한다. 가끔 아들과 현지어로 나누는 대화가 즐거운 그녀이다(영상 42).

처음에 한국어가 서툴러 적응하지 못했던 그녀는 아이들과도 대화를 좀 더 잘하고 싶은 마음에 한국어를 제대로 배우려고 한다. 아이들도 서투른 언어와 다른 생김새 때문에 한국 문화 적응에 많이 힘들었다. 아들은 아직 엄마가 적응해가는 정도라고 말한다.

| 한국어 레슨 | 한국어 교재 | 한국어 힘들어 |

〈영상 42〉 한국적 소외 구조: 헤지나(133회) # 2

· 음식 부적응 문제: 아직도 밥상에는 시어머니가 먹는 한국 음식과 헤지나가 먹는 빵이 함께 올라온다. 헤지나는 혼자만의 문화에서 벗어나지 않아 한국 문화에 적응하지 못하고 소외되어 있다(영상 43).

| 시어머니와 식사 | 시어머니는 숭늉 | 헤지나는 빵과 커피 |

〈영상 43〉 한국적 소외 구조: 헤지나(133회) # 3

ㄷ. 갈등 구조
· 한국어 구사 능력 부족에서 오는 갈등 관계: 헤지나가 한국어를 좀 더

열심히 배우려는 이유는 점점 느껴지는 언어적 장벽이다. 여전히 현지어를 기억하는 아들이 있지만, 딸과 대화할 때는 한계를 느낄 것이다. 아들도 혜지나의 적응 정도가 뒤처진다고 이야기한다.

· 결혼 이주자 자신의 갈등: 혜지나는 밥은 맛이 없다며 아침엔 빵을 대신 먹는다. 시골에는 보이는 것이 풀밖에 없어서 매우 심심해한다. 한국에서의 삶에 전혀 행복을 느끼지 못하고 있다(영상 44). 특별히 관계를 통한 갈등이 드러난다기보다는 이주자 스스로 한국 문화 자체에 적응하려는 의지를 많이 갖고 있지 않다.

| 외로워요 | 혼자 나들이 | 심심해요 |

〈영상 44〉 한국적 소외 구조: 혜지나(133회) # 4

| 브라질 추억 | 브라질 사진 | 포르투갈 말 하고파 |

〈영상 45〉 한국적 소외 구조: 혜지나(133회) # 5

ㄹ. 해결 구조

해결책은 아이들과 옛날 사진첩을 보며 브라질에서의 즐거웠던 시절을 추억하는 것이다. 또 포르투갈어를 할 줄 아는 아들과 가끔 대화하면서 조금의 해방감을 느낀다. 브라질로 돌아가고 싶은 욕망이 드러난다. 아들 역시 브라질로 가고 싶기도 하다고 말하는데, 비단 이주자뿐만 아니라 가족들도 한국 사회에 잘 적응하지 못하고 있다는 것을 알 수 있다. 실제로 헤지나의 경우 한국에서는 적응하기 어렵지만, 브라질로 돌아가면 갈등을 해결하고 잘 살 수 있는 구조에 위치해 있다(영상 45).

② 상실적 주변화 행동 패턴의 적응 구조

상실적 주변화 행동 패턴의 적응 구조는 이주자가 한국 문화에도 적응하지 못하고 모국 문화마저 상실해버린 상태로 한국에서의 '정신적 부적응 구조'이다. 관지(26회, 여, 태국)의 사례를 통해 이 구조를 분석한다.

ㄱ. 상황 구조

태국에서 온 관지는 경북 봉화에서 살고 있다. 향수병 때문에 한국 생활에 적응하지 못해 태국으로 돌아가서 산 적이 있다.

집 안에서   꽃을 따기   마을 다니기

〈영상 46〉 정신적 부적응 구조: 관지(26회) # 1

· 정신이상: 4년 만에 돌아온 관지는 조금씩 이상한 행동을 보이더니 집안일도 하지 못하게 되었다(영상 46). 살림은 10세인 딸이 할 정도로 관지의 상태는 심각하다. 심지어 동네 사람을 때린 적도 있다. 아이들은 엄마의 상태에 힘들어하고 태국으로 보내도 좋다고 말한다. 사실 관지의 아이들 중 두 명은 현재 태국 친정집에서 살고 있다.

· 언어 상실: 관지는 태국어를 기초적인 단어만 사용할 수 있을 정도로 떨어져 있다. 심지어는 태국의 주소와 연락처도 기억하지 못하는 상황이 되었다(영상 47).

태국어 약화   태국 기억 상실

〈영상 47〉 정신적 부적응 구조: 관지(26회) # 2

ㄴ. 관계 구조: 가족과의 부정적인 관계

관지의 경우 정신적인 분열 상태에 있어 가족과는 모두 불화적 관계를 맺고 있다. 의사소통은 없어진 지 오래고, 집안일은 모두 아이들과 남편이 한다. 그런 관계 구조에서 가족과의 사이는 틀어져 있다. 또한 한국 문화에 적응하려고 전혀 노력하지 않는다며 관지의 태도와 행동에 불쾌해하는 마을 사람들과도 부정적인 관계 구조로 나타난다(영상 48).

큰딸이 살림   남편이 빨래   태국에 있는 두 아이들

〈영상 48〉 정신적 부적응 구조: 관지(26회) # 3

ㄷ. 갈등 구조: 가족과의 갈등 관계

남편은 관지의 상태를 '태국에 떨어진 두 아이들 때문'일 것이라고 말한다. 그녀의 상황을 이해는 하지만, 집안일을 전혀 못하는 관지의 모습에 화

를 낸다. 관지가 동네 사람을 때려 고소를 당하자, 가서 용서를 구하며 관지의 상태에 대해 안타까워한다. 아이들과의 관계는 더욱 부정적이다. 밥이나 청소 등을 10세인 딸이 도맡아 하고, 김이나 김치 같은 반찬 하나로 식사를 해결한다. "엄마를 보내도 좋다. 저렇게 있다가는 사고를 칠 것이다"고 말하는 아이의 인터뷰를 통해 관지가 어머니로서 아이들과 전혀 소통하지 못하고 부정적 관계를 이어가고 있다는 것을 알 수 있다(영상 49).

남편의 생각

폭행으로 고소당해

딸의 생각

〈영상 49〉 정신적 부적응 구조: 관지(26회) # 4

정신병원 치료

가족 도움 필요

시청자 게시판

〈영상 50〉 정신적 부적응 구조: 관지(26회) # 5

ㄹ. 해결 구조

결국 관지는 한국에서 적응하지 못하고 태국 문화도 상실하여 정신병원에서 치료를 받게 된다. 약물치료뿐만 아니라 가족의 관심과 참여가 중요하며, 이를 통해 점차 해결할 수 있을 것이라고 한다(영상 50). 관지의 사례는 정신적 요인이 결합되어 있으나 결국 결혼 이주자인 관지 스스로가 한국 문화에 적응하려 하지 않았고, 그로 인해 본국의 문화를 상실하기까지 한 점에서 전형적인 한국에서의 정신적 부적응 구조를 보여준다.[37]

유형	행동 패턴	상위 구조	하위 구조			
			상황 구조	관계 구조	갈등 구조	해결 구조
주변화 유형	소외적 주변화	한국적 소외 구조	첫 번째 한국 생활의 실패에 이은 두 번째 한국 생활	언어적	한국어 구사 능력 부족에 따른 문제	고향을 그리워하며 돌아가면 소외된 삶에서 극복될 가능성
				음식 부적응	결혼 이주자 스스로 한국 문화에 갈등	
	상실적 주변화	정신적 부적응 구조	정신이상	가족과의 부정적 관계	가사 불가능, 폭행 등의 행동으로 가족과 불화합	정신 치료
			언어 상실			

　　지금까지 이야기한 주변화 유형의 행동 패턴과 구조를 정리하면 〈표 4-11〉과 같다. 주변화 유형은 크게 두 가지 행동 패턴과 구조로 나타난다. 결혼 이주자의 물질적 상황 등으로 한국 문화에 적응하지 못하면서 소외되고, 그로 인해 자국 문화에 대한 정체성도 상실해버리는 형태로 나타나는 '소외에 따른 주변화 구조'와 물질적인 이유뿐만 아니라 정신적인 문제로 인해 한국 사회에서의 생활을 평화롭게 영유하지 못하고 자국의 문화 정체성마저 완전히 상실해버리는 '상실에 따른 주변화 구조'이다. 이러한 주변화 유형은 여러 가지 요소로 인한 결과로 '한국 문화 부적응 구조'를 표출하고 있다.

---

37 2006년 5월 가정의 달을 맞이하여 〈러브 인 아시아〉의 특집에서 소개된 '관지'는 방송 이후 상당한 반향을 불러일으켰다. 그 후 6개월간 관지의 정신 치료 과정을 기록한 내용을 방송했고(48회 방송, 2006.11.4), 관지가 퀴즈 문제까지 풀 수 있는 상황을 소개하는(86회 방송, 2007.8.9) 등 3회에 걸쳐 방송되었다.

3. 〈러브 인 아시아〉의 문화적 지향성

1) 〈러브 인 아시아〉의 문화 적응 유형의 문화적 지향성

지금까지 분석한 〈러브 인 아시아〉의 문화 적응 유형에 따른 행동 패턴의 하위 구조를 바탕으로 문화 적응 유형별 결혼 이주자들의 문화적 지향성을 살펴보면 다음과 같다.

(1) 동화 유형의 문화적 지향성

동화 유형은 억압적 패턴·능동적 패턴·수동적 패턴으로 그 행동 패턴이 구분되었다. 이들 각각의 행동 패턴을 바탕으로 동화 유형의 문화적 지향성을 살펴보면 다음과 같다.

첫째, 억압적 동화 행동 패턴의 적응 구조는 가족·사회·경제에 의한 적응 구조가 강하게 드러났다. 가족을 중심으로 결혼 이주자가 한국 문화에 억압적인 구조로 적응하게 되는데, 자신의 문화를 유지하기 어려운 가족적 적응 구조는 판나영의 사례에서 잘 드러났다. 4대가 함께 살고 있는 남성 우위 가부장제하에서 새로 편입된 결혼 이주자인 판나영은 어쩔 수 없이 한국 문화에 적응해야 하는 구조에 처하게 된다. 다음으로 (도덕성이나 규범성을 내세운 도구적 장치를 의미하는) 사회적 구조 속에 억압적으로 결속시킴으로써 결혼 이주자가 한국 문화에 동화되도록 하는 사회적 적응 구조는 에미레의 사례를 통해 살펴보았다. 마지막으로 경제적 적응 구조는 결혼 이주자의 본국 가정뿐만 아니라 한국에서 살고 있는 가정도 경제적으로 힘들어 자유로운 생활에 어려움을 겪는 구조이다. 결혼 이주 가정의 경제적인 문제가 결혼 이주자를 한국 문화에 동화되게 만드는 억압적인 기제가 된다는 것을 마리테스의 사례를 통해 확인했다. 이상과 같이 세 가지 억압적 행동 패턴에 의한 적응 구조는 결혼 이주자가 처한 가족·사회·경제 요인에 의해 어쩔 수 없이 한국 사회에 적응하도록 만드는 기제가 있다고 볼 수 있다.

둘째, 능동적 동화 행동 패턴에서는 결혼 이주자가 자발적이고도 능동적으로 한국 문화에 동화하고 있는데, 문화적·종교적·가업적 적응 구조로 구분되었다. 문화적 적응 구조는 결혼 이주자가 자발적으로 한국 문화를 수용함으로써 적응하는 구조이다. 안와르의 사례에서 보듯이 결혼 이주자가 사업에 성공하기 위해 자발적으로 그 지역의 사투리를 연습하여 사용했다. 그리고 종교적 적응 구조는 결혼 이주자가 한국 사회에 적응하기 위해 개종을 하는 경우인데, 한번 가진 종교를 쉽게 바꾸기 힘들다는 점에서 적극적으로 동화하려는 기제로 보았다. 한국에서는 편안하게 살겠지만 인도의 부모가 알면 자신을 많이 힘들게 할 것이라고 말하는 판가즈의 인터뷰를 통해 그 어려움을 추론할 수 있다. 끝으로 가업적 적응 구조는 결혼 이주자가 가업을 중심으로 적응하는 구조이다. 이 구조는 가족적 적응 구조와 유사하지만, 그 집안의 가업을 중심으로 하는 적응 구조이기 때문에 사람하고만 부딪히는 가족적 적응과는 다소 다르다고 볼 수 있다. 그런데 여기에서도 결혼 이주자는 가업의 전통을 유지하기 위해 많은 노력을 해야 하고, 가업의 노하우를 배우는 과정에서 상당한 억압의 요소가 발견되었다. 이렇듯 문화적·종교적·가업적 적응 구조도 엄밀한 의미에서는 자연스럽게 한국 문화에 적응하게 만드는 기제가 있다고 본다.

셋째, 수동적 동화 행동 패턴에서 나타나는 적응 구조는 결혼 이주자의 마음이 내키지 않으나 어쩔 수 없는 상황에서 동화하는 구조이다. 가족의 경제적 여건과 같이 생존을 위해 불가피한 상황에서 적응하는 구조이기 때문에 생존적 적응 구조라고 했다. 가우샬리아의 사례에서 보듯이 스리랑카에서 살다가 남편이 사업에 실패하자 어쩔 수 없이 한국의 옛집을 수리하여 살고, 농사짓는 기술을 배워 바로 농사를 지어야 하며, 한국 음식도 독학으로 익혀야 하는 등 생존적 차원에서 한국 사회에 동화하고 있었다.

지금까지 동화 유형의 각 행동 패턴별로 나타난 적응 구조를 살펴보면 모두 정도의 차이는 있지만 결혼 이주자가 어쩔 수 없는 환경에서 '한국 문화 적응'을 지향하고 있다고 볼 수 있다.

(2) 다문화 유형의 문화적 지향성

다문화 유형의 행동 패턴은 존중적·호혜적·미온적 패턴으로 구분되고, 각 패턴의 특성처럼 적응 구조가 다소 다르게 나타났다.

첫째, 존중적 다문화 행동 패턴의 적응 구조는 한국의 배우자가 결혼 이주자를 진정으로 존중하는 구조이다. 따라서 결혼 이주자는 한국 문화에 잘 적응하는 동시에 자신의 문화도 유지하면서 정체성을 이어가고 있다. 아니타의 사례에서 보듯이 존중적 적응 구조에서는 결혼 이주자의 문화가 상대적으로 존중받기 때문에 문화 적응으로 인한 갈등이 발생할 가능성이 매우 적다는 특징이 있다.

둘째, 호혜적 다문화 행동 패턴의 적응 구조는 상호 평등한 관계가 유지되는 구조이다. 루파의 사례에서 보듯이 인도의 풍습인 신두루를 지키고 있고, 인도의 연례적 종교행사에 남편과 함께 참여한다. 그리고 인도식으로 침대 위에 상을 펴서 식사를 한다. 남편은 그녀의 문화를 인정해주며 자신의 문화를 공유하고 있다.

셋째, 미온적 다문화 행동 패턴의 적응 구조는 앞선 두 가지 다문화 유형의 적응 구조와 달리 결혼 이주자의 문화가 최소한으로 유지되는 구조이다. 한국 문화와 결혼 이주자의 문화가 동시에 존재하지만, 고유문화의 정체성이 매우 미미하게 존재하는 경우이다. 앗셀의 사례에서 보듯이 호기심 많은 앗셀은 부모님의 반대를 무릅쓰고 지금의 남편과 결혼한다. 그녀는 한국에서 적극적으로 적용하며 열심히 살아가고 있지만, 카자흐스탄의 문화라고는 밤늦게 홀로 러시아어로 일기를 쓰는 정도에 그쳐 미온적으로 자신의 문화를 유지한다고 보았다. 다문화 유형 중에서는 이처럼 미온적 적응 구조가 많은 부분을 차지하고 있다.

요컨대 다문화 유형의 존중적·호혜적·미온적 행동 패턴은 각각 그 적응 구조에서 다소 차이가 있지만, 문화적 지향성은 대체로 다양한 문화를 서로 인정하는 '다문화 상호 존중 구조'라고 볼 수 있다.

(3) 분리 유형의 문화적 지향성

분리 유형은 제도에 의해 구조적으로 겪는 제도적 분리 행동 패턴과 자국 문화를 우선적으로 전제하여 한국 문화를 수용하지 않는 문화적 분리 행동 패턴으로 구분되었다.

첫째, 제도적 분리 행동 패턴의 적응 구조는 결혼 이주자가 자신의 제도를 우선적으로 유지함으로써 한국에서 생활할 때 갈등이 표출되고 부적응의 양태를 보이는 구조이다. 모토코의 사례에서 보듯이 그녀는 딸에게 은행 통장을 개설해주려고 했지만, 금융실명제로 인해 은행에서는 딸과의 가족 관계 확인을 요구한다. 그런데 귀화를 하지 않았기 때문에 외국인출입국에서 외국인등록증을 발부받아 어렵게 딸의 통장을 만든다. 그녀는 한국으로 귀화하면 일상생활이 편하다는 것을 알고 있다. 그러나 그녀의 아버지가 일본의 외교관이기 때문에 쉽게 결정하지 못하고 있다. 모토코의 사례는 자신의 정체성을 유지하면 한국의 제도에 의해 구조적으로 적용하기 어려운 양태를 드러낸다.

둘째, 문화적 분리 행동 패턴의 적응 구조는 결혼 이주자가 자국 문화를 우선적으로 전제하고 한국 문화를 수용하지 않음으로써 발생하는 구조이다. 주로 한국에서도 자국의 종교를 유지하는 경우가 그렇다. 하빌의 사례에서 보듯이 그는 어머니, 형, 동생을 포함하여 10명이 넘는 가족과 함께 서울에서 살고 있다. 무슬림을 상대로 물건을 파는 가게를 운영하고 있고, 이슬람 신도로서 율법을 철저히 지키고 있다. 심지어 그의 부인도 이슬람에 귀의하여 라마단 기간에는 금식을 하고, 지금은 돼지고기도 먹지 않고 있다. 그런데 무슬림들이 한국 문화와 분리된 채 독자적인 문화를 유지하는 것에 대해 몇몇 한국인들은 고운 시선으로 바라보지 않는데, 이는 타문화에 대한 이해가 부족한 현실을 보여주는 예라고 할 수 있다.

분리 유형의 두 가지 적응 구조를 살펴볼 때 분리 유형의 문화적 지향성은 모두 결혼 이주자가 자신의 문화를 우선적으로 유지하면서 한국의 제도나 문화를 수용하지 않는 '자국 문화 지향 구조'라고 볼 수 있다.

(4) 주변화 유형의 문화적 지향성

주변화 유형은 한국 문화에만 적응하지 못해 소외되는 소외적 주변화 행동 패턴과 한국 문화에도 적응하지 못하고 결혼 이주자의 문화도 상실하는 정신적 부적응 구조인 상실적 주변화 행동 패턴으로 나뉜다.

첫째, 소외적 주변화 행동 패턴의 적응 구조는 결혼 이주자가 한국 사회에서 적응하지 못하고 소외되는 구조이다. 헤지나의 사례에서 보듯이, 헤지나는 처음에 한국에서 살다가 적응하지 못하고 브라질로 이민을 갔다. 그런데 혼자 살던 시어머니가 교통사고를 당해 급히 귀국한다. 헤지나는 한국어를 구사하는 능력이 현저히 떨어져 의사소통이 원활하지 못하고, 아직도 한국 음식에 적응하지 못해 브라질식으로 빵을 즐겨 먹고 있다. 결국 한국 생활이 재미가 없어 브라질에서 즐거웠던 시절을 추억하고, 아들과 포르트갈어로 대화하는 것을 즐기는 것으로 보아 그녀는 한국에서 적응하기 어려울 것으로 보인다. 한국에서는 제대로 적응하지 못하지만, 결혼 이주자의 본국으로 돌아가서는 잘 적응할 수 있다는 면에서 '한국적 부적응 구조'라고 명명했다.

둘째, 상실적 주변화 행동 패턴의 적응 구조는 결혼 이주자가 한국의 문화에도 적응하지 못하고 모국의 문화도 상실해버린 구조이다. 관지의 사례에서 보듯이 집안 살림을 하지 못할 뿐만 아니라 폭행까지 하여 경찰서에서 조사를 받기도 했다. 그리고 대학까지 졸업했지만 태국어를 아주 기초적인 단어만 구사할 수밖에 없게 되었고, 본인의 친정 주소와 전화번호도 기억하지 못하는 정신적 부적응 구조를 보여준다. 결국 관지는 정신병원에서 치료를 받게 된다.

두 가지 사례에서 보듯이 주변화 유형의 문화적 지향성은 모두 한국 문화에 적응하지 못하는 '한국 문화 부적응 구조'라고 볼 수 있다.

지금까지 〈러브 인 아시아〉의 문화 적응 유형들과 행동 패턴들에서 나타나는 문화 적응 구조에 대한 문화적 지향성을 요약하면 첫째, 동화 유형에서 나타나는 양태로서 결혼 이주자가 어쩔 수 없는 상황에서 자신의 문화를 유지하지 못하고 한국 문화에 적응하게 되는 '한국 문화 적응 지향 구조', 둘째, 다문화 유형에서 나타나는 양태로서 결혼 이주자 문화와 한국 문화를 서로 인정하는 '다문화 상호 존중 구조', 셋째, 분리 유형에서 나타나는 양태로서 이주자가 자국의 제도나 문화를 우선적으로 전제하여 한국 문화를 수용하지 않는 '이주자 문화 유지 지향 구조', 넷째, 주변화 유형에

〈그림 4-4〉 문화 적응 유형·행동 패턴·문화적 지향성의 관계 구조

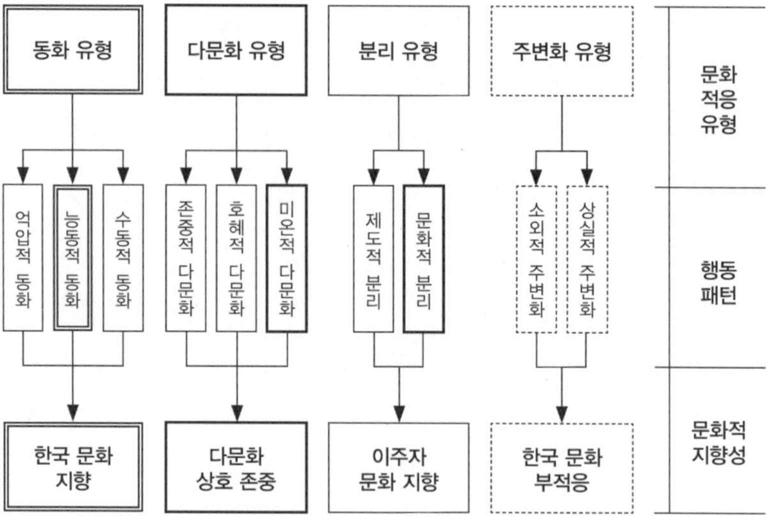

동화 유형	다문화 유형	분리 유형	주변화 유형	문화 적응 유형
억압적 동화 / 능동적 동화 / 수동적 동화	존중적 다문화 / 호혜적 다문화 / 미온적 다문화	제도적 분리 / 문화적 분리	소외적 주변화 / 상실적 주변화	행동 패턴
한국 문화 지향	다문화 상호 존중	이주자 문화 지향	한국 문화 부적응	문화적 지향성

서 나타나는 양태로서 결혼 이주자가 한국 문화에 적응하지 못하는 '한국 문화 부적응 구조'로 대별된다. 이를 정리하면 〈그림 4-4〉와 같다.

2) 〈러브 인 아시아〉의 문화적 지향성과 심층 의미 구조

〈러브 인 아시아〉에서 나타난 네 가지 유형의 문화적 지향성에서 결혼 이주자가 갈등을 해결하는 방식의 심층 의미 구조는 다음과 같다.

첫째, 동화 유형 중에서 억압적 행동 패턴인 판나영의 사례를 보면 시아 버지가 한국말로 하라고 야단을 치고, 시할머니가 직접 며느리의 바람직한 행실에 대해 충고하자, 남편도 할머니의 말을 잘 들어야 한다고 핀잔을 준 다. 이러한 상황에서 판나영 스스로 할머니에게 다가가 용서를 빌어 문제 를 해결한다. 에미레의 경우에는 시어머니의 욕을 듣고 자기 혼자서 눈물 을 흘리면서 설움을 삭여 문제를 해결한다. 마리테스의 경우에는 집안이

가난하여 악착같이 돈을 모아 10년 만에 친정을 방문한다. 다음으로 능동적 행동 패턴에서는 안와르가 스스로 영화 〈친구〉를 열두 번이나 보면서 사투리를 익혀 사람들과의 친밀감을 높여간다. 그리고 판가즈는 인도에 있는 부모의 반대가 심하겠지만, 한국에 적응하기 위해 스스로 개신교로 개종한다. 호앙티항은 새댁은 집에서 쉬어야 한다는 시어머니의 만류에도 불구하고, 자발적으로 시어머니가 운영하는 수구레 국밥집 일을 도와 가업을 번창시켜 나간다. 마지막으로 수동적 행동 패턴인 가우샬리아는 남편이 스리랑카에서 하던 사업에 실패하면서 어쩔 수 없이 한국에 들어와 혼자서 한국 요리법을 익히고 농사짓는 법도 배워 한국에서 버틴다. 요컨대 동화 유형의 억압적 행동 패턴·능동적 행동 패턴·수동적 행동 패턴에서 일어나는 갈등을 해결하는 방식은 정도의 차이는 있지만, 모든 문제의 책임이 결혼 이주자에게 귀착되고 결혼 이주자 스스로 문제를 해결하는 구조라고 볼 수 있다.

둘째, 다문화 유형에서 존중적 행동 패턴인 아니타의 경우에는 한국 생활이 힘들어지자 남편에게 헝가리에 가서 살다 오자고 얘기한다. 그리고 아니타는 아이들이 말을 듣지 않으면 헝가리어로 말하고, 한국에서 적응하며 살아가기 위해 스스로 제주도 방언을 배우는 열성을 보인다. 호혜적 다문화 행동 패턴인 루파의 경우에는 스스로 시아버지의 묘소를 참배하고, 남편도 인도에서 펼쳐지는 가족 종교행사에 참가하여 호혜적인 관계를 유지한다. 미온적 다문화 행동 패턴인 앗셀은 밤에 러시아어로 일기를 쓰며 기록하지만, 일상생활에서는 스스로 한국어를 사용하며 적응하고 있다. 다문화 유형에서도 정도의 차이가 있긴 하지만 모두 결혼 이주자 스스로 자신이 처한 갈등을 해결하는 구조를 가지고 있다고 볼 수 있다.

셋째, 분리 유형에서 제도적 행동 패턴인 모토코는 일본 국적을 유지하고 있기 때문에 딸 명의의 은행 통장을 쉽게 만들 수 없다. 그렇지만 외국인출입국에서 외국인등록증을 발부받아 힘들게 딸 명의의 통장을 만들어준다. 문화적 분리 행동 패턴인 하빌의 경우에는 한국에서 무슬림을 상대로 물건을 파는 가게를 운영하며 스스로 이슬람 율법을 엄격하게 지킨다. 한국인 아내도 이슬람교에 귀의하여 이슬람 율법을 지킨다. 분리 유형에서는 결혼 이주자가 제도적 문제 때문에 어려움을 겪지만 스스로 극복해가고, 무슬림은 한국에서 고운 시선을 받지 못하더라도 자신의 문화를 지켜가는 특징을 보였다.

넷째, 주변화 유형에서 소외적 행동 패턴인 헤지나의 경우를 보면, 한국 문화에 적응하지 못해 브라질에 가서 살다가 시어머니가 교통사고를 당하여 부득이 한국에 다시 와서 살아야 한다. 밥맛이 없어 빵을 먹고, 농촌이라 문화생활도 접하기 어려워 외로운 상황에 놓여 있지만, 스스로 어떻게 하든지 적응해보려고 노력하고 있다. 상실적 행동 패턴인 관지의 경우를 보면 한국 문화에 적응하지 못해 가족한테도 버림을 받고 있고, 태국의 친정 주소도 기억하지 못할 정도이지만, 모든 것은 관지 스스로 해결해야 한다. 결국 병원에서 정신 치료를 받는 처지가 된다. 주변화 유형에서는 결혼 이주자가 한국 문화에 적응하지 못하고 있지만, 이러한 문제 역시 결혼 이주자 스스로 해결해야 하는 구조이다.

지금까지 살펴본 바와 같이 〈러브 인 아시아〉의 모든 문화 적응 유형에서 결혼 이주자가 처한 갈등은 결혼 이주자 스스로 해결해야 하고 책임을 져야 한다. 이는 갈등을 해결하는 과정에서 단일민족주의가 강하게 나타나고 타문화 배척주의와 형식적 다문화 존중주의가 바탕이 되어 있는 심층 의미 구조를 발견할 수 있다. 이를 정리하면 〈그림 4-5〉와 같다.

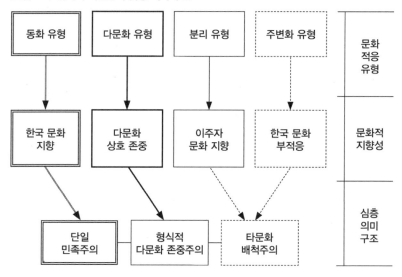

〈그림 4-5〉 문화적 지향성과 심층 의미 구조

| 동화 유형 | 다문화 유형 | 분리 유형 | 주변화 유형 | 문화 적응 유형 |

3) 〈러브 인 아시아〉의 심층 의미 구조와 이데올로기 구조

〈러브 인 아시아〉의 심층 의미 구조가 지니는 이데올로기 구조는 한국 적 이데올로기 구조, 즉 한국 문화 중심주의에 기반을 두고 있다.

먼저 동화 유형은 그 심층 의미 구조가 한국 문화 지향 구조였다. 억압 적 동화 행동 패턴인 판나영의 사례에서는 4대가 함께 사는 대가족 집안에 서 남자들과 여자들이 따로 밥상을 차려먹는 가부장제가 아직도 남아 있 고, 가부장의 가치관이 일상생활에서 여전히 작동하고 있다. 능동적 동화 행동 패턴인 호앙티항의 사례를 살펴보면, 호앙티항은 시어머니를 돕느라 하루 종일 일을 하고 남편은 밤에 대리운전을 해서 집안 살림에 보태고 있 다. 그런데 하루 종일 일하고 돌아온 호앙티항이 저녁을 차려 남편을 대접 하는 장면에서 남성 우월주의가 나타난다. 수동적 동화 행동 패턴인 가우샬리아는 스리랑카에서 살고 싶지만 남편이 사업에 실패해 한국에 와서 살아야 한다. 한국에서 농사를 지어야 하는데, 동네 사람들 앞에서 노래를 부르지 않으면 그 방법을 가르쳐주지 않는다면서 남편이 노래를 강요하자, 가우샬리아는 마지못해 스리랑카 노래를 부른다. 여기에서도 가부장적 남성 우월주의가 일상생활에서 나타난다.

다문화 유형에서는 진정한 의미에서의 다문화주의를 실천하지 못하는 미온적 행동 패턴이 많은 부분을 차지하고 있다. 미온적 다문화 행동 패턴은 다문화 유형과 동화 유형의 경계에 위치해 있는데, 앗셀의 사례에서 볼 수 있듯이 그녀의 일상은 밤에 러시아어로 일기를 쓰는 정도로만 러시아 문화가 유지되고 대부분은 한국 문화 중심으로 구조화되어 있다.

분리 유형을 살펴보면 제도적 분리 행동 패턴의 모토코는 한국에서 이중국적을 인정하지 않아 한국 생활이 불편하다. 그리고 문화적 분리 행동 패턴의 하빌은 자신의 문화를 우선적으로 전제하여 이슬람 율법을 엄격하게 지키고 있다. 한국에는 종교의 자유가 있지만, 하빌의 가족이 한국에서 라마단을 엄격하게 지키는 것과 그의 부인이 히잡을 쓰고 이슬람 사원에 나가는 것을 곱지 않는 시선으로 바라보고 있다.[38]

주변화 유형에서 소외적 주변화 행동 패턴에 속하는 헤지나는 브라질 말을 오직 아들하고만 이야기할 수 있어 아들이 친구처럼 되었다. 그리고 상실적 주변화 행동 패턴에 속하는 관지의 경우, 빨래를 가지런하게 정리하지 못하는 관지를 보고 남편이 "이게 빨래를 갠 것이냐?"고 심하게 야단

---

38 방송이 나간 후 하빌이 한국 여자와 결혼하여 방글라데시 가족 10명과 체류하고 있는데 모두 적법한 절차를 거쳤는지를 확인하고 방송했는지와 하빌의 본국인 방글라데시는 일부다처제를 시행하고 있어 방글라데시인과 결혼했던 한국 여성의 피해가 많아 대책 모임이 결성되어 있다는 것도 알려주는 등 시청자 게시판에서 많은 논란이 일어난 바 있다.

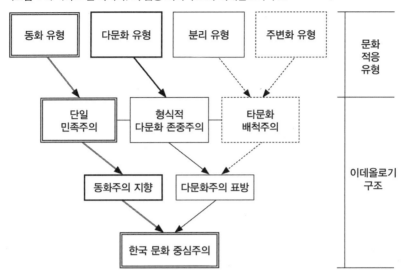

〈그림 4-6〉 〈러브 인 아시아〉의 심층 의미 구조와 이데올로기 구조

을 친다. 주변화 유형에서도 한국 문화 중심주의와 남성 우월적 가부장제가 활발하게 작동하고 있다.

요컨대 〈러브 인 아시아〉의 문화 적응 유형 중에서 동화 유형, 분리 유형, 주변화 유형의 이데올로기 구조는 한국적 이데올로기를 중심으로 상정하고, 결혼 이주자가 이에 적응하는 구조라고 볼 수 있다. 그리고 앞에서 언급했듯이 다문화 유형에서는 진정한 의미에서의 다문화주의를 실천하지 못하는 미온적 다문화 행동 패턴이 많은 부분을 차지하고 있다. 미온적 다문화 행동 패턴의 경우 결혼 이주자의 문화가 미온적으로 유지되고, 대부분은 한국 문화 중심으로 구조화되어 있다. 결과적으로 〈러브 인 아시아〉의 이데올로기 구조는 다문화주의를 표방하지만 동화주의를 지향하는 한국 문화 중심주의를 나타낸다고 볼 수 있다. 이를 정리하면 〈그림 4-6〉과 같다.

4. 〈러브 인 아시아〉 분석 결과: 요약과 제언

지금까지 한국 다문화 지형의 텔레비전 프로그램 속성을 KBS 〈러브 인 아시아〉의 사례를 통해 분석했다. 분석 결과, 〈러브 인 아시아〉의 중첩적 의미 구조와 다층적 의미는 다음과 같았다. 먼저 표출 구조에서는 누구나 즐겨보는 〈러브 인 아시아〉라는 프로그램을 통해 이들의 일상을 일정한 포맷으로 제시하고 있으나, 표층 구조에서는 결혼 이주자들의 문화 적응 유형이 동화 유형, 다문화 유형, 분리 유형, 주변화 유형으로 나타났다. 그리고 문화 적응 유형에 따른 행동 패턴은 동화 유형에서는 억압적 동화·능동적 동화·수동적 동화 행동 패턴으로 구분되었고, 다문화 유형에서는 존중적 다문화·호혜적 다문화·미온적 다문화 행동 패턴으로 나뉘었으며, 분리 유형에서는 제도적 분리·문화적 분리 행동 패턴으로 나타났고, 주변화 유형에서는 소외적 주변화·상실적 주변화 행동 패턴으로 구분되었다. 그리고 각 유형별 문화적 지향성을 살펴보면 동화 유형은 한국 문화 적응 지향, 다문화 유형은 다문화 상호 존중, 분리 유형은 이주자 문화 지향, 주변화 유형은 한국 문화 부적응이었다. 이러한 〈러브 인 아시아〉의 심층 의미 구조는 모든 갈등이나 부적응 등의 문제가 결혼 이주자에게 전적으로 책임이 있고, 결혼 이주자가 스스로 해결해야 하는 구조이다. 이는 형식적 다문화 존중주의와 타문화 배척주의가 혼재되어 있는 한국 문화 중심주의 이데올로기를 표출하고 있는 것이다.

지금까지 밝혀진 〈러브 인 아시아〉에서 나타난 이데올로기적 함의를 한국 사회·문화의 다문화 지향성과 연계하여 살펴보고, 다문화 사회에서 〈러브 인 아시아〉의 기능을 확대할 수 있는 방안에 대해 논의하기로 한다. 〈러브 인 아시아〉의 문화적 함의는 다문화주의를 표방하지만 동화주의를 지향하고 있다는 것이 가장 숙고되어야 할 지점이다. 〈러브 인 아시아〉 프로그램의 포맷, 등장인물들, 그리고 그들의 상황을 살펴보면, 성공한 사람들의 이야기가 중심을 이루고 있다. 결혼 이주자가 한국에서 성공한 경우는 주로 한국 문화에 잘 동화된 상황이기 때문에 〈러브 인 아시아〉에서 한국 문화 중심주의가 자연스럽게 표출되는 것이다.

결국 문화적으로 잘 적응한 사람들의 이야기를 하기 때문에 프로그램의 포맷이나 구성 요건에 따라 어쩔 수 없이 한국 문화에 적응하는 사람들, 즉 동화하는 사람들의 이야기가 많이 등장할 수밖에 없는 것이다. 이는 이 책에서 도출된 분석 결과이기도 하지만, 〈러브 인 아시아〉를 제작했던 프로듀서들에 대한 조사에서도 비슷한 의견이 제시되었다.[39] 즉, 제작자들도 〈러브 인 아시아〉에서 다문화주의를 구현시키려고 노력했으나, 현실적으로 그런 부분은 잘 드러나지 않았다고 했다.

〈러브 인 아시아〉에 재현된 결혼 이주자 150명의 사례를 살펴보면 동화 유형이 95명, 다문화 유형이 47명, 분리 유형이 6명, 주변화 유형이 2명이었다. 여기에서 분리 유형과 주변화 유형의 사례가 절대적으로 적다는 점과 다문화 유형에서는 미온적 행동 패턴이 많은 부분을 차지하고 있다는 점을 진지하게 검토할 필요가 있다. 앞의 〈그림 4-6〉 '〈러브 인 아시아〉의 심층 의미 구조와 이데올로기 구조'에서 볼 수 있듯이 분리 유형과 주변화 유형은 한국의 타문화 배척주의에 가려 그 지향점이 드러나지 않을 정도로

---

39 〈러브 인 아시아〉에 대한 다양한 시각을 담아내기 위해 제작에 참여한 프로듀서들의 의견을 조사했다. 이 조사에서는 〈러브 인 아시아〉를 제작했던 프로듀서와 현재 제작을 담당하고 있는 프로듀서 7명이 의견을 제시했다. 프로듀서 7명의 역할은 연출자, 선임 프로듀서, 책임 프로듀서 등 다양했다. 많은 프로듀서들이 〈러브 인 아시아〉에 출연하는 결혼 이주자가 한국 문화에 동화되는 과정에 초점을 맞추어 프로그램을 구성했고, 한국에 잘 적응해서 어울려 사는 모습을 비중 있게 다루었다고 했다.

미약하고, 다문화주의도 미온적 다문화 행동 패턴이 지배적이어서 다문화주의를 표방하는 정도에 그치고 있다. 요컨대 〈러브 인 아시아〉에서 나타난 한국의 사회적·문화적 의미를 살펴보았을 때 현재와 같은 〈러브 인 아시아〉 포맷은 다양한 문화를 받아들여 공존을 모색해야 할 한국 다문화 지형의 토대를 형성하거나 확장시키는 기능이 아직은 미흡하다.

현 단계의 한국 사회는 다문화 사회를 지향하고 있지만, 진정한 다문화주의 철학을 실천하지 못하는 상황이다. 그리고 한국인들에게는 '타문화에 대한 이해가 부족'하고, '남성 우위 가부장제'하에서 '한국 문화 중심주의'가 중심적인 이데올로기로 작동하고 있었다. 결국 한국 다문화 지형의 텔레비전 프로그램 〈러브 인 아시아〉는 그 '형식'에서는 다양한 문화가 공존하는 '다문화주의'를 '표방'하지만, 실제 '내용'에서는 한국 문화에 적응해야 하는 '동화주의'를 '지향'하고 있었다.

지금까지 분석한 〈러브 인 아시아〉 프로그램의 중첩적 의미 구조와 다층적 의미를 요약하면 〈그림 4-7〉과 같다. 즉, 〈러브 인 아시아〉는 다문화를 표방하지만, 한국에 온 결혼 이주자들을 어쩔 수 없는 환경하에서 한국 문화에 적응하도록 하는 이데올로기 구조를 나타내고 있다. 이러한 통합 이데올로기는 다문화 시대를 맞이하여 한국 사회를 통합시키는 데 기여했으며, 이 같은 통합적 사고는 근본적으로 한국 문화 중심주의적 사고에 기인하고 있다. 그런데 이러한 사고는 다양한 문화를 상호 존중해야 하는 다문화 사회에서는 바람직한 이데올로기라고 할 수 없다. 이런 의미에서 동화 유형은 우리 사회의 통합에 기여했지만, 우리 사회가 나아가야 할 방향인 진정한 다문화 사회에는 걸림돌이 될 수 있다. 한국 문화 중심주의는 단일민족주의에서 비롯되었고, 타문화 배척주의와 가부장제가 이를 뒷받침하고 있다. 근대와 압축 성장의 시기에 내부적인 응집 수단으로 기능했던

<그림 4-7> ⟨러브 인 아시아⟩의 중첩적 의미 구조와 다층적 의미

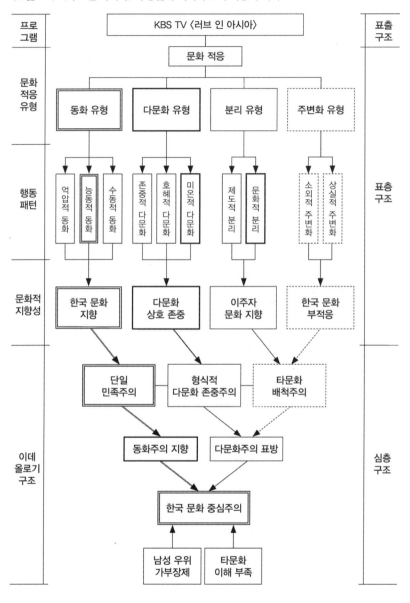

단일민족주의 패러다임은 더 이상 한국 사회의 변화를 수용할 수 없는 이데올로기라는 것을 지적한 바 있다. 그리고 남성 우월적 가부장제 역시 사라져가는 한국의 이데올로기 중 하나이다. 이런 면에서 볼 때 다문화 시대에 한국 문화 중심주의는 한국인들이 더 이상 집착해서는 안 되는 이데올로기이다.

다음은 KBS TV 〈러브 인 아시아〉에 대해 제언하고자 한다. 현재와 같은 포맷에서 〈러브 인 아시아〉가 진정한 다문화주의를 담아내려면 무엇을 해야 하고, 어떻게 하는 것이 좋을까 하는 점을 프로그램의 소재와 형식을 중심으로 논의한다.

첫째, 프로그램의 소재를 확장하여 다양성을 얻는 방안이다. 먼저 현재 통상적으로 다루고 있는 성공한 사람들의 이야기만이 아니라, 실패한 사람들의 이야기도 다루어 다양성을 확보하는 방안이다. 최혜지(2009)의 연구 결과에 따르면, 한국 이주 여성의 문화 적응 유형은 통합 유형(본 연구의 다문화 유형에 해당)이 30.5%, 동화 유형이 15.3%. 분리 유형이 17.6%, 주변화 유형이 37.0%를 차지하고 있다. 우리나라에 거주하는 이주 여성의 문화 적응 유형은 네 가지 유형에 비교적 고르게 분포되어 있었으며, 상대적으로 통합과 주변화 유형이 높은 분포를 보이는 것으로 나타났다. 이런 면에서 한국 문화에 잘 적응한 동화 유형에 치중된 현재의 〈러브 인 아시아〉 출연자를 다문화 유형뿐만 아니라 분리 유형과 주변화 유형에까지 확대하여 이야기 구조를 다양화해야 한다. 주변화 유형으로 한국에서 적응하지 못하고 모국인 태국의 문화도 지키지 못하는 정신적 부적응 상태를 나타낸 '관지'의 사례가 더 많은 감동을 불러일으켰다는 점을 참고할 만하다.

둘째, 결혼 이주자들의 출신국의 소재를 확장하는 방안이다. 한국의 실제 결혼 이주자 수는 중국이 55.3%로 압도적으로 많은 비율을 차지하지만,

〈러브 인 아시아〉에 출연하는 결혼 이주자의 출신국은 필리핀, 베트남, 태국 등이 더 많은 분포를 보였다. 이러한 미디어의 재현 행태는 한국의 다문화 지형에서 결혼 이주자가 동남아시아 국가 출신이 대부분이라는 사회적 인식을 심어주는 요인이 된다. 이처럼 미디어에서 제공하는 현실 구성이 실제 현실 인식에 많은 영향을 미친다는 것을 알 수 있다. 그런데 가장 많은 비중을 차지하는 중국 출신 결혼 이주자들은 대부분 연변 조선족이다. 이들은 한국어도 유창하고, 토착 한국인과 구별이 거의 없을 정도로 잘 동화되어 있으며, 한국의 다문화 지형 형성에 끼친 영향도 많다. 그러나 방송에서는 이들이 오히려 소외되는 결과를 낳고 있다. 따라서 조선족을 비롯한 중국 출신 결혼 이주자들의 경우와 함께 다양한 나라에서 새로운 소재를 발굴하면 더욱 풍부한 다문화 사례를 엮어낼 수 있을 것이다.

셋째, 프로그램 형식의 다양성을 추구해야 한다. 프로그램의 제목 〈러브 인 아시아〉가 제시하듯이 천편일률적으로 '사랑'이라는 이름으로 인간을 복원하려고 한다. 이러한 형식은 〈러브 인 아시아〉 프로그램이 변화가 없이 비슷한 내용이 반복되고 있다는 인식을 주는 요인이 된다. 실제로 인간을 복원하는 데에는 사랑이 아니더라도 복원할 수 있는 다른 기제가 많이 있다. 이러한 기제를 찾아서 확대한다면 〈러브 인 아시아〉에서 더 다양한 형식을 보여줄 수 있고, 다문화 지형을 더욱 충실히 반영하는 프로그램으로 자리매김할 수 있을 것이다.

외국인 150만 명의 시대를 맞이하여 한국 사회가 다문화 사회로 빠르게 진입하고 있어, 사회 여론 형성에 중요한 역할을 하는 미디어의 기능을 분석하기 위해 한국 다문화 지형의 텔레비전 프로그램 속성에 관해 집중적으로 분석했다. 그렇지만 다문화 텔레비전 프로그램 〈러브 인 아시아〉에 재현된 결혼 이주자들의 문화 적응 유형과 행동 패턴에 대해서만 분석하는 데 그친 아쉬움이 있다. 이는 연구의 충실도를 위해 어쩔 수 없는 선택이었다. 〈러브 인 아시아〉에 나타난 결혼 이주자들의 문화 적응 유형과 행동 패턴을 통해 한국의 다문화 지형에서는 다양한 민족의 인간관계가 여러 형태로 구조화되어 있고, 다양한 문화가 만나 새로운 문화가 창출되는 역동성이 있음을 확인할 수 있었다. 그러나 〈러브 인 아시아〉 하나만으로 한국 사회의 다문화 현상을 설명하는 데 한계가 있을 수 있기 때문에, 이 이론을 일반화시키기 위해서는 이와 같은 성격을 가진 여러 가지 프로그램을 분석하는 것이 필요하다. 그리고 범주 분석과 언어 서사 및 영상 화면에 대한 기호학적 분석 방법을 적용한 연구 방법론에서도 인간의 행동을 역동적으로 분석하는 데 일정한 한계가 있다고 본다. 또한 문화 적응 유형과 행동 패턴은 심리학과 인류학에서 확립된 이론인데, 이 유형을 가지고 텔레비전 프로그램을 분석하여 어느 정도 한계가 있을 수 있다고 생각한다. 앞으로 이런 부분을 보완하는 연구가 계속되길 기대한다.

5장

다문화 지형의 텔레비전 프로그램

피스크(Fiske, 1987: 1)는 텔레비전이 가장 특징적인 사회적 산물로서 그 것이 속한 사회 전체로부터 물려받은 권위를 가지고 우리에게 친숙한 대중적 의미와 즐거움을 유포한다고 했다. 그리고 생산과 재생산의 지속적인 과정을 유지해가는 사회구조의 역학 속에서 텔레비전은 우리에게 특유의 현실적이고 실제에 충실한 듯한, 다양한 프로그램들을 제공한다고 주장했다. 텔레비전은 사회의 전반적인 문화뿐만 아니라 특정 사회집단과 관련된 의미와 가치를 교류하는 사회적 장의 기능을 수행하고 있다.

앞서 살펴본 바와 같이 한국 방송에서도 국내의 다문화 현상에 부응해 텔레비전 다문화 프로그램이 본격적으로 편성되어 다문화 주체들을 소개하거나 다문화 사회를 확장시키는 기능을 수행해왔다. 한국 텔레비전에서 단초 역할을 한 다문화 프로그램은 2003년 2월 22일에 방송된 MBC 〈느낌표〉의 한 코너인 '박수홍·윤정수의 아시아! 아시아!'라고 할 수 있다. 이 프로그램에서는 아시아 노동자들의 가족 상봉, 한국의 재외 이산인인 고려인과 위안부 등 한국 내 국제결혼 가족의 상봉을 다루었다. 이후 2005년 11월 5일부터 KBS 1TV 〈러브 인 아시아〉에서 한국에서 살아가는 다문화가정의 진솔한 삶과 사랑을 담은 휴먼 다큐멘터리를 방송하면서 다문화 텔레비전 프로그램이 본격화되었다. 당시 KBS에서는 방송 지표를 '아시아의 창'으로 설정하고, 이 땅에 사는 수많은 아시아인에 대한 이해와 소통, 나눔과 격려를 하고자 했다. 이어서 2006년 11월 26일부터 외국인 100만 명 시대에 부응하여 한국에 거주하는 외국인들에 비친 우리 사회를 되돌아보고 각국의 문화를 비교해보자는 취지로 KBS 2TV에서 〈미녀들의 수다〉를 선보였다.

텔레비전 다문화 프로그램에 등장하는 외국인의 이미지는 정형적으로 재현되었다. 예를 들면 외모와 관련해서는 서구화된 외국인에 대한 동경심을 부여하고, 제3세계에서 온 결혼 이주 여성에 대해서는 동정심을, 제3세계 이주 노동자에 대해서는 두려움, 즉 폭동을 일으키고 위해를 가할지 모른다는 감정을 재생산하고 있다(홍숙영, 2007). 텔레비전 다문화 프로그램이 재현한 우리 사회의 다문화주의는 결국 편협하고 편향된 모습이라는 점에 대부분 동의하고 있다. 그리고 텔레비전 프로그램에서 외국인은 개성이 강조되기보다는 서구에서 온 외국인, 외국인 노동자, 결혼 이민자 등과 같은 특정한 이미지로 정형화되었다(김선남·홍숙영, 2009: 44).

일반적으로 텔레비전 프로그램은 보도, 교양, 오락 프로그램으로 분류된다.[40] 이 구분에 따르면 보도 프로그램은 '뉴스'와 '시사 프로그램'이 해당되고, 교양 프로그램은 '정보 프로그램'과 '어린이·청소년 프로그램'이 해당되며, 오락 프로그램은 '쇼, 코미디, 버라이어티' 등의 '예능 프로그램'과 '드라마'가 이에 해당된다. 이에 따라 다문화 지형의 텔레비전 프로그램을 보도, 교양, 오락 장르로 구분하여 그 연구 성과를 살펴보려 한다.

1. 텔레비전 다문화 보도 프로그램

다문화 현상에 대한 미디어 보도에 관한 연구들에서는 외국인 근로자, 결혼 이주 여성, 다문화가정 등에 대해 부정적 이미지를 형성할 수 있는 내용이 상당수 있다고 밝혔다(백선기, 2005b; 정의철·이창호, 2007). 또한 미디

---

40 방송법 제50조에 규정된 "'보도에 관한 방송 프로그램'이라 함은 국내외 정치·경제·사회·문화 등의 전반에 관하여 시사적인 취재보도·논평 등의 방송 프로그램을, '교양에 관한 방송 프로그램'이라 함은 국민의 교양 향상 및 교육을 목적으로 하는 방송 프로그램과 어린이·청소년의 교육을 목적으로 하는 방송 프로그램을, '오락에 관한 방송 프로그램'이라 함은 국민 정서의 함양과 여가 생활의 다양화를 목적으로 하는 방송 프로그램을 말한다"에 근거하여 분류한 구분이다.

어에 나타난 결혼 이주 여성이나 이주 노동자 등 소수 집단에 대한 재현 양상을 살펴보면 텔레비전 뉴스와 신문 등 대다수 보도 매체에서 외국인 이주민을 사회적 소수자로 위치시킴으로써, 이들을 이질적이고 배타적인 존재로 재현하고 있다고 지적했다(원용진, 2003; 양정혜, 2007; 채영길, 2010).

정연구·송현주·윤태일·심훈(2011)은 이주 여성에 대한 뉴스가 이주 여성에 대한 부정적 고정관념, 다문화 지향성에 미치는 영향을 분석했다. 분석 결과, 이주 여성과의 접촉이 많은 경우 뉴스에 더 많이 노출되고 긍정 뉴스를 더 많이 기억하며, 부정적 고정관념도 약했고 문화 교류에 대해서도 개방적인 것으로 나타났다. 또한 이주 여성에 대한 뉴스 노출이 많을 경우 그들에 대한 긍정 뉴스보다 부정 뉴스를 더 많이 기억했으며, 뉴스 기억은 이주 여성에 대한 부정적 고정관념에 영향을 미치는 것으로 나타났다. 이주 여성에 대한 부정적 고정관념의 정도에 따라 다문화 지향성도 달라지는 것으로 분석되었다. 이주 여성과의 접촉 여부에 따라 부정 뉴스의 기억이 부정적 고정관념에 미치는 영향력의 크기가 달라진다는 점도 발견되었다. 이상의 연구 결과는 미디어가 이주 여성을 다문화, 다민족적 공존의 대상으로 보기보다는 타자화·동질화·정형화하고 있다는 기존 연구의 비판과 우려를 미디어 효과의 측면에서 보여주었다(정연구·송현주·윤태일·심훈, 2011).

이인희와 황경아(2013)는 다문화 담론의 핵심적 생산 주체이자 다문화 사회에 대한 수용자의 인식 형성과 관련하여, 문화적 다양성과 가치 체계를 확립하기 위해 요구되는 미디어의 기능과 새로운 보도 방식의 방향성을 모색하려고 했다. 이를 위해 언론학 영역의 다문화 관련 미디어 보도 프레임에 대한 연구들을 대상으로 메타 분석을 실시했다. 분석 결과에 따르면, 주로 등장하는 보도 프레임 유형은 '온정주의', '타자화', '내재화된 오리엔탈리즘(orientalism)'[41]이었으며, 이는 매체의 정파성이나 추구하는 이데올로기와 가치 등에 상관없이 보수 매체와 진보 매체, 그리고 텔레비전 뉴스를 포함한 모든 매체에서 나타났다. 결과적으로 그동안 한국 사회의 미디어에서 생산해내는 다문화 담론은 특히 이주민에 대한 재현 방식에 있어 사회통합적 관점에서 지향해야 할 다문화주의의 네 가지 요소(문화의 다양성 인식과 존중, 문화 간 차이의 인정, 타문화의 사회적 기여, 이를 모두 포용하는 가치관과 실천적 행동 체계) 차원에서는 적극적으로 논의되지 못한 것으로 드러났다(이인희·황경아, 2013).

지금까지 살펴본 다문화 텔레비전 보도 프로그램에 대한 분석을 종합해 보면, 대부분 외국인 근로자나 결혼 이주 여성 등의 소수자들에 대해 부정적 이미지를 형성할 수 있는 내용이 많고, 이들을 이질적이고 배타적인 존재로 재현하고 타자화시키는 것으로 나타났다. 다문화에 대한 관점과 제작 프레임에 의해 전달되는 이주자들의 이미지는 긍정적이기보다는 부정적인 경향을 띠고 있다는 것이 다문화 사회를 드러내는 텔레비전 다문화 보도 프로그램의 대체적인 흐름이었다.

2. 텔레비전 다문화 교양 프로그램

텔레비전 교양 장르의 대표적인 다문화 프로그램은 이 책에서 중점적으로 분석한 KBS TV의 〈러브 인 아시아〉라고 할 수 있다. 〈러브 인 아시아〉

---

41 오리엔탈리즘은 '동양에 대한 서양의 사고방식이자 지배방식'이다. 동양에 대한 서양인 사고와 인식, 표현의 본질은 서양인들이 동양을 지배하는 과정에서 형성된 것으로 본다. 즉, 서양이 동양을 침략하면서 조작한 동양에 관한 모든 편견, 관념, 담론, 가치, 이미지 등을 말한다(사이드, 2007).

는 이주민이 우리나라에 들어와 정착해서 우리와 함께 사는 사람들이기 때문에 다문화 사회에 대한 문제를 본격적으로 고민하게 했으며, 우리나라를 다문화 사회로 정착시키기 위한 토대적 프로그램으로서 기능하는 의미 있는 프로그램이라고 생각한다. 이 책에서 중점적으로 살펴본 〈러브 인 아시아〉 사례를 제외하고, 텔레비전 다문화 교양 프로그램에 대한 연구들을 살펴보면 다음과 같다.

이경숙(2006)은 〈러브 인 아시아〉의 텍스트 분석을 통해 혼종적 리얼리티 프로그램에 포섭된 '이산인'의 정체성을 밝혔다. 이경숙은 〈러브 인 아시아〉가 기존의 휴먼 다큐멘터리와 토크쇼 형식을 차용하여 이주자의 삶을 다루지만, 이산이라는 사회적 문제를 개인적 차원의 감동적인 휴머니즘으로 사사화하는 결과를 낳고 있다고 지적했다. 멜로드라마적 이야기 구조는 국제적인 이산의 원인을 남녀 간의 운명적 사랑으로 환원시키고 있다고 보았다. 그리고 결혼 이주 여성들을 전통적 가족 규범과 역할이 작동하는 가족 안에 위치시킴으로써, 개별 국가나 인종에 의한 이산인으로서 타자성을 획득하기보다는 오히려 주인공의 정체성을 가족 구성원의 역할로 환원하는 가부장적 가족 이데올로기라는 남성적 시선으로 정의되는 여성으로 타자화시키고 있다고 분석했다. 이를 통해 이산의 경험이 갖는 사회적 반향은 약화되거나 은폐되고, 가부장적 가족 이데올로기가 재생산되고 있다고 지적했다(이경숙, 2006: 239~240).

홍지아와 김훈순(2010)은 2010년 1월부터 2010년 5월까지 방송된 KBS TV의 휴먼 다큐멘터리 〈인간극장〉의 다인종 가정 재현 사례 가운데 한국 남성-백인 여성, 한국 남성-비백인 여성, 한국 여성-백인 남성, 한국 여성-비백인 남성 부부를 주인공으로 한 네 개의 에피소드를 선정해 토도로프(Todorov)의 갈등 유발과 해결의 서사 구도를 통해 미디어가 제시하는 갈등의 내용과 해결 전략을 분석했다. 분석 결과, 〈인간극장〉은 다인종 사회로 접어든 한국 사회에서 인종의 혼합으로 생겨나는 새로운 사회적 이슈들(혼혈 자녀의 정체성 및 사회적 지위, 배우자의 국적 취득, 인종에 따른 크고 작은 편견과 이로 인한 사회적 경계의 형성)에 과거 순혈주의적 대가족 공동체로서 가정을 치유와 화합의 대안으로 제시하고 있음을 발견했다. 아울러 배우자의 인종과 출신국의 경제적 수준에 따라 다양한 방식으로 한국 사회와의 차별적 관계를 형성하는 선택적 포섭과 배제 전략을 취하고 있다고 지적했다(홍지아·김훈순, 2010).

심훈(2012)은 KBS TV의 〈인간극장〉에서 다룬 다문화 프로그램들을 대상으로 이야기의 서사 구도와 다문화 주인공들의 인구학적 속성 및 발화 형식과 내용을 종합적으로 살펴봄으로써, 다문화 주체들의 표상과 함께 프로그램이 전달하는 다문화 가치들의 담론적 속성을 파악하려 했다. 분석 결과, 휴먼 다큐멘터리 주인공의 인구학적 속성 분석에서는 제3세계 결혼 이주 여성들과 제1세계 결혼 이주 남성들이 방송 대상의 절대 다수를 차지하는 것으로 나타났으며, '순응하며 살아가기', '갈등하고 절충하며 살아가기', '이주민의 문화 방식대로 살아가기' 등 세 가지 구도가 다문화 서사의 주된 흐름을 형성하는 것으로 밝혀졌다. 이와 함께 〈인간극장〉의 다문화 프로그램에서는 '이주 속성', '출신지', '젠더' 등 세 가지 인구학적 변인들이 유기적으로 작용하며 영미권 결혼 이주 남성과 영미권 결혼 이주 여성, 비영미권 결혼 이주민과 동남아 출신 결혼 이주 여성, 그리고 이주민 노동자 등 다섯 집단에 대해 가부장적 다문화주의와 가부장적 동화주의, 가부장적 낭만주의와 동정적 동화주의, 그리고 주변화·타자화 등 다섯 가지의 분절적인 다문화 담론을 형성하는 것으로 나타났다(심훈, 2012).

문화체육관광부의 『2012년 문화다양성 시대 다문화의 미디어 재현 안내서 제작 사업 최종 결과 보고서』에서는 KBS 〈러브 인 아시아〉의 2005년 11월 첫 회부터 2012년까지 방송된 모든 프로그램 가운데 차별 경험, 적응의 어려움, 문화적 이질성 등 사회적 이슈가 된 주제뿐만 아니라 언론, 학술지 등에 국제 이해적 관점과 문화적 다양성이 반영되었다고 논의된 10편을 선정하여 분석하고 의미를 해석했다. 분석 결과, 〈러브 인 아시아〉의 재현 방식은 주변화된 이주민으로 규정하는 고정된 틀이 드러났다. 즉, 어려움에 봉착하고 차별받는 이주인이 역경을 딛고 살아가는 사례를 선정한 후 시혜적인 시야로 접근하여 동정심을 일게 하는 '일정한 소구적 틀'을 갖는다는 것이다. 다문화 사회의 현실을 드러내고 차별 경험을 나타내기 위한 재현 방식은 다분히 양면성을 지녀, 차별에 관한 문제의식을 전달하면서도 한편으로는 시청자로 하여금 시청을 통한 차별을 전달하게 되는 우려를 띤다. 이 보고서에서는 전체적으로 다문화 관련 프로그램 제작에서 개선되어야 할 관점으로 크게 두 가지를 보았다. 하나는 인종적으로 '타자 요인'을 부각시키는 소수자 재현 관행에서 탈피하기이며, 다른 하나는 이주민을 시혜의 대상, 주변부 집단 등 부정적 사회집단으로 고정하는 인식에 대한 개선이 필요하다는 것이다(이동연 외, 2012: 134~135).

권금상(2013)은 KBS 〈러브 인 아시아〉가 이주 여성이라는 소수자 집단을 재현하여 주류 구성원들과 이주민들의 관계를 형성하게 하는 과정에서 단순히 현실 그대로 보여주는 데 머물지 않고 적극적으로 '결혼 이주 여성 프로그램의 정체성'을 규정한다고 했다. 정체성을 규정하는 전략으로 이야기와 영상 기법을 통해 '이주 여성'을 타자화된 틀 속에 고정시키고 있다고 분석했다. 그리고 결혼 이주 여성이라는 소수자 집단을 드러낼 때 시혜의 대상이자 타자화된 집단으로 조명하는 차별적 제작은 선주민과 이주민의 이항 대립적 관계를 강조하여 이주민들에게 위계적이고 불리한 사회적 위치를 공고하게 하는 결과를 가져온다는 점에 주목해야 한다고 지적했다(권금상, 2013).

지금까지 살펴본 바와 같이 텔레비전 다문화 교양 프로그램에 대한 분석은 KBS 〈러브 인 아시아〉에 집중되었다는 것이 특이하다. 이는 〈러브 인 아시아〉가 공영방송인 KBS의 대표적인 다문화 프로그램이고 방송된 기간이 긴 정규 프로그램이기 때문일 것이다. 이경숙(2006), 홍지아·김훈순(2010), 황우섭(2010), 심훈(2012), 이동연 외(2012), 권금상(2013) 등의 텔레비전 다문화 교양 프로그램 연구에 따르면, 한국인들은 결혼 이주자에 대해 한국 문화 중심주의적 사고에 입각하여 행동하고, 가부장적 이데올로기에 의해 결혼 이주자가 타자화되고 있다는 데에 의견을 함께하고 있다.

3. 텔레비전 다문화 오락 프로그램

텔레비전 다문화 오락 프로그램은 '쇼, 코미디, 버라이어티' 등의 '예능 프로그램'과 '드라마'가 포함되어 있다고 볼 수 있다. 이 책에서는 장르 특성이 뚜렷이 구분되는 예능 프로그램과 드라마를 구분하여 살펴보려 한다.

1) 텔레비전 다문화 예능 프로그램

텔레비전 다문화 예능 프로그램 연구의 대표적인 사례 중 하나는 백선기·황우섭(2009)의 연구이다. 이 연구는 다문화성을 지향하면서 방송되는 텔레비전 프로그램들이 지닌 다문화적 의미 구조에 대해 논의했다. 그중에서 우리 사회에서 다문화적 요소와 더불어 등장인물들의 섹슈얼리티 논쟁을 불러일으킨 KBS TV의 〈미녀들의 수다〉를 분석했다. 2006년 11월 26일 부터 2008년 3월 31일까지의 프로그램들 가운데 5편을 선정하여, 프로그램의 포맷과 내용 및 주요 요소에 대한 의미 구조를 파악했다. 분석 결과, 〈미녀들의 수다〉는 다문화성을 표출하면서 전개되지만 그 이면의 표층 구조에는 국가, 문화, 인종 간의 차별성이 내재되어 있으며, 더욱이 심층 구조에는 여성의 섹슈얼리티 부각을 근간으로 하는 남성 우위적 이데올로기를 바탕으로 하고 있음을 발견했다. 요컨대 다문화성을 표방하고 있지만 내재되어 있는 심층 구조에는 여성의 섹슈얼리티에 소구하는 이중성 또는 양면성을 지니고 있다고 주장했다(백선기·황우섭, 2009).

문화체육관광부 보고서에서는 텔레비전 다문화 예능 프로그램인 KBS 〈미녀들의 수다〉, MBC 〈세바퀴〉,[42] KBS 〈1박 2일〉[43]을 분석했다. 텔레비전 다문화 예능 프로그램은 일반 대중에게 커다란 영향을 끼친다는 점에서 이들 프로그램이 다문화를 어떻게 재현하는가에 따라 동시대적 다문화의 이해와 감수성이 드러난다고 볼 수 있다. 그러나 〈미녀들의 수다〉와 〈세바퀴〉, 〈1박 2일〉에서 재현되는 다문화 이해도는 초보적인 수준을 넘어서진 못했다. 〈미녀들의 수다〉의 경우에는 다양한 인종과 국적을 출연시키면서도 인종차별적인 요소를 드러낸 적이 있었다.[44] 〈세바퀴〉의 경우에서도 한국 사회에서는 상식적으로 받아들여지는 내용이지만, 미디어의

---

42 〈세바퀴(세상을 바꾸는 퀴즈)〉는 MBC에서 방송되는 버라이어티 쇼 프로그램이다. 2008년 5월 25일부터 2009년 3월 22일까지는 〈일요일 일요일 밤에〉의 한 코너로 편성되었으나, 2009년 4월 4일부터 별개의 프로그램으로 분리되어 방송 중이다. 2010년 가을 개편에 따라 이전보다 15분이 늦은 밤 11시로 시간이 변경되었다. 현재는 밤 11시 15분에 방송되고 있다.

43 매주 일요일 KBS 2TV에서 방송되는 〈해피선데이〉의 한 코너로, 1박 2일의 대한민국 여행 버라이어티이다. 2013년 12월 1일부터 시즌 3이 방송되고 있다.

44 미국에서 온 흑인 여성 레슬리가 〈미녀들의 수다〉에 출연했을 때 남성 패널이 퍼포먼스 차원으로 실행한 '시커먼스' 공연이 흑인의 상징성과 연계되어 인종 문제를 유발시켰다.

발달로 세계인이 볼 수 있게 되면서 인종 문제가 야기된 적이 있었다.[45] 보고서에서는 외국인이나 다른 인종적 정체성을 가진 이들이 비판하는 과정에서 정체성에 대한 새로운 인식을 하게 된다고 했다. 그리고 인종에 대한 무감각을 인식할 수 있는 것은 자연스럽게 된다기보다는 일정한 경험이나 학습을 통해 반문 과정에서 가능하다고 했다(이동연 외, 2012: 146).

또한 문화체육관광부 보고서에서는 텔레비전 다문화 예능 프로그램의 제작이 다양한 정체성을 드러낼 수 있는 계기를 마련해야 한다고 지적했다. 인종과 국적을 넘어 성별, 세대, 직업, 학력 등 다양한 차이가 감추어지는 것이 아니라, 어느 정도 갈등 과정을 거치더라도 상호 접촉할 수 있는 기회가 많아져야 한다는 것이다. 그러면서 텔레비전 다문화 예능 프로그램은 그러한 장치를 구성하는 데 매우 좋은 장이 될 수 있다고 보았다(이동연 외, 2012: 147).

텔레비전 다문화 예능 프로그램에 대한 연구는 KBS TV 〈미녀들의 수다〉에 많은 관심을 보였다는 특징이 있다. 그만큼 〈미녀들의 수다〉가 영향력이 컸다는 방증이기도 하다. 〈미녀들의 수다〉를 비롯한 텔레비전 다문화 예능 프로그램에 대한 분석 결과는 다문화를 표방하고 있지만, 여성의 섹슈얼리티에 소구하고 있다는 점과 인종주의 논란을 일으키고 있다는 점을 많이 제기했다. 텔레비전 다문화 예능 프로그램은 시청률이 높아 반향이 크고, 그만큼 사회적 논란을 많이 일으키고 있다는 점도 고려되어야

---

45 2012년 1월 21일 MBC 설날 특집 〈세바퀴〉에서 이경실 씨와 김지선 씨가 만화영화 〈둘리〉에 등장하는 '마이콜'로 분장하고 「신토불이」 노래를 불렀다. 이 장면을 유튜브에서 본 한 흑인 여성이 'MBC-Black Face!!'란 제목으로 이 영상을 본 자신의 입장을 유튜브에 올려 논쟁이 되었다. 이 흑인 여성은 흑인의 얼굴을 희화화한 장면이 하나도 안 웃기며 즐겁지도 않고 오히려 불편하고 역겹다면서 "도대체 무슨 생각인지 알 수 없다", "한국인들은 다른 인종에 대해 이해해야 하지 않나"라는 입장을 보였다. 이에 〈세바퀴〉 제작진은 "일부 해외에서 방송을 보신 분들 중 불편을 느끼셨던 분이 계셔서 진심으로 사과의 말씀을 드린다"라고 해명했다(문화체육관광부, 2012: 13).

할 사항이다. 특히 한류의 확산으로 유튜브와 SNS 등을 통해 국제적인 이슈로 떠오르기도 하기 때문에 인종에 대한 올바른 인식이 요구되는 현실을 감안해야 할 것이다.

2) 텔레비전 다문화 드라마

텔레비전 드라마에서도 다문화가정이나 외국인 며느리와 같은 소재가 자주 등장하면서 외국인 출신 출연자들이 증가하는 현상을 보이고 있다. 문화체육관광부 보고서에 따르면, KBS TV 드라마 〈산 너머 남촌에는〉[46]에서는 농촌으로 시집온 베트남 며느리 이야기가 한 부분을 차지했다. 이후 국경을 초월한 남녀 간의 '낭만적 사랑'이라는 보편적 주제를 다루려 했던 〈하노이 신부〉[47]와 인종적 차이를 가진 새 엄마와 혼혈 아동의 '가족 만들기'라는 특수한 주제를 다룬 〈깜근이 엄마〉[48] 같은 드라마는 일종의 다문화 드라마로 평가할 수 있다. 이 두 드라마는 농촌 노총각의 결혼 문제나 베트남의 신라이따이한 문제, 국제결혼과 외국인의 사랑을 둘러싼 편견에 도전하거나, 한국인 핏줄주의와 한국인의 인종차별주의에 대한 문제의식들을 드러내고자 했다. 이에 따라 보고서에서는 이 두 드라마를 한국 사회에 다문화적 가치와 관련된 다양한 문제들을 드러내고 이를 다루려는 본격적 시도로 자리매김할 수 있다고 보았다(이동연 외, 2012: 77).

김명혜(2007)는 SBS TV 드라마 〈황금신부〉[49]가 무의식적으로 민족적인

---

46 매주 일요일 아침에 KBS 1TV에서 방송되는 전원 드라마로, 현재 시즌 2가 방송되고 있다.
47 2005년 SBS에서 방송되었던 베트남 여성과 한국 남성의 사랑 이야기를 다룬 TV 드라마.
48 2006년 SBS에서 방송되었던 다문화가정의 삶을 보여준 TV 드라마.
49 2007년부터 2008년까지 SBS에서 방송되었던, 베트남에서 시집온 누엔진주와 그녀의 가족 이야

편견을 반복·재생산했다고 보았다. 이 드라마는 한국을 중심으로 서구와 제3국가로 이분한 우리의 잣대로 베트남과 베트남인을 판단하고 있다는 것이다. 그 결과, 텔레비전 다문화 드라마에서 이주 여성은 스스로 권력을 지니기를 포기하거나 권력과 관계없는 인물로 재현됨으로써, 타인과 순정적이고 이타적인 관계를 유지하기 위해 극 중에서 여러 가지 어려움을 겪지만, 궁극적으로 보상받거나 주인공에게 사랑받는 존재로 재생산되었다고 보았다(김명혜, 2007).

문화체육관광부 보고서에서는 KBS 2TV의 〈오작교 형제들〉,[50] SBS TV의 〈하노이 신부〉와 〈깜근이 엄마〉, KBS 1TV의 〈산 너머 남촌에는〉(시즌 1)과 〈미우나 고우나〉[51] 등 5편을 분석했다. 이 보고서의 분석에서 텔레비전 다문화 드라마들의 경향을 살펴보면, 다문화 사회의 특성들이 점점 더 강해지는 한국에서 드라마를 통해 이주자나 외국인, 다문화 구성원들을 더 잘 이해하도록 유도하는 경향이 크다고 볼 수 있다. 또 외국인, 이주자, 다문화 구성원과 한국인들이 맺게 되는 새로운 관계 속에서 우리가 가지고 있는 집단적 무의식과 편견, 차별 의식을 드러냄으로써 텔레비전 다문화 드라마가 외국인, 이주자, 다문화 구성원에 대한 편견과 차별 의식을 조장하는 것이 아니라 오히려 우리 사회가 가지는 오랜 배제와 차별적 무의식·의식들을 엿볼 수 있게 하는 긍정적 효과를 유발할 수도 있다고 평가했다(이동연 외, 2012: 96)는 것이 특이하다.

문화체육관광부 보고서는 더 나아가 앞으로 텔레비전 다문화 드라마와

기를 담은 TV 드라마.

50 2011년부터 2012년까지 KBS 2TV에서 방송되었던, 서울 근교 오작교 농장에서 살아가는 대가족 이야기를 담은 드라마.

51 2007년부터 2008년까지 KBS 1TV에서 방송되었던, 핏줄도 살아온 환경도 가치관도 전혀 다른 재혼 가정의 이야기를 그린 드라마.

다문화 재현의 주제는 재현상의 차원이 아닌 제작상의 차원으로 이동할 필요가 있다고 보았다. 어떤 장면 하나하나의 문제보다 텔레비전 화면에 더 많고 다양한 외국인, 이주자, 다문화 구성원들이 실제로 출연할 수 있도록 하며, 극 중에서 이들의 비중이 다양해지고 중요해지도록 만드는 노력이 더 중요하다는 것이다. 보고서에서는 텔레비전 다문화 드라마의 경우 외국인, 이주자, 다문화 구성원들이 노동자나 시집온 신부, 홀대받는 비천한 존재 정도로 취급되면서 동정심의 대상이 되도록 위시시키는 것이 아니라, 실제로 더 많은 출연자들을 만들어내고 더 큰 비중을 부여함으로써 '출연' 그 자체가 당연하고 자연스러운 것임을 느끼게 해주는 텔레비전의 역할이 오히려 더 클 것으로 보았다(이동연 외, 2012: 96).

지금까지 살펴본 바와 같이 텔레비전 다문화 드라마를 분석한 결과에 따르면, 다문화 드라마는 주로 국제결혼 및 외국인과의 사랑을 둘러싼 편견에 도전하거나 한국인의 인종차별주의에 대한 문제의식을 드러내려 했다. 그러나 텔레비전 다문화 드라마에서 외국인과 이주자를 악의적으로 공격하거나 편견과 차별 의식을 조장한다기보다, 우리가 가지고 있는 집단적 무의식과 편견 및 차별 의식을 드러냄으로써 우리 내부의 성찰을 유도하는 측면도 많다고 본 것은 대단히 긍정적인 현상이다.

지금까지 다문화 지형의 텔레비전 프로그램을 보도, 교양, 오락 장르로 구분하고, 오락 장르는 또다시 예능 프로그램과 드라마로 구분하여 연구 성과를 살펴보았다. 다문화 지형의 텔레비전 프로그램에 등장하는 외국인들은 편향된 모습으로 정형화된 이미지로 재현되고 있으며, 타자화된다는 것이 공통된 주장이었다. 그럼에도 현 단계 한국 다문화 지형의 텔레비전 프로그램은 다문화 사회에서 필요한 정보와 원하는 정보를 충실하게 제공하고 있었다. 그런 만큼 한국의 텔레비전은 한국인들에게 다문화에 대한 의미와 가치를 교류하는 사회적 장의 기능을 충실하게 수행하려고 노력하고 있다고 볼 수 있다. 다만 다문화 프로그램 제작자들에게 다문화에 대한 좀 더 충실한 정보가 제공되고 인권적 측면의 안내가 주어진다면 그 역할을 더 잘 수행할 수 있을 것으로 생각한다.

맺음말

　한국 사회 변화의 실체는 세계화로 인한 국제 이주의 증가로 사회 구성원의 다민족화가 광범위하고도 다양한 층위로 전개되는 단계에 있다. 세계화의 물결을 거스를 수 없는 것처럼 한국 사회의 변화 역시 역사적 과정으로 봐야 할 것이다. 우리 사회에서 다문화에 대한 평가와 의미는 발전론이든 회의론이든 다양한 시각에서 논의되고 있다. 예컨대 다문화주의가 과연 인류 공동체의 미래를 위해 바람직한 방향인지, 이러한 다문화 시대의 추세에 대해 어떤 태도를 취해야 하는지, 다문화 시대에 적합하게 살아가기 위해서는 어떤 인식과 판단이 필요한지, 우리에게 가까이 다가온 다문화주의는 많은 혼란과 과제를 가져다주고 있다.

　이제 한국 사회는 다양한 문화가 공존할 수 있는 사회적 틀에 대한 사회적 합의가 필요한 시점에 있다. 사회적 합의란 우리 사회의 다수가 원하는 것과는 다를 수 있다. 그것은 우리 사회의 다수가 원하는, 또는 수용할 수 있는 모습이어야 하는 동시에 민주적 가치와 보편적 인권 의식에 부합해야 하는 것이다. 바로 다문화주의의 기본 철학이 인류가 나아가야 할 자유, 평등, 관용, 상생과 같은 가치를 담고 있기 때문이다. 한국은 다문화주의를 넘어 세계시민 사회로 나아가야 하고, 한국인은 다문화에 대한 시각을 인류의 이익과 일치시키는 숭고함을 발휘해야 할 필요가 있다.

다문화 시대가 도래하면서 우리에게 가져다준 문화적 혼란과 과제는 정치나 경제만큼 직접적이고 즉각적인 반응을 드러내지 않는다 하더라도, 오히려 더 근원적인 저변의 차원에서 지속적으로 인류 전체의 삶에 영향을 주고 있다. 그렇다면 다문화 시대에 적합한 자기 문화 정체성은 어떤 성격이어야 하고, 어떻게 모색되어야 할지를 고민해야 할 것이다. 다문화 시대에 우리가 우려하는 문제는 개별 문화들이 자기 특성만을 주장하는 것, 다른 문화와의 '차이'를 인정·존중하지 않는 것, 그럼으로써 인류 공동체 전체가 문화적으로 조화와 공존을 이루지 못하는 상황이 심화되어서는 안 된다는 것이다. 다문화 시대에 우리에게 절실히 필요한 것은, 긴밀하게 상호 연결된 이 세상에서 문화의 차이 때문에 위협감을 느끼는 대신, 다양한 문화를 통해 좀 더 풍요로운 삶을 누리는 법을 배우는 일이다. 왜냐하면 다문화 상황은 우리가 지금까지 유지해온 단일 문화 속에서는 풀기 어려웠던 여러 문제를 해결할 단초를 제공하고, 우리 자신을 더욱 잘 실현할 수 있는 공간과 기회를 주기 때문이다. 또한 다른 문화의 존재는 우리에게 우리 자신의 문화를 성찰하게 하고, 나아가 더 잘 이해할 수 있게 해주기 때문이다. 이러한 의미에서 다문화 사회라는 현실에서는 상이한 문화들 사이의 갈등을 '문제'로서가 아니라, 창조적 발전을 위한 '계기'로서 인정하는 문화적 이해가 요청된다.

나아가 다문화 사회를 성숙시키기 위해서는 다양성이 사회에 미치는 본질적 가치에 대해 문화적 차원에서 이해되어야 한다. 이를 위해 한국 사회에서 다문화 개념은 다문화를 포괄하는 '문화다양성' 개념으로 확장되는 것이 바람직하다. 2000년대 이후 한국 사회에는 성, 세대, 지역, 인종, 취향

별로 다양한 문화들이 공존하고 있다. 따라서 문화다양성의 문제는 다문화로 한정할 수 없는 상황이 되었다. 이러한 관점에서 '텔레비전 다문화 프로그램'을 넘어 '문화다양성 시대의 방송' 기능에 대해 생각해야 한다. 즉, 다문화를 넘어 소수자를 포함한 문화다양성으로 시각을 확장하여 문화다양성 시대 방송의 기능에 대해 많은 관심을 기울여야 한다. 이는 문화다양성과 관련된 방송의 콘텐츠 제작물이 증가함에 따라, 방송 프로그램이 문화다양성에 대한 일반 국민의 인식에 미치는 영향력이 커졌다는 점을 말하는 것이다. 또 방송에서 생산된 콘텐츠는 다양한 미디어를 통해 국경을 넘어전 세계에서 소비되고 있다. 특히 케이팝(K-Pop)을 비롯한 한류의 영향으로 한국의 방송에서 생산된 콘텐츠가 국제 사회에서도 영향력을 미치고 있기 때문에 문화다양성에 대한 더욱 올바른 이해가 요구된다.

이와 함께 문화다양성에 대한 논의가 국가 의제인 만큼 미디어 기구에서도 문화다양성 문제를 중심 의제로 추진할 것을 제안한다. 우선 미디어에서 문화다양성을 담아내고 있는 콘텐츠 제작자들에게 문화다양성에 대한 올바른 정보를 충분히 제공할 필요가 있다. 미국을 비롯한 많은 국가들이 다문화 사회로 진입하면서 방송을 포함한 미디어에서 표현을 할 때 지켜야 할 안내서를 마련하고 있지만, 국내 미디어에서는 다문화에 대한 구체적인 안내서가 제시되지 못하고 있다. 필자가 조사한 〈러브 인 아시아〉 제작자들의 다문화에 대한 인식에 따르면, 제작자들은 각자 자신의 시각에서 다문화 사회를 해석하면서 프로그램을 제작하고 있었다. 그리고 제작자들이 다문화주의와 동화주의를 바라보는 시각과 이해하는 수준도 상당한 차이가 있었다. 그렇기에 다문화 콘텐츠 제작자들이 우리가 나아가야 할 다문화 사회에 대해 좀 더 깊이 이해한다면, 더욱 바람직한 다문화 프로그램을 제작할 수 있을 것이다. 따라서 이제 방송에서 문화다양성을 증진시키기 위해 가칭 '사회통합을 위한 문화다양성 방송 제작 가이드라인'을 정교하게 연구하여 관련 제작자들에게 제시할 필요가 있다.

우리 시대의 문화다양성은 창조의 근원이며 평화 공존의 조건이자 참된 자유의 기초라고 할 수 있다. 따라서 세계화 시대에 문화다양성은 국가의 경쟁력이자 역동성을 불어넣는 큰 자산이다. 그렇지만 문화다양성은 목적지가 아닌 과정이기 때문에 실천과 성찰이 반드시 수반되어야 한다. 한국의 방송은 문화다양성을 담아내어 시청자에게 봉사하는 역할을 수행해야 하는 책무를 안고 있다고 생각한다. 이 책이 그 미지의 세계를 모두 설명해 줄 수는 없다 하더라도, 그 세계를 함께 탐험하는 데에는 도움을 줄 수 있기를 바란다.

부록

**사회통합을 위한 문화다양성
방송 제작 가이드라인**

현대인의 생활에서 방송의 역할과 중요성은 갈수록 커지고 있으며 전반적인 사회통합 형성에서 그 영향력 또한 엄청나다. 그러나 방송을 둘러싸고 있는 여건과 환경은 갈수록 복잡해지고 다양해서 전통적인 가치관이나 개념, 관습만으로는 해결되기 어려운 문제점이 발생하는 경우가 많아지고 있다.

서구의 많은 국가들은 일찍이 다문화 사회를 경험하면서 문화다양성을 고려한 방송 제작의 필요성을 실감하고 편향된 방송으로 치우치지 않게 하기 위해 가이드라인을 마련해왔다. 그러나 한국은 다문화 사회로의 급격한 변화를 맞이하고 있으나 방송 제작의 지침이 될 만한 구체적인 방송 제작 가이드라인은 아직 제대로 마련되지 못한 실정이다.

영국은 방송의 다양성을 하나의 상품이 아닌 문화적 자산으로 간주하며 사회적 산물로 보고 있고, 한 시대와 한 사회의 정치적·사회적·문화적 가치의 핵심으로 문화의 다양성을 지적하고 있다. 캐나다의 민영 방송사들은 부정적인 방송이 누적적으로 사회에 영향을 미치는 것을 인지하고, '공정 묘사 규정(Equitable Portrayal Code)'을 제정하여 방송에서 왜곡된 묘사를 방지하도록 하기 위해 공통의 기준을 만들어 시행하고 있다.

따라서 우리도 다문화주의에 국한되었던 문화다양성에 대한 제한된 시각을 탈피하고, 방송에서 재현되는 프로그램을 통해 문화다양성에 대한 인식을 제고하고 올바른 가치 확산을 위해 방송 제작 가이드라인을 제공할

---

* 이 가이드라인은 대한민국 헌법, 방송법, 방송심의에 관한 규정, KBS 방송 제작 가이드라인, 영국의 방송 규제 가이드라인(Guidelines for Broadcasting Regulation), 영국 BBC의 제작 가이드라인(Editorial Guidelines), 독일 ZDF와 ARD의 제작 가이드라인, 호주 SBS의 직업 규약(Codes of Practice of the SBS), 캐나다 민간 방송사업자에 의한 문화다양성에 관한 가이드라인(Canadian Private Broadcasters Cultural Diversity Guidelines), 캐나다방송연맹 공정 묘사 규정(CAB Equitable Portrayal Code), KBS 방송기준, KBS 방송강령, 문화다양성을 고려한 방송 제작 가이드라인(한국방송통신전파진흥원, 2013) 등을 종합적으로 참고하여 작성한 시안이다.

필요가 있다. 가이드라인이 좋은 프로그램을 보장해주는 것은 아니지만 제작자의 실수나 오류를 최소화하는 밑바탕이 되고, 더 좋은 프로그램을 만드는 출발점이 될 수 있을 것이다. 또한 분단 한국 방송으로서 통일을 준비하는 미래 지향적 통합 관점의 배양이 필요하다.

1. 인권의 존중

① 인간의 존엄과 가치를 지켜가기 위한 국민의 권리는 헌법에 명시되어 있다. 방송과 표현의 자유도 이 기본적인 권리를 침해할 수 없다.

② 인권의 가장 기본적인 보호로서 인종, 민족, 종족, 종교, 성, 국적을 이유로 혐오를 불러일으킬 수 있게 하는 내용을 방송해서는 안 된다. 방송 프로그램에서 인종, 국적, 종교, 성 등에 관한 차별적 표현이 포함된 인터뷰 대상자나 프로그램 게스트의 장면이 방송되어서는 안 된다.

③ 그러나 실제 방송 현장에서는 여러 가지 예기치 못한 상황과 제약으로 본의 아니게 인권을 침해하는 일이 발생할 수도 있다. '인권의 침해가 없는 방송'을 넘어서서 좀 더 적극적인 의미에서 '인권을 보호하고 신장하는 방송'이 되기 위해서, 방송 제작자는 인간에 대해 따뜻한 애정을 가지고 인권을 최우선하는 확고한 자세를 지켜 나가야 할 것이다.

④ 특히 방송은 사회 고발성 내용을 다룰 때에는 부당하게 인권 등을 침해하지 않도록 유의해야 한다.

2. 사회의 통합

① 방송은 국민의 화합과 민주적 여론 형성에 이바지해야 한다.

② 방송은 다양한 의견과 사상을 적극적으로 다루어 사회의 다원화에 기여해야 한다.

③ 개방된 민주 사회는 사회 구성원 또는 집단의 각기 다른 견해, 가치관, 문화 등이 자유롭게 표출되고 교류될 때 그 다양성이 힘을 발휘할 수 있다. 따라서 사회의 이질성과 갈등을 조화롭게 극복하고 우리 사회에 존재하는 다양성을 균형 있게 반영할 수 있는 프로그램을 제작함으로써 방송의 공익적 기능을 행해야 한다.

④ 방송은 법과 규정의 준수, 직업윤리와 근로정신의 고취, 공동체 의식의 함양 등 민주적 시민 생활의 규범 확립에 기여함은 물론, 시청자의 다양한 정서와 도덕적·종교적 감정을 인정하고 존중해야 한다.

⑤ 방송은 프로그램을 통해 사회적 신분이나 계층, 성별, 나이, 종교, 연령, 지역, 직업, 국적, 인종 등에 따른 다양한 의견과 이익을 차별 없이 균형 있게 반영함으로써 사회적 갈등을 해소하고 사회를 통합시키는 기능을 수행해야 한다.

⑥ 방송은 지역 간, 성(性) 간, 세대 간, 계층 간, 인종 간, 종교 간 차별과 갈등을 조장해서는 안 된다.

⑦ 방송은 조화로운 국가의 발전 및 지역사회의 균형 있는 발전에 이바지해야 한다.

⑧ 방송은 성별·연령·직업·종교·신념·계층·지역·인종 등을 이유로 방송 편성에 차별을 두어서는 안 된다.

⑨ 특히 지상파 방송은 사회통합 실현에 기여해야 할 책무가 있다.

⑩ 소외 계층에 대한 배려는, 단순히 소수 대상 프로그램을 일부 편성한다는 차원을 넘어 방송 편성과 제작의 모든 과정을 통해 일관되게 기획되고 실천되어야 한다.

⑪ 특히 차별은 사회통합을 결정적으로 저해하는 요소이므로 방송에서 철저히 배격되어야 한다. 차별은 명예나 프라이버시의 침해와 달리 은밀히 또는 무의식적으로 이루어지기 때문에 방송 제작자는 각별히 유의해서 차별 해소에 앞장서야 한다.

3. 소수자 차별 금지

1) 차별의 행태

(1) 편견과 고정관념

① 방송 프로그램 내용이 사회 전체에 존재하고 있는 편견과 불이익을 영구화해서는 안 된다.

② 방송 프로그램은 특정 직업의 종사자를 우스갯거리로 만들거나, 노인을 무능력자로, 전과자를 범죄인으로, 장애인을 비정상인으로, 여성을 열등한 존재로 간주하는 등의 고정관념을 조장해서는 안 된다.

③ 방송은 인종이나 국적, 민족, 피부색, 종교, 나이, 성별, 성적 지향, 결혼 여부, 육체적·정신적 장애와 관련한 집단의 신화나 전통, 관습을 지나치게 조롱하는 내용을 피해야 한다.

④ 차별적 표현을 하지 않도록 방송 제작자는 의식의 저변에 대한 자기점검을 게을리하지 않아야 한다.

(2) 소수에 대한 배려

① 방송은 상대적으로 소수이거나 이익 추구의 실현에 불리한 집단이나 계층의 이익을 충실하게 반영하도록 노력해야 한다.

② 방송 제작자는 소수 계층의 사람들도 고루 참여하고 시청할 수 있도록 프로그램의 전체 장르에 걸쳐 모든 시각적·청각적 요소를 고려해야 한다.

2) 차별의 대상

(1) 장애인

① 방송은 장애인의 권리와 존엄성 보호에 유의해야 한다.

② 장애인도 모든 방송 프로그램에 자유롭게 참여할 수 있어야 한다.

③ 장애인에 대한 필요 이상의 배려, 불행한 희생자라는 식의 고정관념은 차별을 기정사실화할 수도 있다. 특히 방송은 장애인을 문제 집단으로 연상시킬 수 있는 표현을 배제해야 한다.

④ 방송은 심신장애인을 다룰 때에는 인권이 최대한 보호되도록 신중을 기해야 한다.

⑤ 방송은 정신적·신체적 차이를 조롱의 대상으로 취급해서는 안 되며, 부정적이거나 열등한 대상으로 다루어서는 안 된다.

⑥ 방송 제작자는 재난·재해 보도 시에 방송 내용을 이해하기 어려운 심신장애인을 위해 별도의 전달 방법을 강구해야 한다.

(2) 노인

① 노인 프로그램은 단순히 편성의 구색 맞추기용이 되어서는 안 되며,

노인을 단순한 효의 대상으로 다루거나 노인에게 위로나 즐거움을 제공하는 것으로 그쳐서도 안 된다.

② 노인 프로그램은 사회 전반의 흐름에 무관심해지고 소외되기 쉬운 노인들에게 필요한 정보를 제공함으로써 그들이 사회적·신체적 변화에 적응할 수 있도록 하고, 노인들의 생활을 향상시키는 데 실제적인 도움을 줄 수 있도록 배려해야 한다.

③ 사회가 날로 고령화되는 추세를 감안하여 노인층의 취업과 생계 및 복지와 관련된 내용도 적절히 반영해야 할 것이다.

(3) 여성

① 방송은 양성을 균형 있고 평등하게 묘사해야 한다.

② 방송은 특정 성(性)을 부정적·희화적으로 묘사하거나 왜곡해서는 안 된다.

③ 방송은 성차별적 표현을 하거나 성별 역할에 대한 고정관념을 조장해서는 안 된다.

④ 우리가 일상에서 사용하는 용어와 표현 가운데에는 여성에 대한 차별 의식이 그대로 남아 있는 경우가 많다. 따라서 방송 언어의 사용이나 영상 표현에서 여성에 대한 차별이나 편견을 조장하지 않도록 주의해야 한다.

(4) 어린이와 청소년

방송은 어린이와 청소년에 대한 사회적 관심과 이해의 폭을 넓히는 데 이바지해야 한다. 특히 경제적·사회적·문화적·정신적·신체적으로 어려운 처지에 있는 어린이와 청소년에게 지속적 관심을 갖도록 노력해야 한다.

(5) 다문화가족

① 방송은 이주민을 주체적이고 능동적인 삶을 살아가는 하나의 인격체, 그리고 문화 주체로 바라볼 수 있도록 묘사해야 한다.

② 방송은 이주민의 문화적 적응과 상호 이해에 도움을 줄 수 있도록 노력해야 한다.

③ 이주민이 모국어로 프로그램을 감상할 수 있도록 다국어로 제작된 프로그램을 일정 비율 이상 편성할 것을 권한다. 즉, 다양한 언어로 다양한 민족 문화를 반영함으로써 각 민족 집단의 취향과 이익을 좀 더 잘 충족시킬 수 있는 여지가 있다.

④ 방송은 이주민의 현실을 지나치게 미화하거나 과도하게 희화화해서는 안 되고, 현실을 정확하게 반영할 수 있는 사실적인 묘사에 역점을 두어야 한다.

⑤ 방송은 결혼 이주자와 그 자녀를 재미나 호기심의 대상으로 삼지 않도록 유의해야 한다. 특히 어눌한 한국어 표현 등에 주목한 웃음거리로 묘사하지 않도록 한다.

⑥ 방송 제작자는 사회적 편견과 차별로 이주민을 타자화시키거나 동정과 시혜의 대상으로 정형화시키지 않도록 노력해야 한다.

⑦ 방송은 피부색을 포함하여 현실적으로 차이가 존재하더라도 그 차이를 부각시켜 비하하거나 차별적인 편견을 조장해서는 안 된다.

⑧ 혼혈인의 증가를 예방하기 위해 국제결혼을 중단시키자는 순혈주의 주장을 방송해서는 안 된다.

⑨ 이주민을 위한 다문화 방송을 제작·방송하고 이주민 출신의 기자, 제작자가 사회통합에 대한 주체로 활발하게 방송 제작에 참여시킬 것을 권장한다.

(6) 외국인

① 방송은 재한 외국인이 대한민국 사회에 적응하여 개인의 능력을 충분히 발휘할 수 있도록 하고, 대한민국 국민과 재한 외국인이 서로를 이해하고 존중하는 사회 환경을 만들어 대한민국의 발전과 사회통합에 이바지하도록 해야 한다.

② 많은 외국인이 국내로 들어오면서 불법체류나 범죄 등과 관련하여 외국인에 대한 새로운 차별이나 편견이 생겨나고 있다. 그러나 방송은 외국인의 인권을 존중해야 하고 차별을 조장해서는 안 된다.

③ 외국인의 명예, 프라이버시, 초상권은 내국인의 경우와 동일하게 존중되고 보호되어야 한다. 특히 위험하고 힘든 일을 맡아서 하는 외국인 노동자의 인권과 제반 권리에 대해서는 각별히 유의해야 한다.

④ 중동 등 특정 지역 출신의 외국인을 위협적인 존재로 부각시키는 것도 방송해서는 안 된다.

⑤ 방송 제작자는 재난·재해 보도 시에 방송 내용을 이해하기 어려운 외국인들을 위해 별도의 전달 방법을 강구해야 한다.

(7) 기타

① 방송은 한국 사회에 있는 성적 소수자인 동성애자들에 대해 편견을 조장해서는 안 된다.

② 방송 프로그램에서 직업의 귀천이나 재산의 많고 적음에 의해 개인이 차별적으로 묘사되어서는 안 된다.

③ 드라마의 성격 묘사나 직업 설정 시에 출신 지역이 선입견을 조장하는 요인이 되지 않도록 주의해야 한다.

④ 방송 프로그램의 내용과 관계없다고 판단될 경우 방송 대상 인물의

출신 지역, 학교, 사상, 종교, 직업, 인종, 국적 등을 필요 이상으로 강조하지 않도록 해야 한다.

⑤ 방송 프로그램에서 출연자가 무심코 행한 발언이라 할지라도 차별적 표현을 통해 관련자들의 인권을 침해하고, 마음에 상처를 입히며, 차별 의식을 조장하는 경우가 있다. 이런 경우 진행자는 차별받고 상처받은 사람의 입장을 충분히 고려하여 즉시 해명한 뒤에 사과하고, 그 발언을 취소하도록 한다.

⑥ 소수의 권익을 보장해야 한다는 방송의 사명감 때문에 다수가 피해를 받지 않도록 주의해야 한다. 방송은 사회적 관계에서 열세에 놓인 소수를 다루는 경우에도 사회의 모든 대상을 공정하게 대해야 한다.

4. 문화의 다양성

① 방송은 인류 보편적 가치와 인류 문화의 다양성을 존중하여 특정 인종, 민족, 국가 등에 관한 편견을 조장해서는 안 된다. 특히 타민족이나 타문화 등을 모독하거나 조롱하는 내용을 다루어서는 안 된다.

② 방송은 프로그램을 통해 인간의 삶을 풍요롭게 이끄는 문화적 취향의 다양화를 추구해야 한다.

③ 방송 제작자는 사회 각 계층의 다양한 문화적 욕구를 충족시키기 위해 힘써야 하며, 이를 통해 시청자의 삶에 즐거움과 위안을 줄 수 있도록 노력해야 한다.

④ 방송은 프로그램을 통해 예술인들에게 개인적 능력과 예술적 열정을 표현할 수 있는 장을 제공해야 하며, 국내외적으로 풍부한 예술적 관

점과 재능을 수용할 책임을 가지고 있다.

⑤ 오늘의 세계 공동체와 한국을 이해할 수 있는 시사성 있는 프로그램을 최대한 방송할 것을 권장한다.

⑥ 방송은 문화의 다양성이 사회적 발전에 기여한다는 의식을 함양시켜야 한다.

5. 북한과 통일

통일은 우리 민족 앞에 놓인 최대의 현안이다. 방송은 남북한 통일과 문화 교류에 이바지해야 한다. 방송은 남북한의 이질성을 극복하고 남과 북의 상호 이해를 증진시킴으로써 궁극적으로 민족의 통일과 화합에 기여할 수 있어야 한다. 북한은 언젠가는 통일되어서 우리와 더불어 살아야 할 정치적 실체이며, 그 주민은 우리의 동포이다. 북한에 대해서는 가급적 편견을 배제하고 있는 그대로의 진실과 실상을 전해줌으로써 북한과 우리, 그리고 국제사회 모두에게 이익이 되도록 해야 한다. 이를 위해서 다음과 같은 기준이 적용되어야 한다.

1) 사실의 정확한 전달

북한과 관련한 취재는 북한이 아직까지 완전히 개방되어 있지 않으므로 실상을 알기 어렵지만 가능한 한 최대한의 진실을 추구하는 취재, 제작으로 북한의 실상을 있는 그대로 보여주도록 한다. 북한의 실상이 정치적 의도나 여타 의도에 의해 왜곡되어서는 안 된다.

2) 균형 잡힌 관점

북한 관련 프로그램 제작자는 우리 사회에 다양한 의견이 존재한다는 점을 유념해서 어느 쪽에도 치우치지 않는 객관적이고 균형 있는 시각과 일관된 내용을 유지해야 한다.

3) 국익과 국제사회에 대한 고려

북한 문제는 남북한뿐만 아니라 주변국 모두의 이해관계가 걸려 있다. 그런 만큼 각 나라의 이익이 훼손되지 않고 모두에게 이익이 되도록 제작이나 방송에 유의해야 한다. 특히 탈북 주민이나 북한 내 주민의 권익이 신장되고 보호되도록 유념한다.

4) 남북 교류 사업

남북 교류 사업은 남북 간 화해와 교류를 증진시켜 남북한 모두에게 이익이 되며, 나아가서는 통일에 기여할 수 있는 방향으로 추진되어야 한다. 사업을 추진할 때는 주관 부서와의 사전 통고와 협의 절차를 통해 교류 사업이 편중되거나 부실화되지 않고 내실을 기하는 방향에서 추진한다.

5) 북한 주민과 북한 이탈 주민

① 방송은 북한 이탈 주민 및 귀순자 관련 인터뷰나 프로그램 제작 시에 이들의 신변 안전에 각별히 주의해야 한다.

② 북한 이탈 주민의 경우에는 인권과 프라이버시 보호에 유의하고 개인 정보가 노출되지 않도록 각별히 주의해야 한다.

③ 방송은 체제에 대한 자신감이 지나쳐 북한과 관련된 모든 것을 열등한 것으로, 북한 주민을 이등 국민으로 묘사함으로써 민족 간의 갈등을 조장해서는 안 된다.

6) 용어의 성격

방송은 북한 문제를 다룰 때는 용어 사용에 신중을 기하는 것이 좋다. 예컨대 납북자와 국군 포로 문제에 대해 북한은 이를 인정하지 않고 있으며, 따라서 '납북자', '국군 포로'라는 용어 사용에도 반감을 표시하고 있다. 납북자나 국군 포로, 가족 상봉, 귀환 등은 인도주의 사안인 만큼 가급적 상봉과 귀환이 촉진될 수 있도록 용어 사용에 신중을 기해야 할 것이다.

6. 글로벌 스탠더드 준수

① 다른 민족이나 국가의 문화를 존중하는 것은 방송 제작자가 취해야 할 기본적인 태도이다. 방송은 국제적인 사안을 다룰 때 소수민족 등 어느 나라에 대해서도 편향적인 시각을 배제하고 인류애를 바탕으로 공정하고 객관적으로 접근해야 한다.

② 방송은 국제적인 사건이나 분쟁에 대해서는, 소수민족의 문제를 소홀히 다루는 등 편파적 접근을 경계하고 인류애적 시각에서 공정한 보도에 충실해야 한다.

③ 방송 제작자는 국가와 민족의 경계를 넘어 인류애와 세계 평화에 도움이 되는 소재를 적극 발굴, 프로그램화함으로써 국제사회가 공동으로 추구해야 할 가치에 대한 공감대 형성을 위해 노력해야 한다.

④ 미디어 산업의 글로벌화가 날로 고도화되고 있다. 따라서 국내에서는 아무 문제없이 정상적으로 방송이 된 경우라도 정치, 문화와 관습, 인권, 종교 등의 사유로 인해 다른 나라에서는 큰 문제가 되는 사례도 이전에 비해 훨씬 많아졌다. 방송의 글로벌화 진전에 따라 이제는 다른 나라 사람들의 문화와 정서까지 고려하는 노력이 필요하다.

참고문헌

국내 문헌

강휘원. 2006.「한국 다문화 사회의 형성 요인과 통합 정책」.≪국가정책연구≫, 20권 2호, 5~34쪽.

곽준혁. 2007a.「다문화 공존과 사회적 통합」.≪대한정치학회보≫, 15집 2호, 23~41쪽.

_____. 2007b.「미국에서의 다문화주의」.≪민족연구≫, 30호, 126~143쪽.

구견서. 2003.「다문화주의의 이론적 체계」.≪현상과 인식≫, 가을호, 29~53쪽.

권금상. 2013.「대중매체가 생산하는 '이주여성' 재현의 사회적 의미: 결혼이주민과 북한이탈주민 TV 프로그램을 중심으로」.≪다문화사회연구≫, 6권 2호, 39~81쪽.

기든스, 앤서니(Anthony Giddens). 2003.『현대사회학』. 김미숙 외 옮김. 을유문화사.

기어츠, 클리퍼드(Clifford Geertz). 1998.『문화의 해석』. 문옥표 옮김. 까치글방.

김경희. 2009.「텔레비전 뉴스 내러티브에 나타난 재한 이주민의 특성: 뉴스초점이주민과 주변인물(한국인·이주민) 분석을 중심으로」.≪한국방송학보≫, 23권 3호, 7~46쪽.

김귀옥. 2000.「남북 사회문화공동체 형성을 위한 대안과 통일방안 모색」.≪한국사회과학≫, 22권 3호, 83~118쪽.

김균·전규찬. 2003.『다큐멘터리와 역사: 한국 TV 다큐멘터리의 형성』. 한울.

김기봉. 2007.「다문화사회에서 한국인은 누구인가?: 민족정체성에서 공화국정체성으로」.≪경기대학교인문논총≫, 15호, 1~10쪽.

김남국. 2005a.「다문화 시대의 시민: 한국사회에 대한 시론」.≪국제정치논총≫, 45집 4호, 97~121쪽.

_____. 2005b.「심의 다문화주의: 문화적 권리와 문화적 생존」.≪한국정치학회보≫, 39집 1호, 87~107쪽.

_____. 2006. 유럽에서 다문화의 도전과 대응.≪국회도서관보≫, 43권 5호, 4~15쪽.

_____. 2008.「한국에서 다문화주의 논의의 전개와 수용」.≪경제와 사회≫, 80호,

343~361쪽.

김만기. 2008.『이미지 문화 커뮤니케이션: 현실의 체계 해체』. 한국학술정보(주).

김명혜. 2007.「<황금신부>를 통해서 본 한국의 민족적 정경(ethnoscape)」.《프로그램/텍스트》, 17호, 125~141쪽.

김비환. 1996.「포스트모던 시대에 있어서 합리성, 다문화주의 그리고 정치」.《사회과학》, 35권 1호, 205~236쪽.

_____. 2007.「한국사회의 문화적 다양화와 사회 통합: 다문화주의의 한국적 변용과 시민권 문제」.《법철학연구》, 10권 2호, 317~348쪽.

김선남·홍숙영. 2009.「다문화 관련 TV 프로그램의 시청동기에 관한 연구」.《주관성 연구》, 18호, 41~55쪽.

김성도. 1998.「기호학에서 범주화의 문제」.《기호학연구》, 4집, 64~94쪽.

김세은·김수아. 2008.「다문화 사회와 미디어의 재현: 외국인 노동자 보도 분석」.《다문화사회연구》, 1권 1호, 39~73쪽.

김수정·김은이. 2008.「아시아 여성의 국제결혼에 대한 미디어 담론」.《한국언론정보학보》, 통권 43호, 385~426쪽.

김승환. 2006.「세계화 시대의 다문화주의와 문화 다양성」.《개신어문연구》, 24집, 161~180쪽.

김연권. 2009.「다문화사회와 다문화주의」. 경기도다문화센터 엮음.『다문화교육의 이론과 실제』. 양서원.

김영란. 2006.「한국사회에서 이주여성의 삶과 사회문화적 적응관련 정책」.《아시아여성연구》, 46집 1호, 143~189쪽.

김영명. 2013.「한국의 다문화담론에 대한 비판적 고찰」.《한국정치외교사논총》, 35집 1호, 141~174쪽.

김영옥. 2007.「새로운 '시민들'의 등장과 다문화주의」.《아시아여성연구》, 46집 2호, 129~159쪽.

김영찬. 2006.「이주노동자 미디어의 문화정치적 함의」.《방송문화연구》, 18권 1호, 37~58쪽.

김예란·유단비·김지윤. 2009.「인종, 젠더, 계급의 다문화적 역학: TV '다문화적 드라마'의 초국적 사랑 내러티브와 자본주의 담론을 중심으로」.《언론과 사회》, 17권 1호, 2~41쪽.

김용신. 2011.「다문화 소수자로서 외국인 노동자의 이주정체성: 글로벌 정의는 가능한가?」.《사회과교육》, 50권 3호, 17~27쪽.

김은미·김지현. 2008.「다인종·다민족 사회의 형성과 사회 조직: 서울의 외국인 마을 사례」.《한국사회학》, 42집 2호, 1~35쪽.

김은실. 2002. 「세계화, 국민국가 그리고 여성의 섹슈얼리티」. ≪여성학논집≫, 19집, 29~45쪽.

김은중. 2005. 「세계화, 정체성, 다문화주의」. ≪라틴아메리카연구≫, 18집 1호, 137~179쪽.

김이선. 2009. 「다문화가족 자녀 지원 정책의 과제」. ≪젠더리뷰≫, 14호, 11~18쪽.

김이선·김민정·한건수. 2006. 『여성 결혼이민자의 문화적 갈등 경험과 소통증진을 위한 정책과제』. 한국여성개발원.

김이선·황정미·이진영. 2007. 『다민족·다문화사회로의 이행을 위한 정책 패러다임 구축 (I): 한국사회의 수용 현실과 정책과제』. 한국여성정책연구원.

김현미. 2005. 『글로벌시대의 문화번역』. 또 하나의 문화.

_____. 2006. 「국제결혼의 전 지구적 젠더 정치학: 한국 남성과 베트남 여성의 사례를 중심으로」. ≪경제와 사회≫, 여름호, 10~37쪽.

_____. 2008. 「이주자와 다문화주의」. ≪현대사회와 문화≫, 26호, 57~79쪽.

김현미·김민정·김정선. 2008. 「'안전한 결혼 이주'?: 몽골 여성들의 한국으로의 이주 과정과 경험」. ≪한국여성학≫, 24권 1호, 121~150쪽.

김현숙. 2007. 「결혼이주여성의 사회통합유형에 관한 연구: 부산지역을 중심으로」. 부산대학교 대학원 박사학위논문.

김현주·전광희·이혜경. 1997. 「국내 거주 외국인의 한국 사회 적응과정에 관한 연구」. ≪한국언론학보≫, 40호, 105~139쪽.

김혜순. 2006a. 「서론: 국내 체류 외국인의 증가와 '다문화시대'」. 한국사회학회 엮음. 『동북아 '다문화' 시대 한국사회의 변화와 통합』. 동북아시대위원회.

_____. 2006b. 「한국의 '다문화사회' 담론과 결혼이주여성」. 한국사회학회 엮음. 『동북아 '다문화' 시대 한국사회의 변화와 통합』. 동북아시대위원회.

_____. 2007. 「한국적 '다문화주의'의 모색: 세계화 시대 이민의 보편성과 한국의 특수성」. 한국사회학회 엮음. 『한국적 '다문화주의'의 이론화』. 동북아시대위원회.

_____. 2008. 「결혼이주여성과 한국의 다문화사회 실험: 최근 다문화담론의 사회학」. ≪한국사회학≫, 42집 2호, 36~71쪽.

김홍운·김두정. 2007. 「한국 사회의 다문화현상과 교육적 과제」. ≪인문학연구≫, 34권 3호, 153~176쪽.

러브 인 아시아 제작팀. 2008. 『가족愛(애)탄생』. 순정아이북스.

루만, 니클라스(Niklas Luhmann). 2006. 『대중매체의 현실』. 김성재 옮김. 커뮤니케이션북스.

마르티니엘로, 마르코(Marco Martiniello). 2002. 『현대사회와 다문화주의: 다르게, 평등하게 살기』. 윤진 옮김. 한울.

문경희. 2006. 「국제결혼 이주여성을 계기로 살펴보는 다문화주의(multiculturalism)와 한국의 다문화 현상」. ≪21세기정치학회보≫, 16집 3호, 67∼93쪽.

_____. 2008. 「호주 다문화주의의 정치적 동학: 민족 정체성 형성과 인종·문화 갈등」. ≪국제정치논총≫, 48권 1호, 267∼291쪽.

문지영. 2009. 「'동화주의'와 '다문화주의' 사이에서: 프랑스의 이민자 통합정책」. ≪다문화사회연구≫, 2권 1호, 33∼66쪽.

문화체육관광부. 2012. 『방송 영상 제작자를 위한 미디어 속 다문화 가이드북』. 문화체육관광부.

바바, 호미(Homi K. Bhabha). 2002. 『문화의 위치: 탈식민주의 문화이론』. 나병철 옮김. 소명출판.

바커, 크리스(Chris Barker). 2009. 『문화연구사전』. 이경숙·정영희 옮김. 커뮤니케이션북스.

바커, 크리스(Chris Barker)·갈라신스키, 다리우시(Dariusz Galasiński). 2009. 『문화연구와 담론분석: 언어와 정체성에 대한 담화』. 백선기 옮김. 커뮤니케이션북스.

박경태. 2008. 『소수자와 한국사회』. 후마니타스.

박구용·정용환. 2007. 「이주민과 다문화주의」. ≪범한철학≫, 46권, 137∼169쪽.

박단. 2006. 「2005년 프랑스 '소요사태'와 무슬림 이민자 통합문제」. ≪프랑스사 연구≫, 14호, 225∼261쪽.

박병섭. 2006. 「다문화적 소수자 문제에서 한국의 특수성」. ≪사회와 철학≫, 12호, 99∼126쪽.

_____. 2008. 『이주민과 다문화가정과 함께 하는 다문화주의 철학』. 실크로드.

박승규·홍미화. 2012. 「다문화교육에서 '다문화'의 교육적 의미 탐색」. ≪사회과교육≫, 51권 3호, 155∼166쪽.

박정순. 2009. 『대중매체의 기호학』. 커뮤니케이션북스.

박종대·김은혜·김미성. 2008. 「한국 사회의 상징적 프로젝트와 다문화주의의 전유, 대중 오락물에 나타나는 팽창주의적 상상력과 평화주의적 상상력: <미녀들의 수다>와 <사돈 처음 뵙겠습니다>」. 한국방송학회 2008 가을철 학술대회 발표 논문.

박종철·김영윤·이우영. 1996. 『북한이탈주민의 사회적응에 관한 연구: 실태조사 및 개선방안』. 민족통일연구원.

박주희·정진경. 2007. 「국제결혼 이주여성의 문화적응과 정체성」. ≪한국심리학회지: 여성≫, 12권 4호, 395∼432쪽.

방정배. 1995. 『커뮤니케이션: 변혁·사상·이론』. 성균관대학교출판부.

방정배 외. 2007. 『한류와 문화커뮤니케이션』. 커뮤니케이션북스.

백선기. 1995. 『보도의 기호학』. 성균관대학교출판부.

_____. 2001. 『텔레비전 문화의 기호학』. 커뮤니케이션북스.

_____. 2002. 「한국 TV 프로그램의 서사 구조, 논증 구조 및 의미 구조: MBC의 <PD 수첩>에 대한 기호학적 분석을 중심으로」. ≪기호학연구≫, 12집, 207~243쪽.

_____. 2003. 『텔레비전 영상 기호학』. 미디어24.

_____. 2004a. 『한국 언론보도의 기호학』. 커뮤니케이션북스.

_____. 2004b. 『대중문화, 그 기호학적 해석의 즐거움』. 커뮤니케이션북스.

_____. 2005a. 『전쟁보도와 미디어 담론』. 커뮤니케이션북스.

_____. 2005b. 「한국 언론의 '소수자·약자' 보도 경향과 사회문화적 함축 의미」. ≪저널리즘 평론≫, 통권 21호, 10~62쪽.

_____. 2007a. 『영화, 그 기호학적 해석의 즐거움』. 커뮤니케이션북스.

_____. 2007b. 『미디어, 그 기호학적 해석의 즐거움』. 커뮤니케이션북스.

백선기·최민재. 2003. 「영상 텍스트의 맥락적(context) 의미구성에 관한 연구: 영화 <친구>에 대한 분석을 중심으로」. ≪기호학연구≫, 13집, 165~209쪽.

백선기·황우섭. 2009. 「다문화성 TV 방송 프로그램의 패러독스: KBS-TV의 <미녀들의 수다>에 내재된 '다문화성'과 '섹슈얼리티'의 혼재성」. ≪한국언론정보학보≫, 통권 45호, 255~295쪽.

법무부. 2008. 「체류외국인 국적별 현황(2008년 12월 31일 현재)」. ≪출입국·외국인 정책통계월보≫, 12월호.

_____. 2013. 「체류외국인 국적별 현황(2013년 9월 30일 현재)」. ≪출입국·외국인 정책통계월보≫, 9월호.

베네딕트, 루스(Ruth Benedict). 2008. 『문화의 패턴』. 이종인 옮김. 연암서가.

베르나르, 프랑수아 드(Francois de Bernard). 2005. 「'문화 다양성' 개념의 재정립을 위하여」. 김창민 외 편역. 『세계화 시대의 문화 논리』. 한울.

브라이언트, 제닝스(Jennings Bryant)·톰슨, 수잔(Susan Thompson). 2005. 『미디어 효과의 기초』. 배현석 옮김. 한울.

사모바, 래리(Larry Samovar)·포터, 리처드(Richard Porter). 2007. 『문화 간 커뮤니케이션』. 정현숙·김숙현·최윤희·김혜숙·박기순 옮김. 커뮤니케이션북스.

사이드, 에드워드(Edward W. Said). 2005. 『문화와 제국주의』. 박홍규 옮김. 문예출판사.

_____. 2007. 『오리엔탈리즘』. 박홍규 옮김. 교보문고.

색스, 조너선(Jonathan Sacks). 2007. 『차이의 존중』. 임재서 옮김. 말글빛냄.

설동훈. 2007. 「혼혈인의 사회학: 한국인의 위계적 민족성」. ≪인문연구≫, 52호, 125~160쪽.

설한. 2004. 「다원주의와 타협의 정치」. ≪동북아연구≫, 9권, 245~269쪽.

슈미드, 앙드레(Andre Schmid). 2007. 『제국 그 사이의 한국 1895~1919』. 정여울 옮김. 휴머니스트.

스토리, 존(John Storey). 2004. 『문화연구란 무엇인가?』. 백선기 옮김. 커뮤니케이션 북스.

_____. 2012. 『대중문화와 문화이론』(제5판). 박만준 옮김. 경문사.

스토커, 피터(Peter Stalker). 2004. 『국제이주』. 김보영 옮김. 이소출판사.

신기욱. 2009. 『한국 민족주의의 계보와 정치』. 이진준 옮김. 창비.

심상용. 2012. 「코즈모폴리턴 공화주의의 지구시민권 구상에 대한 연구」. ≪경제와 사회≫, 93호, 137~163쪽.

심승우. 2012. 「이주민의 포용과 다문화정치통합의 전략」. ≪디아스포라연구≫, 6권 2호, 81~110쪽.

심훈. 2012. 「KBS <인간극장>에 나타난 다문화 방영물 서사 분석: 이야기 구도와 등장인물, 발화를 중심으로」. ≪한국언론학보≫, 56권 4호, 184~209쪽.

앤더슨, 베네딕트(Benedict Anderson). 2002. 『상상의 공동체: 민족주의 기원과 전파에 대한 성찰』. 윤형숙 옮김. 나남.

에덴서, 팀(Tim Edensor). 2008. 『대중문화와 일상, 그리고 민족 정체성』.박성일 옮김. 이후.

에드거, 앤드루(Andrew Edgar)·세즈윅, 피터(Peter Sedgwick). 2003. 『문화 이론 사전』. 박명진 외 옮김. 한나래.

양정혜. 2001. 「텔레비전의 사회적 이용: 국제결혼 한인 여성들의 TV 이용 동기와 유형에 대한 고찰」. ≪언론과학연구≫, 1권 2호, 104~140쪽.

_____. 2007. 「소수 민족 이주여성의 재현: 국제결혼 이주여성에 관한 뉴스보도 분석」. ≪미디어, 젠더 & 문화≫, 7호, 47~77쪽.

양정혜·오창우. 2008. 「미디어와 타자의 재현: <사돈 처음 뵙겠습니다>에 나타난 결혼 이주 외국 여성의 모습」. ≪사회과학논총≫, 27집 1호, 345~371쪽.

엄한진. 2006. 「전지구적 맥락에서 본 한국의 다문화주의 이민논의」. 한국사회학회 엮음.『동북아 '다문화' 시대 한국사회의 변화와 통합』. 동북아시대위원회.

_____. 2007. 「세계화시대 이민과 한국적 다문화사회의 과제」. 한국사회학회 엮음.『한국적 '다문화주의'의 이론화』. 동북아시대위원회.

오경석. 2007. 「어떤 다문화주의인가?: 다문화사회 논의에 관한 비판적 조망」. 오경석 외. 『한국에서의 다문화주의』. 한울.

오경석 외. 2007. 『이주민 공동체의 문화 다양성에 대한 조사연구: 다문화지도제작』 (2007 이주민 온누리안 문화체험사업). 문화관광부.

와이만, 가브리엘(Gabriel Weimann). 2003. 『매체의 현실 구성론: 현대 미디어와 현실의 재구성』. 김용호 옮김. 커뮤니케이션북스.

원숙연. 2008. 「소수자 정책의 차별적 포섭과 배제: 외국인 대상 정책을 중심으로」. ≪한국행정학보≫, 42권 3호, 29~49쪽.

원용진. 2003. 「아직은 아시아를 말할 때가 아니다」. ≪프로그램/텍스트≫, 8권, 196~206쪽.

_____. 2009. 「미디어와 대중문화」. 강상현·채백 엮음. 『디지털시대 미디어의 이해와 활용』. 한나래.

월터스, 수잔나(Susanna Walters). 1999. 『이미지와 현실 사이의 여성들』. 김현미·김주현·신정원·윤자영 옮김. 또 하나의 문화.

유네스코한국위원회. 2008. 『유네스코와 문화 다양성』. 유네스코한국위원회.

_____. 2010. 『유네스코 세계보고서: 문화 다양성과 문화간 대화』. 유네스코한국위원회.

유정석. 2003. 「다문화주의의 현장: 다문화주의 제도화의 산실」. ≪민족연구≫, 11호, 12~26쪽.

윤인진. 2008. 「한국적 다문화주의의 전개와 특성: 국가와 시민사회의 관계를 중심으로」. ≪한국사회학≫, 42집 2호, 72~103쪽.

윤형숙. 2004. 「국제결혼 배우자의 갈등과 적응」. 최협·김성국·정근식·유명기 엮음. 『한국의 소수자, 실태와 전망』. 한울.

이경숙. 2006. 「혼종적 리얼리티 프로그램에 포섭된 '이산인'의 정체성: <러브 인 아시아>의 텍스트 분석」. ≪한국방송학보≫, 20-2호, 239~274쪽.

이동연. 2006. 『아시아 문화연구를 상상하기』. 그린비.

이동연 외. 2012. 『2012년 문화다양성 시대 다문화의 미디어 재현 안내서 제작 사업 최종 결과 보고서』. 문화체육관광부.

_____. 2013. 『2013년 문화다양성 지표개발 기초연구 결과보고서』. 문화체육관광부.

이득재. 2004. 『가부장 제국 속의 여자들』. 문화과학사.

이상길. 2008. 「미디어 사회문화사: 하나의 연구 프로그램」. ≪미디어, 젠더 & 문화≫, 9호, 5~50쪽.

이상길·안지현. 2007. 「다문화주의와 미디어/문화연구: 국내 연구동향의 검토와 새로운 전망의 모색」. ≪한국언론학보≫, 51권 5호, 58~83쪽.

이선옥. 2007. 「한국에서의 이주노동운동과 다문화주의」. 오경석 외. 『한국에서의 다문화주의』. 한울.

이선주·김영혜·최정숙. 2005. 『세계화와 아시아에서의 여성 이주에 관한 연구』. 한국여성개발원.

이수자. 2004. 「이주여성 디아스포라: 국제성별분업, 문화혼성성, 타자화와 섹슈얼리티」. ≪한국사회학≫, 38집 2호, 189~219쪽.

이용승. 2004. 「호주의 다문화주의」. ≪동아시아연구≫, 8호, 177~205쪽.

이용승·이용재. 2013. 「결혼이주여성의 문화적응: 베트남과 필리핀 이주여성을 중심으로」. ≪다문화와 인간≫, 1권 2호, 163~185쪽.

이용재. 2009. 「차이해석을 통한 다문화주의 비판적 고찰」. 경북대학교 대학원 박사학위논문.

이인희·황경아. 2013. 「다문화 관련 미디어 보도 프레임 연구에 대한 메타분석」. ≪다문화사회연구≫, 6권 2호, 83~108쪽.

이정복. 2009. 「한국 사회의 인종차별적 언어문화에 대한 비판적 분석」. ≪언어과학연구≫, 48호, 125~158쪽.

이종수. 2000. 「영상 다큐멘터리 역사재현의 현실성과 표현성」. ≪한국언론학보≫, 44권 3호, 301~341쪽.

_____. 2002. 「한국 휴먼다큐멘터리의 시대성과 사회성: 다큐멘터리의 내용, 형식의 변화와 사회적 맥락과의 연관성을 중심으로」. ≪언론과 사회≫, 10권, 35~72쪽.

_____. 2004. 『TV 리얼리티: 다큐멘터리, 뉴스, 리얼리티 쇼의 현실 구성』. 한나래.

이창언. 1998. 「캐나다 소수민족의 민족 정체성과 사회문화적 적응」. ≪한국문화인류학≫, 31권 2호, 559~596쪽.

이창호·정수남. 2002. 「텔레비전 다큐멘터리에 나타난 근대적 시선과 재현의 정치: 1960년대 텔레비전 다큐멘터리에 관한 역사 및 영상인류학적 연구」. ≪한국문화인류학≫, 35권 2호, 233~274쪽.

이현정·안재웅·이상우. 2013. 「다문화콘텐츠가 다문화수용성에 미치는 영향에 관한 실증연구」. ≪한국언론학보≫, 57권 3호, 34~57쪽.

이혜경. 2005. 「혼인이주와 혼인이주 가정의 문제와 대응」. ≪한국인구학≫, 28권 1호, 73~106쪽.

_____. 2007. 「이민 정책과 다문화주의: 정부의 다문화 정책 평가」. 한국사회학회 엮음.『한국적 '다문화주의'의 이론화』. 동북아시대위원회.

이혜경·정기선·유명기·김민정. 2006. 「이주의 여성화와 초국적 가족: 조선족 사례를 중심으로」. ≪한국사회학≫, 40집 5호, 258~298쪽.

이화숙. 2013. 「다문화시대 소수자의 명칭연구: 결혼을 통해 이주한 여성집단의 '명칭' 분석을 중심으로」. ≪한국학연구≫, 45호, 247~272쪽.

이희은·유경한·안지현. 2007. 「TV 광고에 나타난 전략적 다문화주의와 인종주의」. ≪한국언론정보학보≫, 통권 39호, 473~505쪽.

임형백. 2009. 「한국과 서구의 다문화 사회의 차이와 정책 비교」. ≪다문화사회연구≫,

2권 1호, 161~185쪽.

장미혜 외. 2008. 『다민족·다문화사회로의 이행을 위한 정책 패러다임 구축 (II): 다문화 역량 증진을 위한 정책·사회적 실천 현황과 발전 방향』. 한국여성정책연구원.

전규찬. 1999. 「인종의 한국 문화연구 내 배치에 관한 계보학적 고찰」. ≪한국언론정보학보≫, 통권 12호, 99~136쪽.

_____. 2002. 「인종주의의 전지구적 형성과 미디어 연관성에 관한 연구」. ≪언론과 사회≫, 9권 3호, 73~105쪽.

전환성. 1991. 「텔레비전 뉴스의 사회적 현실구성에 관한 연구: 통합모델 설정을 중심으로」. 연세대학교 대학원 박사학위논문.

정상우. 2009. 「다문화가족 지원에 관한 법체계 개선 방안 연구」. ≪법학논총≫, 26집 1호, 483~510쪽.

정상준. 2003. 「다문화주의란 무엇인가」. ≪역사와 문화≫, 7호, 11~36쪽.

정수일. 2005. 『한국 속의 세계』. 창비.

정연구·송현주·윤태일·심훈. 2011. 「뉴스 미디어의 결혼이주여성 보도가 수용자의 부정적 고정관념과 다문화지향성에 미치는 영향」. ≪한국언론학보≫, 55권 2호, 405~427쪽.

정영근. 2009. 「한국사회의 다문화화에 대한 교육학적 성찰」. ≪교육철학≫, 44집, 113~137쪽.

정의철·이창호. 2007. 「혼혈인에 대한 미디어 보도 분석: 하인스 워드의 성공 전후를 중심으로」. ≪한국언론학보≫, 51권 5호, 84~110쪽.

정진경·양계민. 2004. 「문화적응 이론의 전개와 현황」. ≪한국심리학회지: 일반≫, 23권 1호, 101~136쪽.

정치학대사전편찬위원회 엮음. 2002. 『21세기 정치학 대사전』. 정치학대사전편찬위원회.

조성원. 2002. 「한국사회의 또 다른 가족: 한국 여성과 이주노동자와의 결혼」. ≪민족학연구≫, 6집, 105~133쪽.

조정남. 2007. 「현대국가와 다문화주의」. ≪민족연구≫, 30호, 6~15쪽.

조정아·임순희·정진경. 2006. 『새터민의 문화갈등과 문화적 통합방안』. 한국여성개발원·통일연구원.

채영길. 2010. 「미디어의 이주민 타자화 프레임 분석」. ≪언론학연구≫, 14권 2호, 205~241쪽.

천선영. 2004. 「'다문화사회' 담론의 한계와 역설」. ≪한·독회과학논총≫, 14권 2호, 363~380쪽.

최성환. 2008. 「다문화주의의 개념과 전망: 문화형식(이해)의 변동을 중심으로」. ≪철학연구≫, 24집, 287~310쪽.

최윤철. 2007. 「우리나라의 외국인법제에 관한 소고」. ≪입법정책≫, 1권 2호, 27~ 58쪽.

최종렬 외. 2008.『다민족·다문화 사회로의 이행을 위한 정책 패러다임 구축(II): 다 문화주의의 이론적 패러다임과 국가별 유형비교』. 한국여성정책연구원·한국사 회학회.

최종렬·최인영. 2008. 「국제결혼 이주여성에 대한 문화사회학적 접근: 방법론적·윤 리적 논의를 중심으로」. ≪문화와 사회≫, 4권, 147~205쪽.

최혜지. 2009. 「이주여성의 문화적응 유형과 관련 특성에 관한 연구」. ≪한국사회복 지학≫, 61권 1호, 163~194쪽.

켈너, 더글라스(Douglas Kellner). 1997.『미디어 문화: 영화, 랩, MTV, 광고, 마돈나, 패션, 사이버 펑크까지』. 김수정·정종희 옮김. 새물결.

콜드리, 닉(Nick Couldry). 2007.『미디어는 어떻게 신화가 되었는가: 미디어 의식 (rituals)의 비판적 접근』. 김정희·김호은 옮김. 커뮤니케이션북스.

킴리카, 윌(Will Kymlicka). 2005.『현대 정치철학의 이해』. 장동진 외 옮김. 동명사.

_____. 2010.『다문화주의 시민권』. 장동진·황민혁·송경호·변영환 옮김. 동명사.

톰린슨, 존(John Tomlinson). 1994.『문화 제국주의』. 강대인 옮김. 나남.

_____. 2004.『세계화와 문화』. 김승현·정영희 옮김. 나남.

프랭클, 존(John M. Frankl). 2008.『한국문학에 나타난 외국의 의미』. 고혜정·박현 주·김다정 옮김. 소명출판.

하버마스, 위르겐(Jürgen Habermas). 2000.『이질성의 포용』. 황태연 옮김. 나남.

한건수. 2002. 「세계화와 문화변동: 탈영토화, 초문화화 그리고 크레올화」. 강원대학 교 사회과학연구소 엮음.『세계화와 사회변동』. 강원대학교출판부.

_____. 2003. 「'타자만들기': 한국사회와 이주노동자의 재현」. 최협·김성국·정근식· 유명기 엮음.『한국의 소수자, 실태와 전망』. 한울.

_____. 2006. 「농촌지역 결혼이민자 여성의 가족생활과 갈등 및 적응」. ≪한국문화 인류학≫, 39권 1호, 195~243쪽.

한경구. 2008. 「한국사회와 문화 다양성」. 유네스코한국위원회 엮음.『유네스코와 문 화 다양성』. 유네스코한국위원회.

한경구·한건수. 2007. 「한국적 다문화 사회의 이상과 현실: 순혈주의와 문명론적 차 별을 넘어」. 한국사회학회 엮음.『한국적 '다문화주의'의 이론화』. 동북아시대위 원회.

한국방송통신전파진흥원. 2013.『문화다양성을 고려한 방송제작 가이드라인』. 한국 방송통신전파진흥원.

한승준. 2008a. 「프랑스 동화주의 다문화 정책의 위기와 재편에 관한 연구」. ≪한국 행정학보≫, 42권 3호, 463~486쪽.

_____. 2008b. 「동화주의모델의 위기론과 다문화주의 대안론: 프랑스의 선택을 중심 으로」. 한국정책학회 하계 학술대회 자료집, 99~126쪽.

한은경·이동후 엮음. 2003. 『미디어의 性과 像』. 나남.

홀, 스튜어트(Stuart Hall). 1996. 「문화연구의 두 가지 패러다임」. 임영호 편역. 『스튜 어트 홀의 문화 이론』. 한나래.

홀, 스튜어트 외. 2001. 『현대성과 현대문화』. 전효관·박병영·김수진 옮김. 현실문 화연구.

홍기원·백경영·노명우. 2006. 『다문화정책의 방향과 문화적 지원방안 연구』(정책 과제 2006-19). 한국문화관광정책연구원.

홍숙영. 2007. 「외국인에 대한 TV담론과 다문화주의」. ≪프랑스문화예술연구≫, 22집, 1~20쪽.

_____. 2008. 「지역방송의 지역성 및 다문화주의 반영에 관한 연구」. ≪디지털정책 연구≫, 6권 3호, 149~158쪽.

홍지아·김훈순. 2010. 「다인종 가정 재현을 통해서 본 한국사회의 다문화 담론: TV 다큐멘터리 <인간극장>을 중심으로」. ≪한국방송학보≫, 24권 5호, 544~581쪽.

황달기. 1993. 「일본 영농후계자의 '국제결혼': 그 실상과 문제점」. ≪일본학보≫, 30호, 461~491쪽.

_____. 2006. 「일본인의 국제결혼: 그 동기와 발생의 사회·문화적 요인을 중심으로」. ≪일본어문학≫, 52집, 543~572쪽.

황우섭. 2010. 「한국의 다문화지형의 텔레비전 프로그램 속성에 관한 연구: KBS TV <러브 인 아시아>에 대한 문화적응 유형분석을 중심으로」. 성균관대학교 대학 원 박사학위논문.

황인성. 1999. 「텔레비전 다큐멘터리의 민속지학적 관음주의와 타문화의 현실구성에 관한 연구」. ≪프로그램/텍스트≫, 창간호, 209~238쪽.

_____. 2004. 「영화와 텔레비전의 소수집단 현실 구성방식에 관한 비교 연구: <나쁜 영화>와 <뉴스추적> 사례를 중심으로」. ≪영화연구≫, 23호, 491~515쪽.

국외 문헌

Benhabib, S. 2002. *The Claims of Culture: Equality and Diversity in the Global Era*. Princeton, NJ: Princeton University Press.

Bennett, L. 2005. *News: The Politics of Illusion*(6th ed.). New York: Longman.

Bennett, T. 1982. "Media, 'Reality', Signification." in M. Gurevitch, T. Bennett and

J. Woolacott(eds.). *Culture, Society and the Media*. London: Metheun.

Berry, J. 1976. *Human Ecology and Cognitive Style: Comparative Studies in Cultural Studies and Psychological Adaptation*. New York: Sage.

_____. 1980. "Acculturation as varieties of adaptation." in A. Padilla(ed.). *Acculturation: Theories, Models and Findings*. Boulder, CO: Westview.

_____. 1990. "Psychology of acculturation: Understanding individuals moving between culture." in R. Brislin(ed.). *Applied Cross-Cultural Psychology*. Newbury Park, CA: Sage.

_____. 1997. "Immigration, Acculturation and Adaptation." *Applied Psychology: An International Review*, Vol.46, No.1, pp.5~34.

_____. 2005. "Acculturation: Living successfully in two countries." *International Journal of Intercultural Relations*, Vol.29, No.6, pp.697~712.

Bogart, L. 1980. "Television News as Entertainment." in P. H. Tannenbaum(ed.). *The Entertainment Functions of Television*. Hillsdale: Lawrence Eralaum Associates.

Brass, P. 1991. *Ethnicity and Nationalism*. London: Sage.

Brian, B. 2001. *Culture and Equality: An Egalitarian Critique of Multiculturalism*. Cambridge, MA: Harvard University Press.

Castles, S. and M. Miller. 2003. *The Age of Migration: International Population Movements in the Modern World*(3rd ed.). New York: The Guilford Press.

Cohen, A. 1969. *Customs and Politics in Urban Africa*. London: Routledge.

Fiske, J. 1987. *Television Culture*. London: Routledge.

Geertz, C.(ed.). 1963. *New States: Old Society and the Quest for Modernity in Asia and Africa*. London: The Free Press of Glencoe.

Giles, J. and T. Middleton. 1999. *Studying Culture*. Oxford: Blackwell.

Gleason, P. 1964. "The Melting Pot: Symbol of Fusion or Confusion?" *American Quarterly*, Vol.16, No.1, pp.20~46.

Goldberg, D.(ed.). 1994. *Multiculturalism: A Critical Reader*. New York: Blackwell.

Gramsci, A. 1971. *Selections from the Prison Notebooks*. edited and translated by Q. Hoare and G. Smith. New York: International Publishers.

Graves, T. 1967. "Psychological Acculturation in a Tri-ethnic Community." *Southwestern Journal of Anthropology*, Vol.23, No.4, pp.337~350.

Gutmann, A. 1993. "The Challenge of Multiculturalism in Political Ethics." *Philosophy and Public Affairs*, Vol.22, No.3, pp.171~206.

Hall, S. 1991. "Ethnity, Identity, and Difference." *Radical America*, Vol.23, No.4, pp.9~20.

_____. 1993. "Cultural Identity and Diaspora." in P. Williams and L. Chrisman(eds.). *Colonial Discourse and Post-colonial Theory: A Reader*. London: Harvester Wheatsheaf.

_____. 1996a. "New Ethnicities." in D. Morley and K. Chen(eds.). *Stuart Hall: Critical Dialogues in Cultural Studies*. London: Routledge.

_____. 1996b. "Signification, Representation, Ideology: Althusser and the Post-Structuralist Debates." in J. Curran, D. Morley and V. Walkerdine(eds.). *Cultural Studies and Communication*. London: Arnold.

_____. 1997a. "The Work of Representation." in S. Hall(ed.). *Representation: Cultural Representations and Signifying Practices*. London: Sage.

_____. 1997b. "The Spectacle of the 'Other'." in S. Hall(ed.). *Representation: Cultural Representations and Signifying Practices*. London: Sage.

Hirano, K., S. Castles and P. Brownlee. 2000. "Towards a Sociology of Asian Migration and Settlement." *APMJ*, Vol.9, No.3, pp.243~253.

Hobsbawn, E. 1992. *Nations and nationalism since 1780: Programme, myth, reality*. Cambridge: Cambridge University Press.

Igarashi, Y. 2000. "Strategies for Global Migration Among Workers in Japan." *APMJ*, Vol.9, No.3, pp.375~385.

Ip, L. and W. Chui. 2002. "Resettlement Experiences of Five Chinese Skilled Women Migrants to Australia." *APMJ*, Vol.11, No.3, pp.333~356.

Johnson, J. 2000. "Why Respect Culture?" *American Journal of Political Science*, Vol.44, No.3. pp.405~418.

Kymlicka, W. 2005a. "Liberal Multiculturalism: Western Models, Global Trends, and Asian Debate." in W. Kymlicka and B. He(eds.). *Multiculturalism in Asia*. New York: Oxford University Press.

_____(ed.). 2005b. *The Rights of Minority Culture*. New York: Oxford University Press.

_____. 2007. *Multicultural Odysseys: Navigating the New International Politics of Diversity*. New York: Oxford University Press.

Lakoff, G. 1987. *Woman, Fire, and Dangerous Things*. Chicago: University of Chicago Press.

Lee, W. 2004. "Ethnic and Gender Relations in Hong Kong: The Work Experiences of Recent Mainland Chinese Immigrant Women." *APMJ*, Vol.13, No.2, pp.233~253.

Lemaitre, G. and C. Thoreau. 2006. "Estimating the Foreign-born Population on a Current Basis." Organisation for Economic Co-operation and Development.

Mirty, J. 2000. *Semiotics and the Analysis of Film.* translated by C. King. Bloomington: Indiana University Press (Original work published 1987).

Oberg, K. 1960. "Cultural shock: Adjustment to new cultural environments." *Practical Anthropology*, Vol.7, pp.177~182.

Parekh, B. 2000. *Rethinking Multiculturalism: Cultural Diversity and Political Theory.* Cambridge, MA: Harvard University Press.

Piper, N. 2004. "Rights of Foreign Workers and the Politics of Migration in South-East and East Asia." *International Migration*, Vol.42, No.5, pp.71~97.

Raz, J. 1995. *Ethnics in the Public Domain.* Oxford: Clarendon Press.

Redfield, R., R. Linton and M. Herskovits. 1936. "Memorandum for the Study of Acculturation." *American Anthropology*, Vol.38, pp.149~152.

Reid, P. T. 2002. "Multicultural Psychology: Bringing together Gender and Ethnicity." *Cultural Diversity and Ethnic Minority Psychology*, Vol.8, pp.103~114.

Robertson, R. 1992. *Globalization: Social Theory and Global Culture.* London: Sage.

Sam, D. 1995. "Acculturation attitudes among young immigrants as a function of perceived parental attitudes toward cultural change." *Journal of Early Adolescence*, Vol.15, pp.238~258.

Sam, D. L. and J. W. Berry. 1995. "Acculturative stress among young immigrants in Norway." *Scandinavian Journal of Psychology*, Vol.36, pp.10~24.

Shils, E. 1957. "Primodial, personal, sacred and civil ties." *British Journal of Sociology*, Vol.8, No.2, pp.130~145.

Sholle, D. 1988. "Critical Studies: From the Theory of Ideology to Power/Knowledge." *Critical Studies in Mass Communication*, Vol.5, pp.16~41.

Struken, M. and L. Cartwright. 2001. *Practices of looking: An introduction to visual culture.* Oxford: Oxford University Press.

Sumner, W. G. 1940. *Folkways.* New York: Arno Press.

Swidler, A. 1986. "Culture in Action: Symbols and Strategies." *American Sociological Review*, Vol.51, No.2, pp.273~286.

Tajfel, H. 1982. *Social identity and intergroup relations.* Cambridge, MA: Cambridge University Press.

Tajfel, H. and J. C. Turner. 1986. "The social identity theory of intergroup behavior." in S. Worchel and W. G. Austin(eds.). *Psychology of intergroup relations.* Chicago:

Nelson-Hall Publishers.

Taylor, C. 1992. *Multiculturalism: Examining the Politics of Recognition*. Princeton, NJ: Princeton University Press.

Taylor, J. 1989/1995. *Linguistics Categorization: Protypes in Linguistic Theory*. Oxford: Clarendon Press.

Troper, H. 1999. "Multiculturalism." in P. Magosi(ed.). *Encyclopedia of Canada's Peoples*. Toronto: University of Toronto Press.

Ward, C., S. Bochner and A. Furnham. 2001. *The Psychology of culture shock*. East Sussex: Routledge.

Whorf, B. 1956. *Language, Thought and Reality*. Cambridge, Mass.: MIT Press.

Willet, C.(ed.). 1998. *Theorizing Multiculturalism: A Guide to the Current Debate*. New York: Blackwell.

Williams, R. 1983. *Keywords: A vocabulary of culture and society*. New York: Oxford University Press.

영상 자료

김자현(연출). 2007.9.13. <러브 인 아시아>, 헝가리 아줌마 아니타의 한국생활백서. 한국방송 KBS.

손병규(연출). 2008.4.22. <러브 인 아시아>, 사랑은 판가즈도 철들게 한다. 한국방송 KBS.

유희원(연출). 2008.8.5. <러브 인 아시아>, 헤지나·창현의 상투스의 연인. 한국방송 KBS.

유희원(연출). 2008.10.14. <러브 인 아시아>, 하빌 우딘의 나의 사랑 나의 가족. 한국방송 KBS.

이경묵(연출). 2007.8.16. <러브 인 아시아>, '안사장' 안와르의 코리안 드림. 한국방송 KBS.

이내규(연출). 2009.3.17. <러브 인 아시아>, 수구레 국밥집 아지매 호앙티항. 한국방송 KBS.

이내규·김동국(연출). 2008.7.22. <러브 인 아시아>, 앗셀의 호기심 천국. 한국방송 KBS.

이상헌·신주호(연출). 2006.6.3. <러브 인 아시아>, 청원의 소문난 효부 에미레. 한국방송 KBS.

이성범·유재우(연출). 2007.3.10. <러브 인 아시아>, 농부 마리테스 10년 만의 외출. 한국방송 KBS.

정기윤(기획), 정기윤·이성범·이지윤(연출). 2006.5.20. <러브 인 아시아>, 가정의 달 기획: 우리는 하나 – 관지. 한국방송 KBS.

정기윤(기획), 주용범·최정환·김우현(연출). 2006.9.23. <러브 인 아시아>, 인도에서 온 루파공주와 재건왕자. 한국방송 KBS.

최재복·김자현(연출). 2007.2.10. <러브 인 아시아>, 총영사의 딸 모토코의 한국연가. 한국방송 KBS.

허완석(기획), 김규식·김석준(연출). 2008.12.2. <러브 인 아시아>, 가우샬리아 가족의 두 번째 도전. 한국방송 KBS.

허완석(기획), 김동국·장우석(연출). 2008.9.9. <러브 인 아시아>, 나영이네 가족의 4대가 함께 사는 법. 한국방송 KBS.

| 지은이 |

황우섭

1981년 경북대학교 인문대 영문학과를 졸업하고, 1996년 서강대학교 공공정책대학원에서 방송 전공의 석사 과정을 마친 후, 2010년 성균관대학교 대학원에서 언론학 박사 학위를 취득했다. 1981년 KBS PD로 입사해 제작 CP, 심의위원, 이사회 전문위원, 방송문화연구소 연구위원, 공영노조위원장을 거쳐 현재 심의실장으로 재직 중이며, 문화연대 문화사회연구소 이사로도 활동하고 있다. KBS에서 〈문화가 산책〉, 〈11시에 만납시다〉, 〈유쾌한 생활백과〉, 〈TV독서, 책과의 만남〉 등 TV 교양 프로그램을 주로 만들었다. 방송 프로듀서로서 대한민국이 문화 국가가 되고 국민 모두가 문화 시민으로 살아가는 데 방송이 올바른 역할을 하기를 소망하고 있다.

한울아카데미 1651

방송과 문화다양성
한국 다문화 지형의 텔레비전 프로그램

ⓒ 황우섭, 2014

지은이 ǀ 황우섭
펴낸이 ǀ 김종수
펴낸곳 ǀ 도서출판 한울
편   집 ǀ 이수동

초판 1쇄 인쇄 ǀ 2014년 1월 3일
초판 1쇄 발행 ǀ 2014년 1월 8일

주소 ǀ 413-756 경기도 파주시 광인사길 153 한울시소빌딩 3층
전화 ǀ 031-955-0655
팩스 ǀ 031-955-0656
홈페이지 ǀ www.hanulbooks.co.kr
등록번호 ǀ 제406-2003-000051호

Printed in Korea.
ISBN 978-89-460-5651-0 93300

* 책값은 겉표지에 표시되어 있습니다.

이 책은 문화체육관광부와 한국문화예술교육진흥원의 지원으로 출판되었습니다.